AF459207

PORTION DISPONIBLE.

PORTION DISPONIBLE

OU

TRAITÉ

DE LA PORTION DES BIENS

DONT ON PEUT,

SUIVANT LE CODE CIVIL

Disposer à *titre gratuit*, au préjudice de ses héritiers,

AVEC UNE

DISSERTATION

Sur l'époque à laquelle les lois commencent à devenir *obligatoires ;*

Par M. LEVASSEUR, ancien Avocat ;

SUIVI d'Extraits de la Discussion du Conseil d'État, de l'Exposé des motifs et des Discours des Orateurs du Tribunat au Tribunat et au Corps législatif,

EN CE QUI CONCERNE LA PORTION DISPONIBLE.

A PARIS,

CHEZ { GILBERT et compagnie, Libraires, rue Haute-Feuille, n°. 19,
Et l'Auteur, rue de Savoie, n°. 18.

AN XIII — 1805.

PRÉFACE.

Dans notre explication de la loi du 4 germinal an 8, nous avons parlé de la portion de biens dont, suivant cette loi, on pouvait disposer à *titre gratuit*. Quelle est cette portion suivant le CODE CIVIL ? Tel est l'objet du présent Traité. C'est au public à juger s'il répond au desir que nous avons eu de lui présenter sur le droit nouveau un ouvrage utile.

On y verra différentes questions importantes, particulièrement celle de savoir si les enfants bâtards ont droit de réserve. Nous estimons qu'il leur est dû une réserve proportionnelle, et qu'ils peuvent la réclamer contre les donataires entre vifs. Plusieurs Jurisconsultes partagent notre opinion : mais d'autres sont d'un sentiment contraire, notamment M. Chabot (de l'Allier) membre du Tribunat, dans son Commentaire sur le titre des Successions.

Suit une dissertation particulière sur l'époque à laquelle les lois commencent à devenir *obligatoires* : elle a été amenée par la nécessité de déterminer l'époque, à compter de laquelle la portion disponible et la réserve doivent être réglées d'après le Code civil.

A la fin sont placés et distribués par

numéros, avec sommaires indicatifs, des extraits relatifs à la portion disponible.

1°. De la Discussion au Conseil d'Etat;

2°. De l'Exposé des motifs par M. *Bigot Préameneu;*

3°. Du Discours prononcé au Tribunat, le 9 floréal an 11, par M. *Jaubert* membre de sa section de législation;

4°. Du Discours prononcé au Corps législatif, le 13 du même mois, par M. *Favart*, en lui présentant le vœu d'adoption du Tribunat.

Ces extraits sont utiles pour la solution des difficultés qui se présentent : il est commode de les trouver réunis.

Ils sont précédés des dix-neuf articles du Code civil, relatifs à la Portion disponible, avec renvois aux pages et aux numéros tant du Traité que des Extraits. L'on trouve pareillement dans les Extraits des renvois aux articles.

TABLE DES CHAPITRES DU TRAITÉ DE LA PORTION DISPONIBLE.

CHAPITRE III.

CHAPITRE IV.

CHAPITRE V.

ARTICLE I.

ARTICLE II.

ARTICLE III.

ARTICLE IV.

CHAPITRE VII.

ARTICLE I.

ARTICLE II.

CHAPITRE XI.

DISSERTATION

EXTRAITS

ERRATA.

Page 13, ligne 4, prescrit, *lisez :* présent.
Page 53, ligne 33, *effacez :* principale.
Page 113, ligne 7, déduites, *lisez :* réduites.
Page 126, avant-dernière ligne, 220, *lisez :* 930.

TRAITÉ

DE

LA PORTION DE BIENS

Dont on peut, suivant le Code Civil, *disposer à titre gratuit, au préjudice de ses héritiers.*

ARTICLE PRÉLIMINAIRE.

1. La loi du 17 nivôse avait resserré dans des bornes fort étroites la faculté de disposer de ses biens à titre gratuit : la loi du 4 germinal a étendu cette faculté : le Code civil l'a encore plus étendue. Quelle est la portion de biens dont l'homme peut, sous le Code civil, disposer à titre gratuit ? tel est l'objet du présent traité.

On appelle *portion disponible* la portion de biens dont l'homme peut disposer à titre gratuit, au préjudice de son héritier.

Réserve ou *portion indisponible*, est la portion de biens que la loi réserve à l'héritier, et dont il ne peut être privé par les dispositions gratuites du défunt.

La portion disponible et la réserve sont deux parties d'un même tout ; ce qui n'appartient pas à l'une des deux fait partie de l'autre : d'où l'on ne peut traiter de l'une, sans traiter de l'autre.

La portion disponible et la réserve étant deux parties du même tout, si la loi n'établit pas de réserve, tout est disponible : *vice versá*, si la réserve comprend l'universalité des biens, il n'y a pas de portion disponible. Il n'y a de concurrence de la portion disponible et de la réserve, qu'autant qu'elles sont des parties aliquotes du tout.

2. Pour connaître la valeur de la portion disponible et de la réserve, il faut préalablement connaître la valeur du tout, dont elles sont des parties aliquotes.

Nous appèlerons ce tout *masse à comparer*, parce qu'il est la masse à comparer pour déterminer le montant de la portion disponible, et de la réserve.

La réserve que la loi commande à l'homme de laisser à son héritier, peut avoir lieu seulement à l'égard des dispositions testamentaires. Elle peut aussi avoir lieu à l'égard des dispositions entre vifs et testamentaires, suivant que la loi défend à l'homme de disposer de ses biens au-delà de telle portion au préjudice de son héritier, ou par des dispositions testamentaires seulement, ou par libéralités, soit de dernière volonté, soit entre vifs.

Au premier cas (et telles étaient la Falcidie, les réserves coutumières), la masse à comparer ne comprend que les biens possédés par le défunt à son décès ; elle se confond avec l'hérédité.

Au second cas, la masse à comparer comprend, et les biens délaissés par le défunt, et ceux par lui donnés par actes entre vifs : elle comprend outre l'hérédité, les biens donnés entre vifs. La réserve ayant lieu sur ces biens, ils font nécessairement partie de la masse entière, sur laquelle doit être établie la quotité réservée.

3. Le Code laisse à l'homme la faculté de faire des avantages qui diminuent en certaines occasions, et absorbent en d'autres, les biens déférés à son heritier.

Le législateur a considéré 1°. que l'homme ne devait rien à ses collatéraux ; en conséquence il lui a permis de disposer à leur préjudice de toute sa fortune. A l'égard des collatéraux, la portion disponible est *tout*, la réserve est *zéro*, ou pour mieux dire il n'y a pas de réserve.

2°. Que l'homme devait laisser à ses descendants, et à défaut de descendants à ses ascendants, au moins une portion de ses biens; en conséquence il a restreint dans des bornes particulières, à l'égard des descendants et des ascendants, les libéralités que l'homme pourrait faire. On voit par là que la réserve du Code peut se définir : *la portion de biens dont l'homme ne peut disposer à titre gratuit, au préjudice de ses descendants et de ses ascendants venants à sa succession.*

4. La réserve du Code a beaucoup de rapport avec la *légitime*, la quarte *Falcidie*, la quarte *trébellianique*, les *réserves coutumières*, la *réserve de la loi du 17 nivôse*, et la *réserve de la loi du 4 germinal*, parce que ces différents droits consistent tous en des portions de biens réservées par la loi à l'héritier, qui ne peut en être privé par la disposition de l'homme.

5. La réserve du Code, la légitime, la ré-

serve de la loi du 17 nivôse, et la réserve de la loi du 4 germinal, *conviènent* entre elles, en ce qu'elles ont ou avaient lieu dans toute l'étendue de la France.

Ces quatre réserves *diffèrent* de la falcidie, de la trébellianique et des réserves coutumières, en ce que ces dernières avaient lieu seulement dans certaines provinces; savoir, la falcidie et la trébellianique en pays de droit écrit, et les réserves coutumières en pays coutumier.

La réserve du Code convient avec la légitime, la falcidie et la trébellianique, en ce que ces différents droits consistent en une quotité dans l'universalité des biens du défunt.

Elle diffère de la *légitime*, 1°. en ce qu'elle a lieu pour les descendants et les ascendants, et qu'en pays coutumier les descendants avaient seuls droit de légitime; 2°. en ce qu'elle ne consiste pas en la même quotité. La légitime des enfants était ordinairement de moitié, et en pays de droit écrit quelquefois du tiers: la réserve du Code en faveur des enfants est de moitié, du tiers, des trois quarts, suivant leur nombre. La légitime des ascendants admise en pays de droit écrit était du tiers: leur réserve, suivant le Code, est de moitié.

Elle diffère de la *falcidie*, en ce que le retranchement de la falcidie n'avait lieu que sur les legs, au lieu que la réserve du Code s'étend en outre sur les donations entre vifs.

Elle diffère de la *trébellianique*, en ce qu'elle a lieu dans les successions légitimes, au lieu que la trébellianique était particulière aux successions testamentaires; elle était la retenue que l'héritier testamentaire était autorisé à faire, sur l'hérédité que le testateur l'avait grevé de restituer sur-le-champ.

6. La réserve du Code diffère des *réserves coutumières*, 1°. en ce qu'elle a lieu sur toute espèce de biens sans distinction, au lieu que les réserves coutumières n'avaient lieu que sur une espèce particulière de biens (sur les propres et dans un petit nombre de coutumes, dités *de subrogation*, à défaut de propres sur les acquêts, et à défaut d'acquêts sur les meubles).

2°. En ce qu'elle a lieu en faveur des descendants et des ascendants seulement, au lieu que les réserves coutumières avaient lieu en faveur des collatéraux, même les plus éloignés.

3°. En ce qu'elle varie suivant le nombre et la qualité des héritiers, au lieu que les réserves coutumières étaient toujours les mêmes, quelle que fût la qualité et le nombre des héritiers.

7. La réserve du Code convient avec la *réserve de la loi du 17 nivôse*, et avec *la réserve de la loi du 4 germinal*; 1°. en ce qu'elles consistent en une quotité de toute espèce de biens, sans distinction de propres et d'acquêts, de meubles et d'immeubles; 2°. en ce qu'elles s'étendent à toute disposition gratuite, soit par acte de dernière volonté, soit par acte entre vifs.

Elle diffère des mêmes réserves, 1°. en ce qu'elle n'a pas lieu en faveur des collatéraux; 2°. en ce que leur quotité n'est pas la même à l'égard des enfants. Sous la loi du 17 nivôse, leur réserve était dans tous les cas des neuf dixièmes à l'égard des étrangers, de part entière à l'égard des autres enfants : sous la loi du 4 germinal, elle était au moins des trois quarts; et au cas que le défunt laissât quatre enfants ou davantage, elle était plus considérable : sous le Code, elle est de moitié, des deux tiers, des trois quarts, suivant le nombre des enfants ; mais jamais plus forte.

Le présent ouvrage sera divisé en onze chapitres, dans lesquels il sera traité successivement, 1°. de la nature du statut, qui défend les libéralités au-delà d'une certaine quotité des biens ; 2°. qui a droit de demander la réduction ? 3°. de la nature de l'action en réduction, contre qui peut-on l'exercer ? 4°. quels biens sont disponibles à titre gratuit ? en faveur de quelles personnes ? 5°. de la quotité disponible à titre gratuit ; 6°. de la réduction des libéralités excessives ; 7°. de l'ordre dans lequel il doit être procédé à la réduction des libéralités excessives ; 8°. des avantages faits au successible ; 9°. des aliénations onéreuses à fonds perdu au profit des successibles ; 10°. des effets des donations de tout le disponible ; 11°. de l'époque à compter de laquelle la portion disponible et la réserve doivent être règlées suivant le Code civil.

CHAPITRE PREMIER.

Nature du statut qui défend les libéralités au-delà d'une certaine quotité. Sort des libéralités qui excèdent la mesure prescrite.

8. Il faut distinguer dans toutes les lois les dispositions *absolues* et les dispositions *relatives*. Les dispositions *absolues* faites pour règler en général l'état des choses, ont lieu à l'égard de

toutes sortes de personnes et en toutes sortes d'occasions, hors les cas marqués par la loi : les dispositions *relatives*, faites par un motif particulier, n'ont lieu qu'à l'égard des personnes, pour ou contre lesquelles elles ont été introduites, et dans le seul cas prévu par la loi ; elles sont comme non avenues dans tout autre cas, et à l'égard de toute autre personne.

9. Les statuts qui défendent les libéralités au-delà d'une certaine portion sont, par leur nature, des dispositions relatives à l'intérêt des héritiers en faveur desquels la défense est faite : eux seuls peuvent se plaindre de l'excès des libéralités, et dans le cas seulement qui a été l'objet de la loi. Aussi, sous la législation antérieure à la loi du 5 brumaire an 2, on a toujours considéré, comme dispositions relatives, les statuts de ce genre que contenaient les lois et les coutumes. Il doit en être de même des dispositions du Code, qui n'a eu en vue que l'intérêt des héritiers frustrés de la part qu'il a voulu leur être réservée : relatives à l'intérêt de l'héritier, il n'y a que lui qui puisse les invoquer, dans les cas et pour les objets spécifiés par la loi.

10. Par cette raison, les libéralités qui excèdent la portion disponible, ne sont pas nulles pour le tout : elles sont seulement réductibles. L'intérêt de l'héritier se borne à la réserve que lui assurait la loi : il ne s'étend pas au-delà. Si la réserve lui avait été laissée, il n'aurait pas à se plaindre. Pourquoi se plaindra-t-il, si la personne avantagée, en offrant jusqu'à due concurrence la réduction de son avantage, le met en tel et semblable état qu'il se trouverait, si la réserve n'avait pas été entamée ? Le but de la loi

est rempli, et la personne avantagée a le droit de conserver le surplus qui forme la portion disponible.

Sous l'empire de la loi du 4 germinal, des doutes s'étaient élevés, sur la question de savoir si les libéralités excessives étaient nulles pour le tout, ou seulement réductibles. Quelques-uns, les soutenaient nulles pour le tout, en s'appuyant soit sur les termes de cette loi, soit sur les dispositions des lois des 22 ventôse an 2, *art.* 47, et 18 pluviôse an 5, *art.* 4. Ces raisons n'étaient pas fondées, ainsi que nous l'avons établi en notre explication de la loi du 4 germinal, n°. 7. Le Code ne laisse aucun doute sur la validité des libéralités excessives et sur leur réduction, dont il prescrit les règles dans une section particulière. L'article 920, qui est le premier de cette section, porte : « Les dispositions...... qui excéderont » la quotité disponible seront réductibles à cette » quotité. » C'est ce qui a fait dire à M. Bigot de Préameneu, dans son exposé des motifs : « La loi » n'anéantit pas les libéralités excessives ; elle » ne fait que les réduire. »

CHAPITRE II.

Qui a droit de demander la réduction ?

11. Nous avons vu, *n°.* 9, que le statut qui défend de disposer à titre gratuit au-delà d'une certaine quotité, n'est pas un statut absolu, mais un statut relatif à l'intérêt de celui que la disposition prive d'une portion des biens du défunt.

Il n'y a que celui qui souffre du préjudice par l'effet de la disposition du défunt, qui puisse s'en plaindre et demander la réduction : aussi le Code pose-t-il pour règle générale, *art.* 921, que la réduction ne peut être demandée que par ceux au profit desquels la loi fait la réserve, c'est-à-dire par les héritiers du disposant.

12. L'héritier *venant à succession*, recueillerait avec les biens délaissés par le défunt, ceux dont il a disposé à titre gratuit, si par évènement il n'en avait pas disposé : il souffre de la disposition gratuite, il peut en demander la réduction.

13. Pour être autorisé à réclamer la réduction; il ne suffit pas d'être héritier présomptif, d'avoir droit de recueillir la succession ; il faut être héritier effectif, et *venir à succession.* Celui qui renonce n'a pas droit aux biens du défunt. Peut-il se plaindre des libéralités qui ne lui font aucun tort? Si elles n'avaient pas été faites, sa qualité de renonçant ne l'exclurait pas moins de prendre part aux objets qui, au lieu d'avoir été donnés par le défunt, se trouveraient augmenter le *boni* de son hérédité : ainsi le renonçant ne peut réclamer la réduction des dispositions excessives.

Cette décision, qui est le résultat des principes, ne se trouve d'une manière précise dans aucun article du Code : mais l'article 915 la présuppose. Cet article n'admet à la réserve, l'ascendant qui concourt avec un collatéral, que dans le cas où cet ascendant vient à *partage*; et par là même, que dans le cas où il a accepté la succession. Il y est dit : « Les ascendants auront seuls droit à cette

» réserve dans tous les cas où un *partage* en con-
» currence avec des collatéraux, ne leur don-
» nerait pas la quotité de biens à laquelle elle est
» fixée. »

En vain opposerait-on que la réserve forme pour l'enfant une légitime; que l'enfant légitimaire, renonçant à la succession, était en droit de demander sa légitime aux donataires entre vifs; et qu'ainsi la réserve peut être exercée par l'héritier malgré sa renonciation.

Deux réponses à cette objection.

Primò. La comparaison de la réserve du Code avec la légitime, n'est point exacte en tous les points : 1° le Code accorde la réserve aux ascendants, et en pays coutumier les ascendants n'avaient pas de réserve : 2°. la réserve du Code, tient lieu à l'enfant, non-seulement de la légitime, mais encore des réserves coutumières; et l'on n'a jamais douté qu'il ne fallût être héritier acceptant, pour réclamer les réserves coutumières.

Secundò. La question de savoir si l'enfant légitimaire renonçant à la succession, pouvait réclamer sa légitime, était diversement décidée par les auteurs.

Les uns, notamment Dumoulin, *consul.* 35, *num.* 15 *et seq.*; Coquille, *Nivernois donat.*, *art.* 7; le Maître, *Paris*, *tit.* 14, *art.* 398, et Rennusson, *prop. ch.* 3, *sect.* 6, *n°.* 9, ont soutenu l'affirmative. Cette opinion a été embrassée par les auteurs du Répertoire de jurisprudence, au mot *légitime*, *sect.* 1, § 1, *pag.* 198; ils établissent leur sentiment sur le principe que la légitime est une *quote des biens*, et non pas une *quote de l'hérédité*.

D'autres, au contraire, notamment Ricard, *donat.*, *part.* 3, n°. 978 *et suiv.*, et Lebrun, *succ. liv.* 2, *ch.* 3, *sect.* 1, *n°.* 9 *et suiv.*, ont soutenu la négative : ils s'appuyaient sur le principe contraire, que la légitime étant une portion de ce que l'enfant aurait dû recueillir, comme héritier, sans les donations faites par son père, elle était une *quote part de l'hérédité*, que le légitimaire aurait recueillie au même cas.

Ces derniers, en refusant à l'héritier renonçant la faculté de demander par *action* sa légitime, accordaient néanmoins à l'héritier avantagé la faculté de la retenir sur son avantage par voie d'*exception*, quoiqu'il eût renoncé à la succession.

Sans entrer ici dans l'examen de la question (étrangère au présent traité), de savoir si la légitime était une quote-part des biens ou un quote-part de l'hérédité, toujours est-il certain que la réserve du Code est une quote-part de l'hérédité. Elle est établie par la loi, dans la seule vue que l'héritier ne soit pas entièrement dépouillé par les dispositions gratuites du défunt : elle est une quote-part, dans ce que le parent recueillerait à titre d'héritier, si le défunt n'avait pas disposé entre vifs. Le renonçant, qui n'a droit à rien, n'est dépouillé de rien : comment jouirait-il de la réserve décrétée en faveur de celui-là seul qui est dépouillé ?

Quant à la question particulière de savoir si l'héritier avantagé, qui renonce à la succession, peut retenir sur son avantage sa réserves, au moins par voie *d'exception*, elle ne peut concerner l'héritier avantagé avec dispense du rapport, qui conservant les deux titres en cumule le bénéfice : elle ne peut concerner que l'héritier avantagé sans dispense. Voyez ci-après le chapitre des avantages faits aux successibles.

14. Les créanciers du défunt ont-ils quelque droit, sur les biens dont il a disposé à titre gratuit ?

Il faut distinguer les libéralités par acte de dernière volonté, les donations à cause de mort par acte entre vifs, et les donations entre vifs.

1°. Les dettes sont une charge de l'universalité des biens que possède le défunt au moment de sa mort ; les biens légués en sont une portion : ainsi les libéralités par acte de dernière volonté ne peuvent avoir leur exécution, qu'après le paiement des dettes.

15. 2°. Les biens qui sont l'objet d'une donation à cause de mort par acte entre vifs, sont la chose du défunt jusqu'à sa mort ; il a donné sur sa succession future : pareilles donations ne peuvent avoir leur exécution, qu'après le paiement des dettes.

Un père donne par contrat de mariage à l'un de ses enfants, la moitié des biens qu'il laissera à son décès, ou une somme de 40,000 francs à prendre sur les biens les plus clairs et les plus apparents de sa succession. Pareilles donations sont à cause de mort : elles ne peuvent avoir leur exécution qu'après le paiement des dettes. Au premier cas, la moitié des biens que le donateur laisse à son décès est grevée de droit de la moitié de ses dettes ; au second cas, donnant à prendre sur les biens de sa succession, il ne donne par-là même que sur ce qui restera après l'acquit des dettes.

16. 3°. Les donations entre vifs ont un effet prescrit et irrévocable ; le donateur est dessaisi ; le bien donné sort de ses mains. Les créanciers du donateur n'ont droit que sur les biens qu'il possède au moment de son décès. Ils ne peuvent inquiéter le donataire entre vifs, lui demander le retranchement de la portion indisponible, pour ensuite se payer sur l'objet retranché : c'est la décision précise de l'article 921, qui veut que les créanciers du défunt ne puissent demander la réduction des donations entre vifs, ni en profiter.

Les créanciers hypothécaires antérieurs à la donation entre vifs d'un immeuble peuvent, à la vérité, poursuivre leur dû sur cet immeuble : mais alors c'est une action hypothécaire, sujette à toutes les lois des hypothèques.

17. Les légataires du défunt n'ont de droit à exercer que sur les biens délaissés par le défunt, et qui composent sa succession ; ils n'en ont pas sur les biens qu'il a aliénés de son vivant, et qui ont cessé de lui appartenir : ainsi ils ne peuvent demander la réduction des donations entre vifs, *art.* 921.

Il en est de même, *ibid.*, des donataires du défunt : ils n'ont aucun droit à exercer les uns contre les autres. Ainsi, ceux d'entr'eux auxquels l'héritier fait essuyer un retranchement, ne peuvent en réclamer l'indemnité contre les autres.

18. L'héritier, sous bénéfice d'inventaire, est véritablement héritier. Il trouverait dans l'actif

de la succession les biens donnés entre vifs, si le défunt n'en avait pas disposé ; il ne les trouve pas ; il souffre de la disposition gratuite du défunt : il peut en demander la réduction contre le donataire entre vifs.

Il jouit du bénéfice de cette réduction, sans craindre qu'il soit diminué par les dettes dont il n'est tenu que jusqu'à concurrence de l'émolument. Le retranchement est une disposition de la loi purement relative à son intérêt : il n'est pas relatif aux créanciers qui ne peuvent en profiter. L'objet retranché est, à leur égard, étranger à la succession : il restera à l'héritier bénéficiaire franc de dettes. Les héritiers réclamant la réserve contre le donataire » ne viènent pas comme héri- » tiers, dit M. Jaubert, dans son discours au tri- » bunat, à la séance du 9 floréal an 11, *Extraits* » *n°*. 58 ; on les considère uniquement comme » des codonataires : c'est alors que, par une » belle fiction, la loi faisant ce que la nature seule » aurait dû inspirer, suppose que, par le même » acte, l'auteur de la disposition avait été juste » envers tous ceux qui avaient droit à sa ten- » dresse. »

19. En vain le donataire entre vifs, se refusant à la réduction demandée par l'héritier sous bénéfice d'inventaire, lui opposerait-il : « Pour exercer la réduction contre moi, il faut examiner préalablement si ma donation vous fait préjudice : si le défunt ne m'avait rien donné, les biens compris en ma donation seraient sujets jusqu'à due concurrence au payement des dettes ; ce n'est pas à vous, mais aux créanciers du défunt que ma donation fait préjudice jusqu'à cette concurrence. Dans le cas où la donation, jointe aux biens dé-

laissés par le défunt, serait inférieure au montant des dettes, ma donation ne vous fait pas préjudice à vous personnellement: ainsi vous êtes mal fondé à vouloir me réduire. Dans le cas ou la donation jointe aux biens délaissés excéderait le montant des dettes, elle ne vous fait pas préjudice de sa valeur intégrale, mais seulement de la portion de *boni* qui resterait dans la succession après le paiement des dettes: ainsi vous ne pouvez exercer de réserve que sur cette portion, et non sur la totalité de l'objet donné. »

Ce raisonnement n'est pas fondé. Il faut considérer dans la réduction des donations entre vifs, les droits du donataire vis-à-vis des créanciers, les droits du donataire vis-à-vis de l'héritier, et les droits de l'héritier bénéficiaire vis-à-vis des créanciers: ce sont autant de droits relatifs qu'il ne faut pas confondre ni étendre d'un cas à un autre. Les créanciers ne peuvent demander la réduction contre le donataire; l'héritier seul peut la lui demander. Les créanciers peuvent demander le paiement des dettes à l'héritier bénéficiaire, seulement jusqu'à concurrence des biens délaissés par le défunt: le retranchement que l'héritier bénéficiaire fait subir au donataire, est étranger aux créanciers. Ainsi, quel que soit le sort des créanciers, le retranchement doit être le même entre l'héritier et le donataire: ce dernier est mal fondé à vouloir alléguer les dettes du défunt pour anéantir ou affaiblir la réduction qu'on lui demande.

Exemp. Un père laisse à trois enfants, 120,000 f. d'actif et 320,000 fr. de passif, c'est-à-dire 200,000 fr. de dettes au-delà de l'actif: il a fait une donation entre vifs de 80,000 fr. La portion disponible, *art.* 203, est un quart, est 20,000 fr.; les enfants demanderont que le donataire leur restitue les trois-quarts, et soit réduit à un quart.

En vain le donataire dirait: « Ma donation ne vous cause aucun préjudice. Votre père a laissé 120,000 fr. d'actif, il m'a donné 80,000 fr., total 200,000 fr.; il a laissé 320,000 fr. de dettes: quand il aurait conservé dans ses mains l'objet qu'il m'a donné, vous n'en seriez pas moins réduit à *zero*: vous êtes mal fondé à vouloir retrancher sur ma donation qui ne vous ôte rien. »

Les enfants lui répondront: « Les créanciers n'ont pas de droit sur les 80,000 f. donnés entre vifs qui ne font pas partie de la succession. A notre égard, ils font partie des biens du défunt: ils font partie de la masse à comparer; ils doivent y entrer sans déduction des dettes dont ils ne sont pas chargés. A défaut de *boni* dans la succession, ils sont, à la vérité, le seul objet qui reste dans cette masse: mais ils y sont compris pour le tout. La portion disponible est d'un quart: vous devez restituer 60,000 fr. pour les trois quarts formant la portion indisponible. »

En vain les créanciers du défunt qui n'ont personnellement aucun droit d'inquiéter le donataire entre vifs, voudraient-ils forcer l'héritier bénéficiaire à leur faire part du bénéfice de la réduction que celui-ci a droit d'exercer contre le donataire entre vifs. On peut voir, *extraits n°*. 21, la longue discussion qui a eu lieu sur cette question à la séance du 5 ventôse an 11, et qui se termina par arrêter que les créanciers de la succession pourraient exercer leur action sur les biens que la réduction rend à l'héritier: en conséquence, la rédaction communiquée au tribunat *ext. n°.* 22, après avoir décidé, *art.* 32, que la réduction ne pourrait être demandée par les créanciers du défunt, avait ajouté : *Sauf à ces créanciers à exercer leurs droits sur les biens recouvrés par l'effet de cette réduction.* Le tribunat fit ses observations sur cette fin de l'article : il proposa de la retrancher. Sa proposition a été adoptée à la séance du 24 germinal an 11, *ibid. n°.* 27 : en conséquence à la rédaction définitive, la fin ci-dessus a éé supprimée. La loi conforme à cette dernière rédaction, porte, *art.* 921 « Les donataires, les légataires, ni les créanciers du défunt, ne pourront demander cette réduction, *ni en profiter.* Ces derniers mots excluent les créanciers de participer au bénéfice de la réduction réclamée par l'héritier.

Dans l'espèce qui vient d'être faite, les créanciers mal fondés à demander par action directe contre le donataire entre vifs, le retranchement des 60,000 fr. qui constituent la réserve, sont également mal fondés à demander contre les enfants héritiers bénéficiaires, qu'ils soient tenus de leur abandonner jusqu'à concurrence de leurs créances les 60,000 fr., qu'ils ont droit de retrancher de l'objet donné entre vifs.

20. Lorsque l'héritier accepte purement et simplement la succession, alors les créanciers de l'hérédité deviènent ses créanciers personnels. Ils acquièrent droit sur l'objet retranché, en cette seule qualité de créanciers de l'héritier ; mais ils n'y ont pas droit comme créanciers du défunt : ce qui opérera *des effets différents en plusieurs circonstances*; notamment dans le cas de la séparation des patrimoines, et pour la date de l'hypo-

thèque qu'ils peuvent s'assurer sur les immeubles retranchés de la donation entre vifs.

21. L'héritier bénéficiaire peut, *art.* 802, se décharger du paiement des dettes, en abandonnant tous les biens de la succession aux créanciers et aux légataires. Cet abandon ne le prive pas de la qualité d'héritier, il en conserve le titre suivant la maxime *semel hæres semper hæres.* Ainsi, malgré cet abandon, il n'en est pas moins en droit, comme héritier acceptant, de réclamer la réduction des donations entre-vifs : le donataire entre-vifs serait mal fondé a prétendre que par l'abandon des biens, l'héritier bénéficiaire renonce au titre d'héritier, et par suite au droit de réclamer la réduction.

22. L'héritier est descendant, ascendant, ou collatéral du défunt. Il n'y a que les deux premiers auxquels le Code *art.* 913 *et* 915, accorde une réserve : il n'en accorde pas au collatéral : « A défaut d'ascendants et de descendants, les li- » béralités...... pourront épuiser la totalité des » biens. » *art.* 916 ; ainsi le collatéral ne peut prétendre réduire les libéralités.

Cette décision a lieu, même dans le cas ou le collatéral concourt avec un ascendant de l'autre ligne. L'article 915 qui prévoit le cas de ce concours, porte que l'ascendant a seul droit à la réserve : ainsi le sens de l'art. 916 est : « A défaut » dans une ligne d'ascendants et de descendants, » les libéralités pourront épuiser la totalité de la » portion de cette ligne ».

23. La faculté de demander la réserve est, comme tout autre droit, transmissible aux héritiers et ayant cause de celui qui peut l'exercer. L'article 921 contient cette décision à l'égard des

dispositions entre-vifs : « la réduction des dispo-
» tions entre-vifs, y est-il dit, ne pourra être
» demandée que par ceux au profit desquels la loi
» fait la réserve, *par leurs héritiers ou ayant*
» *cause* ». Il y a même raison à l'égard des dispositions de dernière volonté.

24. Le disposant ne peut opposer l'excès de ses libéralités et en demander la réduction; il ne peut revenir contre son propre fait: la loi n'a pas envisagé son intérêt, mais celui de ses héritiers. Comment d'ailleurs pourrait-il se plaindre d'un excès qui ne sera connu qu'à sa mort, étant relatif au nombre et à la qualité de ses héritiers?

CHAPITRE III.

Nature de l'action en réduction des dispositions à titre gratuit : contre qui peut-on l'exercer?

25. L'ACTION en réduction est dirigée contre l'individu avantagé: elle est contre lui une action *personnelle*.

26. Le but de l'action en réduction est d'obtenir que telle portion soit retranchée de la disposition gratuite .La libéralité, valable lorsqu'elle n'excède pas telles bornes, n'est pas valable au-delà. Quant à la portion indisponible, la libéralité n'a qu'une exécution momentanée, qui s'évanouit au moment que le retranchement est demandé: ainsi l'action en réduction est de sa nature, une action *réelle* par laquelle le demandeur réclame, jusqu'à due concurrence, la propriété de la chose donnée par le défunt; aussi la

2.

loi l'appèle *art.* 930 par rapport aux choses immeubles, *action en revendication.*

27. Quoique l'action en réduction soit de sa nature une action *personnelle-réelle*, néanmoins elle se convertit en certaines occasions, en une action *purement personnelle.*

La disposition gratuite est faite par acte de dernière volonté ou par acte entre-vifs.

L'objet de la disposition gratuite par acte de dernière volonté, est entre les mains de l'héritier demandeur en réduction : le légataire lui en demande la délivrance. L'héritier exerce la réduction, par voie de rétention : ainsi son action est *réelle.*

28. Lorsque le défunt a disposé à cause de mort par acte entre-vifs, l'objet de la disposition se trouve dans la masse des biens délaissés par le défunt : l'héritier demande qu'il en soit distrait le montant de la réduction ; et son action est *réelle.*

Un père donne à son neveu, par contrat de mariage, le tiers des biens qui se trouveront à son decès. Au moment de sa mort, il laisse trois enfants ; la réserve est des trois quarts ; le quart seul est disponible, *art.* 913. Le défunt a donné le tiers. Ce tiers se trouve dans la masse de ses biens : les enfants héritiers demandent que la donation soit réduite du tiers au quart ; ils retiendront le surplus en nature, et leur action est *réelle.*

L'action en réduction de la chose meuble donnée entre vifs est purement personnelle pour les meubles fongibles. Voyez ci-après *chap.* 6, *art.* 2, § 2.

Quid pour les meubles quasi-fongibles, et pour les meubles non fongibles ? Voyez ci-après *ibid.*

29. L'action en réduction de l'immeuble donné entre vifs étant une demande en revendication jusqu'à concurrence de la portion indisponible, il en résulte :

1°. Que le donataire n'a, du vivant du donateur, qu'une propriété résoluble. Les hypothèques par lui constituées sur l'héritage sont, par cette raison, des hypothèques résolubles. Elles s'évanouissent par la réduction : et l'héritage recouvré par l'effet de la réduction, rentre en la main du réduisant « sans charge des dettes ou » hypothèques créées par le donataire ». *Art.* 929.

30. 2°. Le donataire ne transmet lui-même à ses successeurs et ayant cause qu'une propriété résoluble. En conséquence, l'action en revendication peut être exercée contre les héritiers du donataire : elle peut l'être aussi, *art.* 930, contre les tiers détenteurs des immeubles faisant partie des donations entre-vifs et aliénés par les donataires.

31. 3°. L'héritier réduisant réclame en nature, une portion de l'immeuble jusqu'à concurrence du retranchement : le légataire ou donataire réduit, n'est pas fondé à lui en offrir la valeur.

Le défunt ne peut, par aucune clause quelconque, altérer l'exercice de la réserve, ni empêcher par suite que l'héritier ne la réclame sur les immeubles en nature. En vain mettrait-il, soit dans sa donation, soit dans son testament, qu'il charge le donataire ou le légataire de payer à son héritier la valeur de la réserve ; nonobstant cette clause ou autre pareille, l'héritier aura droit de réclamer pour réserve, à titre de propriétaire indivis, une portion de l'immeuble, sans être tenu de se contenter de sa valeur.

32. L'action en revendication des héritiers du donateur contre l'acquéreur du donataire, sera-t-elle purgée par la transcription du contrat d'acquisition ?

« Le vendeur ne transmet à l'acquéreur que » la propriété et les droits qu'il avait lui-même » sur la chose vendue ». *Art.* 2178.

La transcription n'a été établie que pour purger les hypothèques. Elle ne peut transmettre à l'acquéreur plus de droit à la propriété que n'en avait son vendeur : elle ne purge pas la propriété ; elle ne purge pas l'action en revendication dont il s'agit.

33. La même action en revendication, est-elle purgée en faveur de l'adjudicataire sur vente forcée, par le jugement d'adjudication et sa transcription ?

Le jugement d'adjudication forcée ne transmet à l'adjudicataire d'autres droits de propriété que ceux qu'avait le saisi. Telle est la décision de la seconde loi du 11 brumaire, *art.* 25, qui continue d'avoir son application à cet égard, jusqu'à ce que le code de procédure ait réglé les effets du jugement d'adjudication. En conséquence, le jugement d'adjudication ne peut purger l'action en revendication dont il s'agit : il en est de même de sa transcription, parce que la transcription ne confère pas plus de droits à la propriété, que l'acte de mutation qui est transcrit.

CHAPITRE IV.

Quels sont les biens disponibles à titre gratuit? en faveur de quelles personnes ?

34. LA faculté de disposer à titre gratuit est une suite du droit de propriété (1). Le code ne la supprime, ni par rapport à une espèce particulière de biens, ni en faveur d'une classe particulière d'individus, ni par rapport à un genre particulier de disposition : il la restreint seulement, en plusieurs occasions, à une quotité plus ou moins étendue, comme il sera expliqué au chapitre suivant ; ainsi,

1°. L'homme peut disposer à titre gratuit de toute espèce de biens, soit corporels ou incorporels, soit meubles ou immeubles, pourvu qu'il n'excède pas la quotité déterminée par la loi.

2°. Il peut en disposer en faveur de toutes sortes de personnes, que la loi n'a pas déclarées incapables de récevoir, soit étrangers ou parents non successibles, soit parents successibles. Il

(1) On peut voir au commencement de l'exposé des motifs du titre des donations et testaments, *extr. n.* 28, l'examen de la question de savoir si la faculté de disposer de ses biens pour le temps où l'on n'existera plus, appartient à l'homme, de droit naturel, ou seulement de droit civil : nous estimons qu'elle lui appartient de droit naturel. Mais quelle que soit l'opinion sur cette question purement spéculative, il n'en résulte aucune différence dans notre droit français, qui accorde spécialement à l'homme la faculté de disposer pour le temps où il n'existera plus.

sera question particulièrement, au chapitre VIII, des avantages faits aux successibles.

3°. Toutes libéralités sont valables, quelle que soit la nature de l'acte qui les contient, soit acte entre vifs, soit acte de dernière volonté : il suffit qu'il soit dans les formes légales.

35. Lorsque le donateur entre vifs d'une somme d'argent à payer après sa mort, ou de tout autre objet, veut assurer à son donataire l'exécution de sa donation sur les biens dont il ne dispose pas en sa faveur, il doit lui hypothéquer spécialement tel ou tel immeuble. Sans cette hypothèque spéciale, il n'aurait aucune hypothèque à exercer d'après l'article 2129 du code, qui veut que toute stipulation volontaire d'hypothèque énonce spécialement, soit dans le titre constitutif, soit dans un titre postérieur, la nature et la situation des immeubles hypothéqués, en conséquence limite l'hypothèque conventionnelle aux immeubles indiqués.

CHAPITRE V.

Quotité disponible à titre gratuit.

CETTE quotité varie suivant les différents cas, que nous allons parcourir successivement.

ARTICLE I.

Quotité disponible par celui qui ne laisse que des enfants légitimes.

36. Les libéralités faites par celui qui ne laisse que des enfants légitimes, ont leur entière exécution lorsqu'elles n'excèdent pas,

1°. La *moitié*, s'il ne laisse à son décès qu'un enfant légitime, *art.* 913.

2°. Le *tiers*, s'il en laisse deux, *ibid.*

3°. Le *quart*, s'il en laisse trois, ou un plus grand nombre, *ibid.*

37. La loi *ibid.* dit, *s'il laisse à son décès*: ainsi la portion disponible se règle par le nombre des enfants existants au moment du décès, sans égard au nombre des enfants existants lors de la donation.

Si au moment de la donation il existe trois enfants, et qu'au moment du décès il n'en existe qu'un, la portion disponible sera de moitié; au lieu qu'elle aurait été seulement d'un quart, si les enfants vivants au moment de la donation, eussent survécu la donation.

Vice versâ; si au moment de la donation il existe deux enfants, et qu'au moment du décès il en existe quatre, la portion disponible sera d'un quart; au lieu qu'elle aurait été d'un tiers, s'il n'était pas survenu au donateur d'autre enfant.

38. La loi, en fixant la portion disponible, eu égard au nombre des enfants, comprend « sous » le nom d'enfants, les descendants en quelque » degré que ce soit; néanmoins ils ne sont comp- » tés que pour l'enfant qu'ils représentent dans la » succession du disposant. » *Art.* 914.

Se présentent à la succession du donateur, six petits enfants, issus de deux enfants prédécédés: ils ne compteront que pour deux, parce qu'ils ne représentent que deux personnes. Les libéralités faites par le défunt auront leur entière exécution, quoiqu'elles excèdent le quart, pourvu qu'elles n'excèdent pas le tiers.

39. Les petits enfants issus d'un fils ou d'une fille unique, seront-ils comptés pour un seul, ou eu égard à leur nombre, pour fixer la part disponible ?

Les petits enfants issus d'un enfant unique, ne vièuent pas à la succession de leur aïeul par représentation de leur auteur, mais de leur chef (1). On ne peut leur appliquer la seconde partie de l'art. 914 : ils restent compris dans la première partie du même article. « Sont com- » pris ...... sous le nom d'enfants, les descendants » en quelque degré que ce soit. » Ainsi, dans ce cas particulier, la portion disponible doit se règler, eu égard au nombre de petits enfants (2).

---

(1) La représentation est introduite dans la vue de faire succéder le parent éloigné concurremment avec des parents plus proches que lui du défunt, mais aussi proches du défunt que l'était son auteur. En vertu de la représentation, il se trouve fictivement placé au même degré que les autres : on l'admet à partager avec eux, et à recueillir la part que son auteur recueillerait, s'il était encore vivant. On a aussi admis la représentation entre petits-enfants issus de plusieurs enfants : il a paru raisonnable que chaque branche eût précisément la part qu'aurait eue son auteur, sans recueillir ni plus ni moins. Ces deux raisons d'introduire la représentation ne peuvent avoir leur application, lorsque se présentent à la succession des petits-enfants issus d'un enfant unique : ils sont admis sans représentation, ils y vièuent de leur chef.

(2) L'ancien droit avait admis deux décisions analogues à la présente, fondées sur le même principe que les enfants issus d'un enfant unique vièuent à la succession de leur aïeul, de leur chef et sans représentation.

1°. La donation faite au second conjoint était réduite dans le même cas, à la part du petit enfant le moins prenant. Ricard, *Donat. p.* 3, *n.* 1273; Le Brun, *liv.* 2,

En conséquence, s'il y en a trois, la portion disponible par l'aïeul sera d'un quart; au lieu qu'elle aurait été de moitié, si son enfant lui avait survécu.

En vain dira-t-on que les petits enfants de deux ou trois enfants sont comptés pour deux ou trois têtes dans la fixation de la part disponible, parce qu'ils tiènent lieu de deux ou trois personnes; les petits enfants issus d'un seul, ne doivent compter que pour un, parce qu'ils tiènent lieu d'une seule personne; que tel est le sens évident de la loi: d'où il résulte que dans ce dernier cas, la portion disponible est de moitié, quel que soit le nombre des petits enfants.

Il faut convenir que la loi peut présenter ce sens aux personnes non versées dans le droit: mais il n'en est pas de même de celles qui s'y sont appliquées. On ne peut pas croire que le législateur ait entendu parler un autre langage que celui propre aux lois. Les petits enfants issus d'un seul enfant viènent à la succession, de leur chef, sans avoir besoin de représentation: serait-il exact de dire qu'ils représentent leur père ou mère, et qu'à ce titre de représentant, il faille leur appliquer la seconde partie de l'article 914?

---

ch. 6, *sect.* 1, *dist.* 5, *n.* 22; et Pothier, *Contrat de mar. n.* 565.

2°. La quotité de la légitime, qui variait en pays de droit écrit, suivant le nombre des enfants, était en ce cas particulier déterminée par le nombre des petits-enfants, ainsi que le décide Despeisses, *to.* 2, *p.* 1, *sec.* 2, *n.* 1 *quarto*, et qu'il a été jugé au parlement d'Aix par arrêt du 16 avril 1580, cité par le même Despeisses et par Ricard, *Donat. part.* 3, *n.* 1794, qui en fait usage pour la donation faite au second conjoint.

40. La quotité disponible variant suivant le nombre des enfants, faut-il avoir égard au nombre des enfants appelés, ou au nombre des enfants acceptants ?

La défense de disposer, à titre gratuit, au-delà de telle portion est, dira-t-on, une défense purement relative à l'intérêt de l'héritier acceptant. Le renonçant n'a pas à se plaindre des libéralités qui ne lui causent aucun préjudice ; ainsi, pour fixer la part disponible, il faut avoir égard seulement à la personne et au nombre des acceptants.

Il faut au contraire tenir pour certain que la quotité disponible par le père, doit se régler en faveur des acceptants, eu égard au nombre des appelés. La loi la détermine, *art.* 913, à cette » part : « *s'il laisse à son décès* tel nombre d'en- » fants, ce qui indique le nombre des *appelés* : » et non pas, *s'il vient à la succession* tel nombre » d'enfants » ; ce qui indiquerait les *acceptants*.

Un père décède, laissant à trois enfants 40,000fr. de bien net : il a fait une donation entre vifs de 20,000 fr. ; masse à comparer, 60,000 fr. Un des enfants renonce : les deux autres acceptent et réclament la réserve. Si l'on avait égard au nombre des acceptants, ils sont deux ; la quotité disponible est le tiers de 60,000 fr., est 20 000 fr. montant de la donation : les enfants seraient mal fondés à vouloir retrancher la donation, qui ne serait pas excessive. Mais il faut avoir égard au nombre des appelés : ils étaient trois ; la portion disponible est le quart de 60,000 fr., est 15,000 fr. ; le donataire doit être réduit à 15,000 fr., au lieu qu'il conserverait sa donation entière, si l'on avait égard au nombre des acceptants.

La décision que nous venons de donner, fondée sur le texte de la loi, est d'ailleurs la conséquence de deux principes de la matière des successions ; le *premier*, que la renonciation de l'un des appelés ne doit pas préjudicier aux droits dont les autres appelés se trouvaient saisis à la mort du défunt (1). Le *second*, la conséquence du premier, est que la part du renonçant accroît

(1) Par cette raison, lorsque l'oncle et des neveux issus de plusieurs frères, étaient appelés à la même succession dans la coutume de Paris et autres semblables, la renonciation de l'oncle n'empêchait pas le partage par souches entre les neveux : la branche intéressée au partage par têtes était mal fondée à le réclamer. « Il suffit, » dit Pothier en son Traité des successions, *ch.* 2, *sect.* 3, » *art.* 1, § 1, qu'il y ait un frère quoiqu'il ait renoncé, » pour que la succession ait été déférée par souches à ce » frère et aux neveux issus des autres frères et sœurs : les » neveux de chacune de ces différentes souches ont été saisis » tous ensemble de la portion déférée à leur souche. La » renonciation du frère n'a d'autre effet que de faire accroître » sa part à ses cohéritiers, et ses cohéritiers sont les sou- » ches. Le partage doit donc toujours se faire par souches. » On trouve la même décision en sa coutume d'Orléans, *art.* 319. Son sentiment est aussi celui de Le Maître, *Paris*, *art.* 320, et de Lajeannés, *Princ. de la jur. fr. n.* 54.

Le Brun, *Suc. liv.* 1, *ch.* 6, *sec.* 3, *n.* 4. Ferrière, *Paris*, 320, *n.* 13, et d'autres auteurs, soutiènent au contraire que le partage doit se faire par têtes, lorsque la renonciation est gratuite. Leur opinion était fondée, entre autres raisons, sur ce que les coutumes de Paris, *art.* 320, d'Orléans, *art.* 318, et autres pareilles, se sont servies des termes *viennent à succession*, qui indiquent les acceptants.

Pareille raison ne peut être alléguée dans la question ci-dessus agitée ; le Code civil, comme il a été observé, emploie l'expression *s'il laisse à son décès*, laquelle indique *tous les appelés*.

aux, acceptants, telle qu'elle a été dévolue au renonçant. Au moment de la mort, chacun des appelés est saisi de sa part héréditaire et du droit de faire réduire les libéralités, eu égard au nombre des appelés tous saisis comme lui. La renonciation de quelques-uns ne doit pas changer les droits dont les autres sont déjà saisis, mais procurer à ces derniers l'accroissement des droits dont les premiers avaient été eux-mêmes saisis. Elle ne doit donc pas influer sur la quotité disponible qui restera la même sans augmentation, et sera déterminée eu égard au nombre des appelés, comme s'il n'y avait pas eu de renonciation.

Dans l'espèce proposée, chacun des héritiers a été saisi de son tiers dans la succession, et du droit de demander la réduction des libéralités au quart de sa part. La renonciation de l'un d'entre eux ne peut pas nuire aux deux autres, par rapport au tiers dont ils étaient précédemment saisis. Ils ont la réserve des trois quarts : ils doivent l'avoir pareillement sur la part qui leur est accrue, avec tous les droits du renonçant. Ainsi la circonstance qu'un des trois appelés a renoncé, n'empêche pas que le donataire ne puisse être réduit au quart dans la totalité des biens.

On ne manquera pas d'objecter: Sous l'ancienne législation, la légitime était réglée eu égard au nombre des enfants acceptants, et de ceux qui renonçaient *aliquo dato* pour s'en tenir à leur avantage, sans égard aux enfants renonçant gratuitement. La réserve tient lieu de légitime: ainsi, pour règler la réserve, il faut avoir égard, non pas au nombre de tous les appelés, mais seulement au nombre des acceptants et de ceux qui renoncent *aliquo dato*.

Plusieurs réponses à cette objection :

Primò. L'analogie qui peut exister entre la légitime et la réserve, ne peut faire appliquer à la réserve une règle de la légitime, lorsque la loi qui établit la réserve contient une décision contraire.

Secundò. L'analogie quiexiste entre la réserve et la légitime n'est pas exacte, quant à la question proposée de savoir s'il faut avoir égard au nombre des appelés ou au nombre des acceptants, pour fixer l'un et l'autre droit. Pour la fixation de la légitime, il était de l'intérêt de celui qui fournissait la légitime, que l'on eût égard au nombre des appelés ; et de l'intérêt du légitimaire, que l'on eût égard au nombre des acceptants : dans la fixation de la réserve, il est au contraire de l'intérêt de celui qui fournit la réserve, qu'on ait égard au nombre des acceptants ; et de l'intérêt de l'héritier réclamant la réserve, que l'on ait égard au nombre des appelés. Ce qui s'éclaircira par l'exemple suivant.

Jacques Fournier laisse pour héritiers présomtifs, Louis, Nicolas, et François, ses trois enfants. Sa succession monte net à 21,000 fr. ; il lègue à un étranger 15,000 fr. François renonce à la succession gratuitement : les deux autres acceptent et réclament leur légitime.

La légitime de chacun des enfants, est la moitié de la part qu'il aurait eue, si le défunt n'avait pas fait de legs. Si l'on a égard au nombre des appelés, ils sont trois : la part héréditaire de chacun est 7000 fr., la légitime 3500 fr. ; ils sont deux réclamant la légitime, ce qui fait 7000 fr. pour les deux : ils trouvent dans la succession 6000 fr., dont le défunt n'a pas disposé. Le légataire sera quitte, en leur abandonnant les

1000 fr. qui leur manquent : il conservera 14,000 f. — Si l'on a égard au nombre des acceptants, leur part héréditaire est 10,500 fr., leur légitime 5250 fr., les deux légitimes réunies, 10,500 fr. Les deux légitimaires trouvent dans la succession 6000 fr., dont le défunt n'a pas disposé ; ils réclameront 4500 fr. contre le légataire de 15,000 fr., qui sera réduit à 10,500 fr., au lieu de 14,000 fr., qu'il conserve par la première opération. — D'où l'on voit que l'intérêt du légataire fournissant la légitime, est qu'on ait égard au nombre des appelés, et celui des légitimaires, qu'on ait égard au nombre des acceptants.

Passons à l'opération de la réserve dans la même espèce. Si l'on a égard au nombre des appelés, ils sont trois ; la réserve sera des trois-quarts, de 15,750 fr., et le légataire sera réduit au quart disponible, de 5,250 fr. — Si l'on a égard au nombre des acceptants, ils sont deux ; la réserve est de deux tiers, de 14,000 fr. ; le légataire conserve le tiers disponible, de 7000 fr., au lieu de 5250 fr., qu'il conserverait, ayant égard au nombre des appelés. — D'où l'on voit que l'intérêt du légataire fournissant la réserve, est que l'on ait égard au nombre des acceptants, et celui des héritiers réclamant la réserve, que l'on ait égard au nombre des appelés.

L'intérêt de l'héritier, n'étant pas le même dans la fixation de la légitime et de la réserve, eu égard au nombre des enfants qui sont comptés, on ne peut appliquer à la fixation de la réserve, sous le Code civil, la règle adoptée sous l'ancienne législation pour la fixation de la légitime, sur le nombre des enfants à compter.

41. L'homme mort civilement ne peut recueil-

lir aucune succession, *art.* 25; les successions qui auraient pu s'ouvrir en sa faveur sont déférées de la même manière que s'il était déjà mort naturellement en conséquence, pour la fixation de la portion disponible dans ces successions, il ne doit pas être compté.

Dans les successions directes, les enfants de l'homme mort civilement, pourront être comptés pour la supputation de la portion disponible, de la même manière que s'il était déjà mort naturellement; c'est-à-dire, pour une tête s'ils viènent par représentation, et suivant leur nombre s'ils viennent sans le secours de la représentation, comme issus d'un enfant unique.

42. Tout ce qui vient d'être dit dans le présent article, s'applique à tous les enfants légitimes, non-seulement ceux qui, nés dans le mariage, ont en leur faveur tout à-la-fois la filiation naturelle et la filiation légale, mais encore aux enfants adoptifs, qui n'ont en leur faveur que la filiation légale. L'article 913, qui fixe la portion disponible par celui qui laisse des enfants, se sert de l'expression *enfants légitimes*, qui est commune aux uns et aux autres. Il est vrai qu'avant le Code, l'expression *enfant légitime*, était restreinte à signifier seulement les enfants *nés dans le mariage*, par opposition aux enfants *nés hors mariage*, parce qu'on ne connaissait pas l'adoption. Mais depuis le Code, la même expression doit être prise dans une acception plus générale, pour signifier toux ceux que la loi reconnaît pour enfants. On ne peut douter que l'article 913 ne l'emploie dans cette acception étendue, d'après l'article 350, qui accorde à l'adopté «sur la succession de l'adoptant, les mêmes

» droits que ceux qu'y aurait l'enfant né en ma» riage. » Il est dans l'intention du Code que l'enfant adoptif ait tous les mêmes droits, et avec la même étendue que l'enfant né dans le mariage; qu'il jouisse comme lui de la réserve prononcée en faveur des enfants légitimes.

43. L'enfant adoptif ayant la même réserve que l'enfant né dans le mariage, nul doute qu'il ne fasse nombre pour déterminer la portion disponible, quand il concourt avec des enfants nés dans le mariage. Si le défunt laisse un enfant adoptif et un enfant né en mariage, la portion disponible sera seulement d'un tiers, à cause du nombre de deux enfants; au lieu d'être de moitié, comme elle le serait si on ne comptait que l'enfant né dans le mariage.

44. L'enfant adoptif, *art.* 348, *reste dans sa famille naturelle : il y conserve tous ses droits*, notamment la successibilité à ses père et mère, à ses parents naturels. Conservant la successibilité, il conserve par là même sur les biens de ses père et mère le droit de réserve : à leur mort, il aura la faculté de l'exercer de la même manière, et avec la même étendue que s'il n'avait pas été adopté.

ARTICLE II.

Quotité disponible pour celui qui ne laisse pas d'enfants.

LORSQUE le défunt ne laisse pas d'enfants, la succession peut être, 1°. directe seulement, 2°. collatérale seulement, 3°. directe et collatérale tout à-la-fois, suivant que des ascendants ou des collatéraux sont appelés à la recueillir.

§ PREMIER.

Quotité disponible par celui qui, n'ayant pas d'enfants, laisse pour héritiers des ascendants seulement, ou des collatéraux seulement.

45. La succession est directe seulement, lorsqu'il y a des ascendants dans les deux lignes (hors le cas dont sera parlé ci-après, *n°*. 49, où le père et la mère concourent tous les deux avec des frères et sœurs). Alors elle se divise *art.* 746 par moitié, entre les ascendants de la ligne paternelle et les ascendants de la ligne maternelle. La portion disponible, en ce cas, est la moitié *art.* 915 : les ascendants ont pour réserve l'autre moitié. Ceux de chaque ligne ont pour réserve la moitié de leur portion ou le quart au total.

46. La succession est collatérale seulement, lorsqu'il ne se trouve aucun ascendant, ni dans l'une, ni dans l'autre ligne. Dans ce cas, les libéralités peuvent épuiser la totalité des biens, *art.* 916 : ainsi les collatéraux n'ont pas de réserve.

Lors de la discussion du projet au conseil d'état, on agita à la séance du 28 pluviôse an 11, *extr. n°*. 14, la question de savoir si on accorderait une réserve aux frères : elle fut d'abord adoptée par les raisons qu'on peut voir au procès-verbal; mais à la séance du 24 germinal suivant, elle a été rejetée d'après les observations du tribunat, *ibid.*, *n°*. 24.

§ II.

De la quotité disponible par celui qui, n'ayant pas d'enfants, laisse pour héritiers des ascendants et des collatéraux.

47. Lorsque des collatéraux concourent avec des ascendants pour recueillir la même succession, les collatéraux qui n'auraient pas de réserve s'ils étaient seuls appelés, n'en ont pas davantage à cause du concours. Les ascendants ont *seuls* droit à la réserve qui leur est spéciale, *art.* 915.

Les ascendants ont droit à la réserve, *ibid.* « dans tous les cas où un partage avec des » collatéraux ne leur donnerait pas la quotité » de biens à laquelle elle est fixée. » Pour bien apprécier cette décision de la loi, il faut observer que la succession peut être directe et collatérale tout ensemble, en trois circonstances.

48. La *première*, lorsqu'il y a des ascendants dans une ligne, et des collatéraux *éloignés* dans l'autre. (J'appèle ici *collatéraux éloignés*, ceux qui ne sont ni frères, ni sœurs, ni descendants de frères ou sœurs).

Dans ce cas, la succession est déférée, *art.* 753, pour moitié aux ascendants, pour l'autre moitié aux collatéraux. Ceux-ci n'ont pas de réserve : leur moitié est entièrement disponible ; sur la moitié de l'ascendant, il y a moitié de disponible : d'où le total du disponible est les trois quarts des biens, *art.* 915 § 1.

Soit une succession de 40,000 francs net, à

laquelle se présentent le grand-père paternel du défunt, un cousin maternel, et un légataire universel : ce dernier réclame la totalité des biens.

S'il n'y avait pas de legs universel, les biens seraient dévolus pour moitié, ou 20,000 francs, au grand père paternel, et pour les autres 20,000 francs, au cousin maternel. Celui-ci n'a point de réserve ; il ne peut empêcher que sa part ne soit absorbée par le légataire universel : le grand père a pour réserve moitié de part, ou 10,000 francs : le légataire universel aura les 30,000 francs de surplus.

49. La *seconde*, lorsque le défunt laisse son père et sa mère, et des collatéraux *proches* (j'appèle ici collatéraux *proches*, les frères, les sœurs, et les descendants des frères et sœurs). Dans ce cas, les père et mère ont, *art.* 748 *et* 751, la moitié qu'ils partagent entre eux : les collatéraux proches ont l'autre moitié.

La *troisième*, lorsque le défunt laisse son père ou sa mère et des collatéraux proches. Alors *ibid.* le survivant des père et mère a un quart, les collatéraux proches ont les trois quarts.

Dans ces deux dernières circonstances, les collatéraux proches n'ont pas plus de réserve que les collatéraux éloignés : le père ou la mère qui concourent avec eux, y ont seuls droit.

50. Dans ces deux mêmes circonstances, quelle sera la réserve des père et mère ? Sera-ce la totalité ? sera-ce la moitié de leur part héréditaire ?

La réserve fixée par l'article 915 est, dira-t-on, de la moitié des biens, si à défaut d'enfants, le défunt laisse des ascendants dans chacune des deux lignes. D'où, dans le cas où le défunt laisse père et mère, la réserve est la moitié des biens; mais au même cas, leur part héréditaire est aussi la moitié des biens : la réserve est donc part entière. — Suivant le même article 915, si le défunt ne laisse d'ascendants que dans une ligne, la portion disponible est des trois-quarts, et la réserve d'un quart. D'où, dans le cas où le défunt ne laisse que son père ou sa mère, la réserve du survivant est d'un quart; mais, au même cas, sa part héréditaire n'est qu'un quart : sa réserve est donc part entière.

Ces conséquences trop serviles de la lettre de l'article 915, ne doivent pas être suivies. L'esprit général de la loi est de permettre que le défunt puisse exercer des libéralités qui absorbent, ou au moins diminuent la part de chacun de ses héritiers. Si le Code eût voulu excepter de cette règle générale quelques-uns des héritiers, l'exception aurait été pour les enfants, qui méritent plus de préférence que les père et mère, parce qu'on doit plus à ses descendants qu'à ses ascendants. Si les enfants peuvent, dans tous les cas, être privés d'une portion de leur part, à plus forte raison les père et mère peuvent-ils être privés, dans tous les cas, d'une portion de la leur. En appliquant les deux dispositions de l'article 915 § 1, aux cas dans lesquels il n'y a pas de collatéraux proches du défunt, on voit que l'intention du Code a été d'accorder aux ascendants pour réserve la moitié de leur part. Il faut adopter pareille base, lorsqu'ils concourent avec des collatéraux proches, si l'on veut suivre l'intention du législateur. Ainsi, dans les deux circonstances ci-dessus où les père et mère concourent avec des frères et sœurs ou des descendants de frères et sœurs, leur réserve doit être la moitié de leur part; savoir, pour chacun un huitième au total, moitié de leur part qui est un quart au total.

Le défunt laisse son père, sa mère, un frère et un légataire universel : sa succession est de 40,000 fr. net. S'il n'avait pas fait de legs, la part du frère serait 20,000 fr., la part du père 10,000 fr., la part de la mère 10,000 fr. : le legs universel absorbera la part du frère qui n'a pas de réserve. La réserve des père et mère ne sera pas pour chacun le quart de la succession, leur part entière de 10,000 fr.; elle sera pour chacun de 5,000 fr., moitié de part. Ainsi des 40,000 fr. il en restera 30,000 fr. au légataire universel.

Supposons, dans la même espèce, que la mère du défunt soit morte avant lui. A défaut du legs, la part du père serait 10,000 fr. : celle du frère, qui est les trois quarts, est de 30,000 fr.; elle sera absorbée par le légataire universel : la réserve du père sera 5,000 fr., moitié de sa part : le légataire universel aura 35,000 fr.

51. Suivant les articles 753 et 754, lorsque le survivant des père et mère concourt avec un collatéral éloigné de l'autre ligne, il a l'usufruit du tiers des biens auxquels il ne succède pas en propriété. Ce tiers en usufruit sera-t-il disponible en entier, ou le survivant pourra-t-il en comprendre la moitié dans sa réserve ?

L'article 915 paraît décider que ce tiers est disponible en entier. Il fixe la portion disponible aux trois quarts et la réserve au quart, lorsque le défunt ne laisse d'ascendants que dans une ligne; tel est le cas de l'espèce particulière où le défunt laisse son père ou sa mère, et des collatéraux éloignés de l'autre ligne : la réserve limitée au quart de la totalité, ne peut pas porter sur le tiers en usufruit qui fait partie de la portion disponible.

Mais nous venons de voir qu'il fallait préférer l'intention manifeste du Code à une conséquence trop servile de l'article 915, lors de la rédaction duquel tous les cas n'ont pas été prévus. L'intention du Code, comme il vient d'être expliqué, est que l'ascendant ait pour réserve la moitié de la part qui lui est dévolue. Ainsi, dans l'espèce, la réserve du survivant des père et mère, doit porter non-seulement sur la moitié de sa ligne, mais encore sur le tiers en usufruit qui lui est dévolu dans les biens de l'autre ligne : elle sera de moitié sur chacun de ces objets, savoir d'un quart au total dans la propriété entière des biens, et en outre d'un douzième au total en usufruit.

Le défunt qui laisse pour héritiers son père et un cousin maternel, fait un légataire universel. Sa succession monte net à 60,000 fr. A défaut de legs, la part du père serait 30,000 fr. en toute propriété, faisant la moitié appartenante à sa ligne ; et 10,000 fr. en usufruit, faisant le tiers de l'autre moitié de 30,000 fr., à laquelle il ne succède pas en propriété. La part du cousin maternel serait 20,000 fr. en toute propriété, et 10,000 fr. en nue propriété : elle sera absorbée par le légataire universel. La réserve du père est moitié de part, savoir : 15,000 fr., en toute propriété, et 5,000 fr. en usufruit. Ainsi, des 60,000 fr. qui composent le bénéfice de la succession, le légataire universel aura 40,000 fr. en toute propriété, et 5,000 fr. en nue propriété, dont il réunira l'usufruit à la mort du père.

52. Dans les espèces posées depuis le commencement de ce §, nous avons supposé que l'avantage était de la totalité des biens. Alors le collatéral, qui n'a pas de réserve, n'a rien à prétendre. L'ascendant qui ne recueille rien doit être rempli de l'intégralité de sa réserve; c'est à l'avantagé qui recueille tout à la lui fournir : il n'y a pas lieu à examiner si elle sera fournie par le collatéral qui ne recueille rien.

Lorsque l'avantage, qui ne laisse pas à l'ascendant la réserve que lui assure la loi, n'est pas de la totalité des biens, le collatéral a, comme héritier, sa part dans les biens dont le défunt n'a pas disposé. L'ascendant a aussi sa part dans les mêmes biens; mais il lui faut un supplément de réserve. Prendra-t-il ce supplément sur la part du collatéral, et subsidiairement seulement sur la part de l'avantagé ; ou bien, s'adressera-t-il uniquement à l'avantagé ?

On peut donner des raisons pour l'un et l'autre parti.

On dira *d'une part* : Le supplément ne peut être demandé qu'à celui dont le bénéfice entame la réserve. Le bénéfice du collatéral n'entame pas la réserve : il n'a que la moitié des biens : il ne prétend rien à l'autre moitié, qui est la part héréditaire de l'ascendant. Il ne diminue en rien cette part : il ne lui doit aucune indemnité d'un préjudice dont il n'est pas la cause. L'avantagé est le seul dont le bénéfice entame la réserve : c'est donc à lui seul à fournir le supplément de réserve.

On dira *d'autre part* : Ce n'est pas toujours les principes généraux qu'il faut invoquer : la décision précise des législateurs l'emporte sur ces principes, parce qu'alors elle établit une exception. C'est ce qui est arrivé sur la question présente.

M. Bigot Préameneu, en rendant compte à la séance du 24 germinal an 11, des observations du tribunat, s'explique en ces termes : » On suppose qu'un enfant laisse pour héritiers » des ascendants dans chacune des deux lignes » paternelle et maternelle, et des frères et sœurs; » et que ses biens s'élèvent à 100,000 fr., sur » lesquels il aurait donné 60,000 fr., par actes » entre vifs ou testamentaires. Si le défunt n'avait » pas disposé de 60,000 fr., il serait revenu aux » ascendants moitié des 100,000 fr.; d'un autre » côté, il n'a pu, à leur égard, disposer que de » la moitié de ce qui leur fût revenu, et consé- » quemment, ils devraient prendre 25,000 fr. » Cependant si les 40,000 fr. dont le défunt n'a » point disposé, étaient partagés par moitié entre » les ascendants d'une part, et les frères ou sœurs » de l'autre, les ascendants n'auraient que 20,000 f. » Le tribunat observe que dans ce cas les ascen- » dants doivent prendre sur les biens *non-donnés* » 25,000 fr., et que les frères ou sœurs n'ont droit » qu'aux 15,000 fr. restants. Cette observation est » juste, et présente une explication utile pour » l'exécution de la règle établie en faveur des as- » cendants ». *Ext. n°.* 25. La disposition, continue le procès-verbal, est adoptée. De cette observation il est résulté la proposition d'un article qui depuis a été le 915 du Code. — C'est ainsi que le tribunat, le conseil-d'état et le corps-législatif se sont réunis pour décider que le supplément de réserve doit être pris d'abord sur la part du collatéral : on ne peut s'écarter de leur décision.

Entre ces deux sentiments, le premier mérite la préférence. Il n'y a de véritablement dispositif que ce qui est dans la loi. Ce qui est énoncé dans la discussion du conseil-d'état, est certes d'un grand poids : mais lorsqu'il paraît une opposition entre les principes du Code, et une opinion énoncée dans la discussion, les principes doivent toujours l'emporter.

Quelle a été d'ailleurs la proposition du tribunat, *extr. ibid.*? de décider que dans aucun cas les ascendants ne pourront avoir moins que la quotité qui leur est réservée. Dans l'espèce posée pour expliquer l'intention du tribunat, les ascendants auraient eu moins que leur réserve; on a voulu leur assurer la réserve entière : en conséquence, l'article adopté à cette séance, et la loi qui s'y est conformée, leur ont assuré la réserve, » dans *tous les cas* où un partage en concurrence » avec des collatéraux, ne leur donnerait pas la » quotité des biens à laquelle elle est fixée ». Mais l'intention du tribunat, du conseil-d'état et du corps-législatif, n'a pas été de faire statuer, ou de statuer aux dépens de qui serait fourni le supplément de légitime. Ainsi, quoiqu'à l'espèce proposée on ait ajouté un exemple qui contient la décision que le supplément de réserve sera fourni sur la part du collatéral, on ne peut pas dire que le Code civil ait entendu adopter cette décision. Il a laissé la question indécise : point d'obstacle à ce que la solution en soit donnée, conformément aux principes généraux.

53. Le père adoptif a-t-il droit de réserve dans la succession de son fils adoptif?

L'article 351 porte : « Si l'adopté meurt sans » descendants légitimes, les choses données par » l'adoptant........ et qui existeront en nature » lors du décès de l'adopté, retourneront à l'a- » doptant...à la charge de contribuer aux dettes, et » sans préjudice des droits des tiers ». Il en résulte quatre décisions principales; 1°, que l'adoptant n'a droit qu'aux choses par lui données ; 2°, qu'il n'y a droit qu'autant qu'elles existent en nature, au moment du décès de l'adopté ; 3° ; qu'il les recueille à titre d'héritier, étant chargé de contribuer aux dettes ; 4°, qu'il les recueille sans préjudice des droits des tiers. C'est d'après ces décisions, qu'il faut résoudre la question posée : on peut donner des raisons pour accorder ou refuser au père adoptif la réserve dans la succession de son fils adoptif.

L'adoptant, dira-t-on d'un côté, n'ayant droit que sur les choses qui existent en nature au moment du décès de l'adopté, n'a aucun droit sur les biens donnés entre vifs par l'adopté, et qui sont sortis de ses mains ; il ne peut avoir sur iceux droit de réserve. L'adoptant n'ayant de droit aux biens de l'adopté, que sans préjudice des droits d'un tiers, il n'y est appelé que sans préjudice des droits du donataire ou du légataire. Ainsi le père adoptif n'a aucune réserve à prétendre, ni sur les biens donnés par acte entre vifs, ni sur ceux donnés par acte de dernière volonté.

Le but de l'article 351 § 1, dira-t-on d'un autre côté, a été de régler les droits de l'adoptant, vis-à-vis de la famille naturelle de l'adopté, dont les biens sont dévolus, *ibid.* § 2, à ses propres parents, à l'exception de ceux affectés audit adoptant; et encore vis-à-vis des créanciers des acquéreurs de l'adopté. On aurait pu penser que les biens étaient tellement grevés du retour envers l'adoptant, que l'adopté se trouvait dans le cas de ne pouvoir faire aucune disposition même onéreuse, au préjudice des droits de l'adoptant. L'article établit le principe contraire. S'il appèle l'adoptant à recueillir dans la succession de l'adopté les biens par lui donnés, il ne les lui défère qu'à titre d'héritier : en conséquence, l'adoptant ne les recueille, qu'autant qu'ils sont en nature dans sa succession. D'un autre côté cet article lui accorde, sur les biens par lui donnés entre vifs à l'adopté, les mêmes droits qu'il aurait, s'il était son père naturel et légitime : de même que le père héritier a droit de réserve sur les biens donnés entre vifs, ou légués par son fils, l'adoptant a pareillement droit de réserve sur les biens dont l'adopté, après les avoir reçus de lui, aurait lui-même disposé, soit par donation entre vifs, soit par donation testamentaire.

De ces deux opinions, il faut préférer la première, qui refuse à l'adoptant le droit de réserve sur les biens de son fils adoptif, soit contre le donataire entre vifs, soit contre le légataire.

1°. Le donataire entre vifs oppose à l'adoptant un argument sans réplique : « Vous n'avez droit, » lui dira-t-il, sur les biens à vous donnés, qu'au- » tant qu'ils sont encore en la possession de votre » fils adoptif, lors de son décès. Vous n'avez » donc aucun droit sur l'objet à moi donné entre » vifs, qui, au moyen de la donation, a cessé de » son vivant d'être au nombre de ses biens. »

2°. Le légataire opposera à son tour : Si le législateur eût eu envie d'accorder au père adoptif, une réserve à l'instar de celle accordée au père naturel et légitime tout-à-la-fois, il la lui aurait assurée même contre le donataire ; au contraire, il la lui a refusée. Si nonobstant cette disposition relative au donataire, il eût voulu conférer à l'adoptant la réserve contre le légataire, il s'en serait expliqué; mais point de disposition précise pour la réserve contre le légataire. L'intention du Code a donc été que, l'adoptant ne peut exercer le droit de réserve en aucun cas, même contre le légataire de son fils adoptif.

ARTICLE III.

Quotité disponible par le Mineur de seize à vingt-un ans.

54. Le mineur âgé de moins de seize ans « ne » peut aucunement disposer », *art.* 903 : il est absolument incapable de donner, soit par acte entre vifs, soit par acte de dernière volonté. Ainsi il n'y a pas lieu à examiner quelle portion il doit réserver à ses héritiers.

Le mineur âgé de moins de seize ans peut donner par contrat de mariage à son époux. (Voyez l'article suivant).

55. Le mineur parvenu à l'âge de seize ans, ne peut disposer à titre gratuit que par testament ou autre acte de dernière volonté. *Art.* 904.

Il peut disposer par testament (*ibid*) « jusqu'à » concurrence seulement de la moitié des biens » dont la loi permet au majeur de disposer » : ainsi, à l'égard des dispositions de dernière volonté, la réserve dans la succession du mineur est vis-à-vis de ses enfants et de ses ascendants, la portion qui serait indisponible s'il était majeur, et en outre la moitié du surplus. Les collatéraux qui n'ont pas de réserve dans la succession du majeur, auront pour réserve dans la succession du mineur, la moitié de leur part héréditaire.

Si le mineur laisse un enfant, il ne pourra disposer par acte de dernière volonté que d'un quart. La réserve pour l'enfant sera des trois quarts ; savoir moitié ou deux quarts, en quoi elle consisterait si le défunt était majeur, et un troisième quart comme faisant la moitié du surplus.

S'il laisse un grand-père paternel et un cousin maternel, la réserve du grand-père paternel sera pareillement les trois quarts de sa part, c'est-à-dire les trois huitièmes au total. La réserve du cousin maternel sera moitié de sa part ou un quart au total. Si dans ce cas le mineur fait un légataire universel, le grand-père paternel aura trois huitièmes, le cousin maternel deux huitièmes : et le légataire universel aura trois huitièmes ; savoir un huitième à prendre dans la moitié paternelle, et deux huitièmes à prendre dans la moitié maternelle.

Supposons que la succession soit de 24,000 fr. de bien net. A défaut de legs, la part du grand-père serait 12,000 fr. Sa réserve, si le défunt eut été majeur, aurait été la moitié, 6,000 fr. : comme il était mineur, elle sera, en outre, de la moitié des autres 6,000 fr. dont il aurait eu la faculté de disposer s'il eût été majeur, au total 9,000 fr. La part du cousin serait 12,000 fr., disponible pour le tout, si le défunt fût décédé majeur : sa réserve, à cause de la minorité, sera 6,000 fr., moitié de ces 12,000 fr. Le légataire universel sera réduit à 9,000 fr. ; savoir 3,000 fr. dans la moitié déférée au grand-père, et 6,000 fr. dans la moitié déférée au cousin.

56. Le mineur de seize à vingt-cinq ans, a-t-il besoin d'être émancipé pour faire son testament?

La loi qui lui accorde la faculté de faire des actes de dernière volonté, ne parle pas de son émancipation, qui l'habilite à faire des actes entre vifs. Ce n'est pas à raison de son émancipation, mais à raison de son âge, que le législateur le juge capable de tester. Il peut être émancipé *art.* 477 à quinze ans; et néanmoins jusqu'à l'âge de seize ans il ne peut tester, parce que la loi le déclare *art.* 903 incapable de disposer à titre gratuit, avant l'âge de seize ans. Parvenu à seize ans, il est capable, quoique non émancipé, de faire des dispositions de dernière volonté.

ARTICLE IV.

Quotité disponible entre époux.

57. Les donations entre époux peuvent avoir lieu, soit par contrat de mariage, soit pendant le mariage: le code règle dans l'un et l'autre cas, de la même manière, l'étendue de la faculté de s'avantager entre époux. Mais il distingue le cas où l'époux donateur ne laisse pas d'enfants, et celui où il laisse des enfants.

Au *premier* cas, il peut disposer en faveur de son époux, « en propriété de tout ce dont il » pourrait disposer en faveur d'un étranger, et » en outre de l'usufruit de la totalité de la por- » tion dont la loi prohibe la disposition en faveur » des héritiers. » *Art.* 1094 § 1. La nue propriété de cette dernière portion formera la réserve de l'héritier, à l'encontre de l'époux donataire.

58.

58. Cette disposition n'a son application qu'en tant que le donateur laisse un ascendant : car s'il ne laisse que des collatéraux, le tout est disponible en faveur d'un étranger, à plus forte raison en faveur de l'époux.

59. Dans les cas ordinaires, lorsque le défunt laisse un ascendant supérieur d'un côté, et des collatéraux de l'autre, alors à l'égard des étrangers, la portion disponible est les trois quarts, et la réserve est du quart en toute propriété. A l'égard de l'époux survivant donataire universel par contrat de mariage, ou légataire universel, il aura les trois quarts en toute propriété, et en outre l'usufruit du dernier quart. La réserve de l'ascendant sera la nue-propriété de ce dernier quart.

60. Si le défunt laisse son père et des frères, le père recueillera un quart dans sa succession, et les frères les trois quarts (*art.* 748 *et* 751.) La portion disponible en faveur des étrangers est sept huitièmes; et la réserve du père est un huitième, moitié de sa part. L'époux donataire universel par contrat de mariage, aura les sept huitièmes en toute propriété, et l'usufruit du dernier huitième. La réserve du père sera la nue-propriété de ce dernier huitième.

Supposons que la succession monte à 32,000 fr. de biens net. La part des frères est les trois quarts, 24,000 fr.; elle est disponible pour le tout : la part du père est un quart, ou 8,000 fr. La portion disponible en faveur de l'époux est comme à l'égard d'un étranger, de 4,000 fr., faisant la moitié ; et en outre de l'usufruit des 4,000 fr., dont il ne peut disposer en faveur d'un étranger. La réserve du père sera restreinte à la nue-propriété de 4,000 fr. L'époux donataire universel par contrat de mariage, aura 28,000 fr. en toute propriété, et 4,000 fr. en usufruit.

61. Au *second* cas, où l'époux donateur laisse des enfants ou descendants, il peut donner à l'autre époux, soit 1°. un quart en propriété et un quart en usufruit, soit 2°. la moitié de ses biens en usufruit. (*Art.* 1094 § 2).

62. Observez que l'époux donataire est, suivant les circonstances, capable de recevoir un avantage plus ou moins grand que celui que pourrait recevoir un étranger.

Lorsque le donateur laisse trois enfants, l'étranger ne peut avoir qu'un quart en toute propriété. L'époux peut avoir un quart en toute propriété et un quart en usufruit; ainsi il peut recevoir un plus grand avantage que l'étranger.

Lorsque le donateur n'a qu'un enfant, l'époux ne peut avoir qu'un quart en propriété et un quart en usufruit seulement. L'étranger peut avoir moitié en toute propriété : ainsi ce dernier peut alors recevoir un plus grand avantage que l'époux.

63. L'époux mineur (*art.* 1095) peut, par contrat de mariage, disposer en faveur de son époux avec la même étendue que s'il était majeur, pourvu que ce soit avec le consentement et l'assistance de ceux dont le consentement est requis pour la validité de son mariage. Il peut faire ces avantages (*art.* 903), quand même il serait âgé de moins de seize ans. Pareils avantages ne sont pas sujets à une plus grande réduction que ceux faits par l'époux majeur.

63. Quant aux avantages entre époux, hors contrat de mariage, le mineur n'a pas la même capacité que le majeur : il rentre dans les règles

expliquées en l'art. 3. Au-dessous de seize ans, il ne peut (*art.* 904) rien donner à son époux : au-dessus de seize ans, il ne peut lui donner entre vifs; mais il peut lui léguer la moitié de tout ce dont il pourrait disposer en sa faveur, s'il était majeur. Ainsi, dans toutes les circonstances où il s'agira de fixer la portion de ses biens que l'époux mineur au-dessus de seize ans peut léguer à son époux, on fixera d'abord, d'après ce qui vient d'être dit, ce dont il pourrait disposer en sa faveur s'il était parvenu à sa majorité; la moitié de cette part est la portion dont il pourra disposer en sa faveur par testament.

64. Lorsque l'homme ou la femme ayant enfants d'un précédent mariage passe à de secondes noces, il est à craindre qu'entraînés par leur folle passion pour leur nouvel époux, ils ne leur fassent des donations immenses au préjudice des enfants de leur première union, oubliant envers ceux-ci les devoirs de la nature. Il est à propos de restreindre en ce cas la faculté de disposer. Cette vue de bien public qui avait déterminé l'édit des secondes noces, n'a pas échappé à nos législateurs; en conséquence, (*art.* 1098) « l'homme » ou la femme qui ayant des enfants d'un autre » lit contracte un second ou subséquent mariage, » ne peut donner à un nouvel époux qu'une part » d'enfant légitime le moins prenant ». C'est la première disposition de l'édit cité. Le Code ajoute : « sans que, dans aucun cas, les donations » puissent excéder le quart des biens » (*Ibid*).

On voit, par cet article, 1°. que lorsque le donateur laisse quatre enfants et plus, les donations faites au deuxième époux ne peuvent excéder une part d'enfant, savoir : un cinquième s'ils sont quatre, un sixième s'ils sont cinq, un septième s'ils sont six, et ainsi de suite ;

2°. Que lorsque le donateur ne laisse que trois enfants, les donations faites au deuxième époux ne peuvent excéder le quart des biens qui en ce cas fait juste la part d'enfant ;

3°. Que lorsque le donateur ne laisse qu'un ou deux enfants, la part d'enfant est alors la moitié ou le tiers de la succession ; et néanmoins les donations faites au deuxième époux ne peuvent excéder le quart des biens.

On peut faire à cet égard un très-grand usage (à quelques modifications près), de la partie du traité du contrat de mariage de Pothier, qui traite du premier chef de l'édit des secondes noces, depuis le n°. 534, jusqu'au n°. 603.

Le second chef du même édit prescrivait à l'époux, passant à de secondes noces, de réserver à ses enfants du premier lit, les avantages qu'il avait reçus de leur auteur. Le Code ne contient pas de disposition pareille.

Article V.

Portion disponible par celui qui laisse des bâtards.

65. Le bâtard est-il en droit de réclamer une réserve contre les donataires et légataires de son père naturel ?

La réduction, peut-on dire pour la *négative*, ne peut être demandée (*art.* 921) que par ceux au profit desquels la loi fait la réserve. Aucun article du Code n'accorde de réserve aux bâtards, ne prive celui qui laisse des enfants bâtards de la faculté de disposer de toute sa fortune. L'article 913 qui fixe le montant des libéralités permises à celui qui laisse des enfants, ne parle que des enfants légitimes; « la moitié, y est-il dit,..... s'il » ne laisse à son décès qu'un enfant *légitime*; le » tiers s il laisse deux enfants...... ». Ni cet article ni les autres ne s'occupent de la réduction en faveur du bâtard : il est mal fondé à l'exiger.

Si le Code, dira-t-on pour *l'affirmative*, ne prononce pas d'une manière expresse la réserve en faveur des bâtards, on ne peut douter néanmoins que les législateurs n'ayent eu l'intention de la lui accorder. La portion des biens du père naturel dévolue à son bâtard est (*art.* 757,758) suivant les circonstances, le tiers, la moitié, les trois quarts, la totalité de la portion qu'il aurait eue s'il eût été légitime. Mais s'il eût été légitime, il aurait exercé la réserve, il peut donc exercer une réserve proportionnelle au droit qui lui est accordé.

On répliquera pour la *négative*, que la part du bâtard n'est pas une quotité *de tous les biens qui lui seraient advenus, s'il eût été légitime*; mais qu'elle est (*art.* 757) une quotité *de la portion héréditaire qu'il aurait eue s'il eût été légitime*, c'est-à-dire, une quotité de la part dans les biens délaissés par le défunt, et composant son hérédité. Cette part, dans tous les biens délaissés par le défunt à sa mort, ne comprend pas les donations entre vifs : faisant portion de l'hérédité, elle est grevée des legs. Le bâtard ayant seulement une quotité dans cette même part, ne peut exercer de réduction principale, soit sur les donations entre vifs, soit même sur les legs. — Voyez d'ailleurs le discours de M. Jaubert (de la Gironde) au tribunat, à la séance du 9 floréal an 11 : il ne fait aucun doute que l'enfant naturel ne soit mal fondé à demander la réserve. « Les enfants naturels, dit-il (*extr. n°.* 56) ne peuvent-ils donc pas » aussi réclamer la réduction des donations entre vifs? Jamais: la loi n'a établi la réserve pour » les enfants légitimaires; *qui dicit de uno, de* » *altero negat.* A la vérité, le titre des *successions* veut que le droit de l'enfant naturel sur » les biens de ses père et mère décédés, soit » d'une quote qui varie suivant la qualité des » héritiers présomptifs, (*art.* 47, maintenant » *art.* 757). Mais ce droit ne se rapporte qu'à » la succession. Les enfants naturels ne peuvent » donc l'exercer que sur la succession *telle* » *qu'elle est* : or, les biens donnés ne sont pas » dans la succession. »

On répondra pour *l'affirmative*, que le bâtard est tenu (*art.* 760) de rapporter ce qu'il a reçu : il peut, *vice versâ*, obliger lui-même les légitimes au rapport de ce qu'ils ont reçu. Il a donc des droits à exercer sur les choses données entre vifs par son père naturel : il peut donc exercer sur ces choses le droit de réserve, et à plus forte raison sur les choses léguées.

La difficulté consiste dans l'explication de l'article 757, qui accorde à l'enfant naturel une quotité dans la *portion héréditaire*, qu'il aurait eue s'il eût été légitime. Quel est le sens de ces mots, *portion héréditaire* ? Est-ce la portion qui lui serait advenue au *seul titre d'héritier* dans les biens délaissés par son père à son décès, comme l'a entendu M. Jaubert dans le passage ci-dessus cité ? Est-ce la portion qui lui serait advenue, comme *enfant héritier*, dans les biens délaissés par le défunt, et en outre dans la réserve sur les dispositions gratuites ? L'intention manifeste du Code a été de lui refuser le titre honorable d'héritier ; de lui refuser (en cas de parents légitimes) la totalité des droits qui lui seraientadvenus s'il eût été légitime; de lui accorder portion de part, au lieu de part entière ; de lui accorder jusqu'à concurrence d'une certaine quotité l'universalité des droits qu'il aurait eus s'il eût été légitime. « Si la nature réclame pour » ceux-ci (les bâtards), dit M. Treilhard, » dans son exposé des motifs du tit. *des succes-* » *sions* (*Discuss. pag.* 732), une portion du » patrimoine paternel, l'ordre social s'oppose » à ce qu'ils la reçoivent dans *les mêmes propor-* » *tions* et au même titre que les enfants légiti- » mes..... Ils ne partageront pas avec les enfants » légitimes le titre d'héritier ; leurs droits seront » réglés avec sagesse, plus étendus quand leur » père ne laisse que des collatéraux, plus res- » treints quand il laisse deux enfants légitimes, » des frères ou descendants. » On voit, par ce texte, qu'on a voulu donner aux bâtards une part proportionnelle à celle des enfants légitimes, et par suite une part proportionnelle dans la réserve accordée aux légitimes.

La portion des biens déférée à l'enfant naturel est une dette ; car tout homme se doit à lui-même de pourvoir à ses enfants. C'est une dette alimentaire ; elle est accordée à l'enfant naturel, principalement pour sa subsistance. Cette dette alimentaire prend son origine à la naissance de l'enfant. Dette du droit naturel, elle devient dette civile par la reconnaissance du père devant l'officier civil : il ne doit pas être à sa disposition, lorsqu'il est fortuné, d'anéantir l'effet de cette dette. Si l'on refuse à l'enfant naturel le droit d'exercer la réserve sur les donations entre vifs, le père jouissant d'une fortune immense, aurait la faculté de pouvoir épuiser son bien en donations entre vifs pour frustrer entièrement de ses droits l'enfant naturel qu'il aurait reconnu. Jamais on ne croira que le législateur ait voulu accorder pareille faculté : nouvelle raison pour décider que l'enfant naturel a droit de réserve sur les biens donnés entre vifs par son père.

La plus forte objection contre notre décision est que l'art. 913, ne limite la portion disponible qu'au cas d'enfants *légitimes*, et ne la limite pas au cas d'enfants *bâtards*. Mais l'art. 913 n'a eu en vue que le cas où les enfants qui se présentent pour recueillir les biens du défunt sont tous des enfants légitimes : il ne décide rien pour le cas où il se présente des bâtards, soit seuls, soit en concurrence avec des enfants légitimes. Dans ce cas non prévu, il ne décide ni pour ni contre la réserve ; on ne peut pas en conclure que la réserve soit accordée au bâtard ; on ne peut pas en conclure non plus que la réserve lui soit refusée. Il est vrai que l'article 921 refuse la réduction à ceux au profit desquels la loi n'accorde pas la réserve. Il en résulte qu'à défaut d'article qui accorde la réserve au bâtard, il ne peut en jouir. Reste donc à savoir si quelque autre article du Code la lui accorde, soit d'une manière expresse, soit d'une manière implicite, comme conséquence de son contenu. L'article 757 fixe les droits du bâtard sur les biens de son père naturel : il ne lui accorde pas nommément le droit de réserve ; mais il le lui accorde d'une manière implicite, comme conséquence de son contenu : il lui accorde une quotité dans la portion qu'il aurait eue s'il eût été légitime ; et cette même portion comprend en soi la réserve.

On peut encore opposer que le bâtard n'est pas héritier, mais simple créancier de la succession ; qu'à l'instar des autres créanciers, il ne peut exercer de réserve contre les donataires entre vifs : que tel est le sens dans lequel M. Bigot-Préameneu interprète la loi, dans son Exposé des Motifs (*extr. n°.* 36) où il dit, en parlant de la masse des biens sur lesquels se calcule la portion réservée : « Il ne doit être fait aucune » déduction à raison du droit des enfants natu- » rels : ce droit n'est point acquis avant la mort ; » et c'est, sous ce titre de *créance*, une partici- » pation à la succession. »

Le droit des enfants naturels n'est pas, à la vérité, un droit de *succession* : la loi leur refuse le nom d'*héritier*. Mais quoique ce ne soit pas un droit de succession, néanmoins il en approche de beaucoup : il est, comme dit le texte, une *participation à la succession* ; il confère la faculté de réclamer en nature une quote-part des biens ; il est un droit universel, et comme tel, il assujétit au paiement des dettes. Faut-il donner à ce droit le nom de *créance* ? L'article 42, du titre des successions du projet présenté au conseil d'état, lui en donnait le nom, en disant (*discuss. tom.* 2, *pag.* 256) qu'ils n'avaient » qu'une *créance* sur les biens de leurs père ou » mère décédés. » Mais, sur l'observation du consul Cambacérès (*ibid. pag.* 258), on a évité, dans la dernière rédaction, de se servir du mot *créance*. C'est effectivement un singulier créancier de la succession, que celui qui peut réclamer en nature une quote-part des biens, qui contribue pour sa part au paiement de tous les créanciers du défunt, et de toutes les charges de sa succession : son droit n'est donc pas une véritable *créance* dans le sens qu'on attache à ce mot. Si donc on veut persister à donner à son droit sur les biens de la succession, le nom impropre de *créance*, il faut convenir que ce même droit n'a pas de ressemblance avec celui des *créanciers*, de ceux qu'on qualifie *créanciers*; et qu'ainsi on ne peut appliquer aux bâtards la disposition de l'article 921 du Code civil, qui exclud les créanciers de la faculté de demander la réserve et d'en profiter.

66. L'enfant naturel peut-il être avantagé au-delà de la part que lui assure la loi, et jusqu'à concurrence de la portion disponible?

Le chapitre 1er du tit. 2 du liv. 3, règle la capacité de recevoir. L'article 908, qui en fait partie, prononce la négative de la question proposée ; il porte : « Les enfants naturels *ne pourront*, par donation entre vifs ou par testament, *rien recevoir au-delà* de ce qui leur est accordé au titre des successions. » En conséquence, les enfants légitimes du défunt, ses père et mère, les autres parents héritiers sont fondés à demander la nullité des donations entre vifs ou legs faits à l'enfant naturel pour tout ce qui excède la part que lui assure la loi : ainsi il ne peut profiter de la portion disponible.

67. L'incapacité de recevoir de l'enfant natu-

rel peut-elle lui être opposée par un étranger légataire universel? On peut donner des raisons pour soutenir, ou combattre la prétention de l'étranger.

Quel a été le but de la loi en prononçant l'incapacité, dira-t-on d'un côté? M. Jaubert (de la Gironde) dans son rapport à la séance du 9 floréal an 11, s'en explique ainsi : « C'est pour honorer, pour encourager les mariages, que les » enfants naturels ne doivent pas avoir les mêmes » prérogatives que les enfants légitimes. »

Ce motif n'est pas relatif à l'intérêt des héritiers : il est fondé sur la qualité d'enfant naturel, sur l'honneur dû au mariage, sur des vues d'ordre public. L'incapacité prononcée est donc une incapacité absolue, qui peut être opposée par toutes personnes intéressées, même par des étrangers.

Voyez, dira-t-on d'un autre côté, l'économie de la loi. Le droit des enfants naturels augmente, (*art.* 757) à raison de l'éloignement des parents héritiers : il est d'un tiers de la portion héréditaire, si le défunt laisse des enfants légitimes; de moitié, lorsqu'il laisse des ascendants ou des frères ; des trois quarts, lorsqu'il laisse des parents plus éloignés; enfin (*art.* 758) du tout, lorsque le défunt ne laisse pas de parents successibles. Elle a donc eu en vue principale l'intérêt des parents : l'incapacité prononcée est une incapacité *relative*, que les parents seuls peuvent opposer; elle est nulle à l'égard des étrangers.

De ces deux opinions, la seconde doit être préférée, comme plus conforme à l'esprit de la loi. Le Code ayant gradué le *droit légal* de l'enfant naturel sur la parenté plus ou moins éloignée de l'héritier, et lui accordant tout à défaut de parents succesibles, il est évident qu'il a eu principalement pour but l'intérêt des parents, lorsqu'il a statué que les enfants naturels ne pourraient rien recevoir au-delà du même *droit légal.*

CHAPITRE VI.

Réduction des libéralités excessives.

Ce chapitre sera partagé en plusieurs articles, dont le premier contiendra les règles générales de la réduction des libéralités excessives ; les autres, les règles particulières de la réduction dans différentes circonstances qui peuvent se présenter.

ARTICLE PREMIER.

Règles générales de la réduction des libéralités excessives.

68. La principale opération consiste à déterminer si les libéralités faites par le défunt excèdent ou non la portion disponible.

Cette portion ne peut jamais être fixée du vivant du disposant : elle est variable jusqu'à sa mort, et pour la quotité et pour la valeur de la même quotité ; pour la quotité suivant la proximité des héritiers que laissera le disposant, et suivant leur nombre, si ce sont des enfants ; pour la valeur de la même quotité, suivant les ventes, les acquisitions qu'il pourra faire, les dettes qu'il pourra contracter.

La somme des libéralités ne peut pareillement être déterminée du vivant du disposant : il peut encore en faire de nouvelles par des actes entre vifs ; et celles qui ont lieu par actes de dernière volonté, n'ont d'existence certaine qu'à sa mort, ayant la faculté de les révoquer.

La part disponible et la somme des libéralités ne pouvant être fixées du vivant du disposant, ce n'est qu'après sa mort qu'on peut déterminer si les libéralités excèdent ou non la part disponible. Aussi le législateur a-t-il dit, *art.* 920, que les dispositions excessives étaient réductibles à la quotité de la loi, lors de l'ouverture de la succession.

69. Pour déterminer si les libéralités faites par le défunt excèdent ou non la portion disponible, il faut établir la somme des libéralités, et la masse des biens à comparer.

La somme des libéralités comprend des avantages de trois sortes, les donations entre vifs, les donations à cause de mort par acte entre vifs, et les donations par acte de dernière volonté.

La masse à comparer comprend, 1°. les biens dont le défunt n'a pas disposé ; 2°. les biens dont il a disposé : il faut comprendre ces derniers dans la masse à comparer, pour connaître s'ils excèdent la quotité déterminée de la même masse.

Les choses données par acte de dernière volonté, ou à cause de mort par acte entre vifs, font partie des biens possédés par le défunt à son décès, sur lesquels se prélèvent ses dettes. Les choses transférées par donations entre vifs sont les seules qui ne fassent pas portion du patrimoine du défunt à son décès. L'on voit par là que, pour déterminer si les libéralités excèdent la part disponible, il faut faire l'état des biens possédés par le défunt à son décès, en déduire les dettes, ajouter au bénéfice net le montant des donations entre vifs, et comparer cette masse avec la somme des libéralités faites par actes entre vifs et de dernière volonté, pour voir si elles excèdent ou non la portion disponible.

70. Il n'est pas besoin de comprendre nommément dans la masse à comparer les libéralités faites par acte de dernière volonté, ni les donations à cause de mort par actes entre vifs, parce que l'objet de ces libéralités se trouvant confondu dans le bénéfice net de la succession, dont il a été fait une mention expresse, ce serait faire un double emploi.

Un père donne entre vifs un immeuble de 45,000 fr.; il lègue 5,000 fr. Il décède laissant cinq enfants : son actif est 380,000 fr., passif 65,000 f., bénéfice net de la succession 315,000 f. : ajoutez-y 45,000 fr. de don entre vifs; masse à comparer 360,000 fr. Quart disponible 90,000 fr. : ce quart excède 50,000 fr., somme des avantages.

Dans la même espèce n'y a-t-il que 180,000 fr. d'actif, *le boni* de la succession est 115,000 fr. : joignez 45,000 fr. de don entre vifs; masse à comparer 160,000 fr. Quart disponible 40,000 fr. : c'est alors la somme des avantages qui excède le disponible.

Dans ces deux espèces, il n'a pas été nécessaire de comprendre nommément dans la masse à comparer les 5,000 fr. de legs ; ils sont confondus dans les 315,000 fr. ou les 115,000 fr. de bénéfice net de la succession, sur lequel ils doivent être payés.

71. Si l'actif égale le passif, le bénéfice de la succession est *zéro :* les donations entre vifs sont la totalité de la masse à comparer.

72. Si le passif surpasse l'actif, les donations entre vifs font pareillement la masse à comparer sans avoir égard aux dettes. Dans ce cas, les héritiers présomptifs ne manquent pas de se porter héritiers bénéficiaires, par ce que les héritiers ont seuls droit à la réduction : les biens retranchés leur arrivent francs de dettes, ainsi qu'il a déjà été expliqué.

73. Nous avons dit (*n°*. 69) que, pour déterminer si les libéralités excèdent la part disponible, il faut faire l'état des biens possédés par le défunt à son décès, ajouter au bénéfice net le montant des donations entre vifs, et comparer cette masse avec la somme des libéralités faites par actes entre vifs et de dernière volonté. L'article 922 du Code, porte : « La réduction se déter- » mine en formant une masse de tous les biens » existants au décès du donateur ou testateur : » on y réunit fictivement ceux dont il a été dis- » posé par donations entre vifs...... On calcule » sur tous ces biens, après en avoir déduit les » dettes, quelle est, eu égard à la qualité des hé- » ritiers qu'il laisse, la quotité dont il a pu dispo- » ser. » L'opération que nous avons indiquée, et celle qu'indique cet article, diffèrent entre elles, en ce que nous déduisons les dettes sur les biens délaissés avant d'ajouter les donations entre-vifs; au lieu que l'article ne statue la déduction des dettes, qu'après qu'on a ajouté les biens donnés entre vifs aux biens délaissés.

Ces deux opérations produisent le même résultat, lorsque les dettes sont inférieures à la valeur des biens délaissés. Supposons un homme qui laisse 100,000 fr. d'actif, 60,000 fr. de passif, et qui a fait pour 25,000 fr. de donation entre vifs. Suivant notre opération, de 100,000 fr. d'actif, ôtez 60,000 fr. de passif, reste de *boni* 40,000 fr.; ajoutez-y les biens donnés 25,000 fr., il en résulte pour la masse à comparer 65,000 fr. Suivant l'opération de l'article 922, aux 100,000 f. d'actif, ajoutez la donation entre vifs de 25,000 fr., total, 125,000 fr.; retranchez sur le tout les dettes de 60,000 fr. : il reste pour la masse à comparer 65,000 fr., comme dans la première opération.

Ces deux opérations ne produisent pas le même résultat, lorsque les dettes excèdent l'actif de la succession. Supposons un homme qui laisse 100,000 fr. d'actif, 180,000 fr. de passif, et qui a fait pour 50,000 f. de donations entre vifs. Suivant notre opération, des 100,000 fr. d'actif, on se propose de retrancher le passif de 180,00 fr., cela ne se peut : le *boni* de la succession est *zero*. A ce *boni*, on ajoutera les 50,000 fr. de donation, masse à comparer 50,000 fr., sur lesquels les héritiers exerceront la réserve.

Dans l'opération de l'article 922, aux 100,000 fr. d'actif, on ajoutera les 50,000 fr. de donation entre vifs ; total 150,000 fr. Sur le tout on se propose de retrancher les dettes de 180,000 fr., cela ne se peut ; la masse à comparer sera *zéro*; le disponible qui est une quotité de la masse à comparer est *zéro*; il n'y a pas de disponible, et les 50,000 fr. de donation entre vifs tombent en entier dans la réserve.

Ce dernier argument peut se rétorquer en sens contraire. La réserve est une quotité de la masse à comparer : dans l'espèce, la masse à comparer est *zéro* ; la réserve est *zéro* ; donc les 50,000 fr. donnés entre vifs sont disponibles pour le tout.

L'exécution trop littérale de l'article 922 conduisant à deux conséquences contradictoires, il faut en conclure qu'il n'a pas été rédigé avec toute la précision desirable (1) ; que la déduction des dettes, au lieu de se faire sur la somme réunie de l'actif et des donations entre vifs, doit, ainsi que nous l'avons annoncé, se faire sur le seul actif ; et qu'ainsi l'article 922 doit s'interpréter comme s'il portait : « La réduction se détermine en formant » une masse de tous les biens existants au mo- » ment du décès du donateur ou testateur ; on » en déduit les dettes. Au bénéfice net de la suc- » cession, on réunit fictivement les biens dont il » a été disposé par donation entre vifs......... On » calcule sur ces deux objets réunis, quelle est, » eu égard à la qualité des héritiers qu'il laisse, » la quotité dont il a pu disposer. » Tel est le

(1) Le vice de rédaction de l'article 922 se trouve dans le projet présenté à la discussion (*art.* 26, *disc. n.* 19) : il n'a donné lieu à aucune observation (*ibid. n.* 22) Le même vice se trouve également dans le projet de l'an 8, (*liv.* 3, *tit.* 9, *art.* 25.) Il n'est pas dans le projet de Cambacérès ; on y lit (*art.* 546) : « Pour déterminer la portion dispo- » nible, on évalue les biens que le défunt a laissés, et » ceux qui sont compris dans les donations qu'il a faites. » Ces mots, *les biens que le défunt a laissés*, signifient clairement le *boni* de la succession, ce qui reste, dettes payées ; *bona non intelliguntur, nisi deducto ære alieno*, &.

sens dans lequel l'exposé des motifs présente cette disposition : « la faculté de disposer, y est-» il dit, ne se calcule pas seulement sur les » biens qui *restent après les dettes payées ;* il » faut ajouter à ces biens, ceux que la personne » décédée a donnés entre vifs. »

M. Jaubert (de la Gironde) l'a entendu dans le même sens, lorsqu'il a dit, dans son rapport au tribunat, le 9 floréal an 11, *n.* 24 : « Un homme » a disposé...... il laisse des descendants ou des » ascendants...... on calcule le montant *net* des » biens dont il n'a pas disposé....... on le joint » avec la valeur de ceux dont il a disposé. »

ARTICLE II.

Réduction des donations entre vifs.

§ PREMIER.

Réduction des donations entre vifs de biens immeubles.

74. Les immeubles donnés entre vifs ayant appartenu au donataire dans l'intervalle de la donation au décès, il arrive presque toujours que leur état et leur valeur changent pendant cet intervalle. Lorsqu'il faut déterminer si les avantages excèdent le disponible, on les ajoute fictivement au *boni* de la succession. Faut-il, en les comprenant dans la masse à comparer, avoir égard à leur état et à leur valeur, au temps de la donation ou au temps du décès ?

Lorsqu'on réunit l'immeuble donné entre vifs au bénéfice net de la succession, on le considère comme s'il était resté ès mains du défunt. Il en résulte 1°. qu'il faut avoir égard à sa valeur au moment du décès ; c'est cette même valeur qui, sans la donation, se trouverait de plus dans la succession : 2°. qu'il faut avoir égard à l'état dans lequel il se trouvait lors de la donation, parce que le défunt n'y ayant de fait opéré aucun changement, c'est l'état auquel il se serait trouvé à son décès.

Ces deux décisions sont consacrées par l'article 922 : il y est dit que les biens donnés entre vifs seront compris fictivement dans la masse, « d'a- » près leur état à l'époque des donations, et leur » valeur au temps du décès du donateur. »

75. Les biens devant être compris dans la masse, suivant leur valeur au temps du décès, lors duquel s'opère le retranchement, l'héritier réduisant ne gagne ni ne perd, prenant la chose à sa valeur actuelle.

Néanmoins il paraît souffrir ou profiter des changements que les circonstances ont amenés dans la valeur des biens. L'héritage valant, au moment du décès, 10,000 fr., sera compris dans la masse à comparer pour 10,000 fr., sans considérer si, au moment de la donation, il valait 8,000 fr. ou 15,000 fr. Dans le premier cas, le réduisant paraît souffrir du changement de valeur en prenant sur le pied de 10,000 fr. tout ou portion de l'héritage qui, au moment de la donation, ne valait que 8,000 fr. Dans le second cas, il paraît profiter du changement de valeur, en prenant sur le pied de 10,000 fr. tout ou portion de l'héritage qui, au moment de la donation, valait 15,000 fr.

Dans l'un et l'autre cas, il n'y a de perte réelle

ni pour l'héritier réduisant, ni pour le donataire réduit. Si l'héritage valant alors 10,000 fr., reçoit un retranchement de trois quarts, de moitié, d'un quart, à raison de 7,500 fr., 5,000 fr., 2,500 fr., l'héritier réduisant aura les trois quarts, la moitié, le quart de l'héritage, et le donataire réduit aura le quart, la moitié, les trois quarts restants; ils resteront copropriétaires pour ces parts ou pour telle autre qui sera le résultat de la réduction, et qu'ils reçoivent chacun au prix de la valeur présente.

76. Les biens devant être compris dans la masse, d'après leur état au moment de la donation, il en résulte,

Primò, que si le donataire a commis des dégradations, il doit en tenir compte à l'héritier réduisant, en lui accordant dans l'héritage une part égale au montant de la réduction qu'il a droit d'exiger, et lui fournissant le surplus en cas d'insuffisance de l'héritage.

Si, par exemple, l'héritage donné vaut au moment de la mort 15,000 fr., et que, conservé au même état où il était lors de la donation, il eût valu 18,000 fr., il doit être compris dans la masse à comparer pour 18,000 fr. Trois circonstances peuvent se rencontrer :

1°. Le retranchement est de 15,000 fr. valeur actuelle, et alors l'héritage sera absorbé pour l'héritier.

2°. Le retranchement est moindre que la valeur actuelle de 15,000 fr., par exemple, de 10,000 fr.; alors l'héritier aura droit au tiers de l'héritage.

3°. Le retranchement est au-dessus de la valeur actuelle; alors, outre l'héritage entier, le donataire sera tenu de fournir à l'héritier réduisant l'excédant de 1000 fr., ou telle autre somme jusqu'à celle de 3000 fr., si, par évènement, les 18,000 fr. sont compris en entier dans la réduction.

77. *Secundò*. Si le donataire à fait des améliorations, l'héritage ne doit être compris à la masse que pour la valeur qu'il aurait sans les améliorations.

Supposons que l'héritage donné entre vifs valant au moment du décès 25,000 fr. à cause des améliorations, ne dût en valoir que 18,000 sans les améliorations; alors il ne sera compris dans la masse à comparer que pour 18,000 fr.

78. Trois circonstances peuvent se rencontrer, en ce cas d'amélioration : la donation de l'héritage ne souffre pas de réduction, s'évanouit par un retranchement total, ou ne souffre qu'une réduction partielle.

1°. Lorsque la donation de l'héritage ne souffre pas de réduction, alors point de difficulté relative aux améliorations faites par le donataire qui conserve en entier l'héritage à lui donné;

79. 2°. Lorsque la donation s'évanouit par un retranchement total, alors il n'est pas juste que l'héritier réduisant qui reprend la totalité de l'héritage, s'enrichisse aux dépens du donataire. Comment parvenir à rendre justice à ce dernier?

Par son titre, il devait s'attendre à une réduction éventuelle; il doit être assimilé à celui qui fait des améliorations sur le fonds d'autrui: c'est le cas de suivre l'article 555; en conséquence, le réduisant propriétaire du fonds a droit, ou d'obliger le donataire qui a fait les ouvrages à les enlever, ou de les retenir (*art.* 555, § 1).

Si le réduisant demande la suppression, elle est aux frais du donataire sans aucune indemnité pour lui (*ibid.* § 2).

Si le réduisant préfère conserver les ouvrages, il doit le remboursement de la valeur des matériaux et du prix de la main-d'œuvre, sans égard à la plus ou moins grande augmentation de valeur que le fonds à pu recevoir (*ibid.* § 3).

On ne peut assimiler le donataire au possesseur de bonne-foi, par ce qu'il a fait des ouvrages sur un héritage dont il savait n'avoir qu'une propriété résoluble : ainsi on ne peut lui appliquer la décision que le même article § 3, applique au possesseur de bonne-foi qui est évincé. Il serait mal fondé à demander que l'héritier réduisant fût débouté de sa demande en suppression des ouvrages, et fût tenu d'opter entre l'un des deux partis suivants : 1°. lui rembourser la valeur des matériaux et du prix de la main-d'œuvre, ou 2°. lui rembourser une somme égale à celle dont le fonds a augmenté de valeur.

80. 3°. Lorsque la donation ne souffre qu'une réduction partielle, il est un moyen équitable de régler les droits des deux parties sans blesser ni l'une ni l'autre : c'est d'accorder au réduisant part dans l'héritage donné jusqu'à concurrence de la somme qui fait l'objet de la réduction, et de laisser le surplus au donataire.

Supposons, par exemple, que l'héritage donné soit estimé valoir au moment du décès, sans les améliorations, 10,000 fr., et au moyen des améliorations 15,000 fr., il sera compris dans la masse sur le pied de 10,000 fr. et non pour 15,000 fr. Si par suite de l'opération le retranchement est de 7,000 francs, alors l'héritier réduisant prendra dans les

15,000 fr. de valeur actuelle jusqu'à concurrence de 7000 fr, ; et le surplus, valant 8,000 fr., restera au donataire qui, par là, sera dédommagé de ses améliorations : en conséquence l'héritier aura sept quinzièmes dans l'héritage, et le donataire huit quinzièmes.

Cette manière d'opérer doit avoir lieu, non-seulement quand la dépense des améliorations excède la plus value, mais même quand elle est moindre. L'héritier réduisant, auquel l'héritage est délaissé dans sa valeur actuelle jusqu'à concurrrence de la somme qui fait l'objet de la réduction, a l'intégrité de ses droits : il n'a pas à se plaindre.

Dans l'exemple ci-dessus, l'opération sera la même ; soit que la dépense des améliorations ait monté à 7 ou 8,000 francs, ou telle autre somme excédant les 5,000 francs de plus value ; soit que par l'économie et l'intelligence du donataire, elle ne soit montée qu'à 3,000 fr., ou telle autre somme inférieure aux 5,000 francs de plus value.

81. Le donataire entre vifs qui restitue tout ou partie des objets de sa donation comme faisant partie de la réserve, les rétablit dans la succession de la même manière que si à l'instant du décès ils se fussent trouvés ès-mains du défunt : en conséquence (*art.* 928) il doit restituer les fruits de ce qui excède la portion disponible, à compter du jour du décès du donateur.

Lorsque dans le courant de l'année du décès l'héritier ne forme pas contre le donataire la demande en réduction, ce dernier a juste sujet de croire que sa donation n'entame pas la réserve. Il devient possesseur de bonne-foi de l'héritage donné ; il en fait les fruits siens : en conséquence, suivant le même article 928, il ne doit la restitution des fruits par lui perçus que du jour de la demande.

§ II.

Réduction des donations entre vifs de choses meubles.

82. La nature de l'action en réduction des donations entre vifs de choses meubles influe et sur l'objet à comprendre préalablement dans la masse à comparer, et sur l'objet à retrancher, s'il y a lieu à retranchement.

La chose donnée est fongible ou non fongible.

Lorsque la chose meuble donnée entre vifs est fongible, comme une somme de deniers, des comestibles, du bois à brûler, l'action en réduction, réelle de sa nature, ne peut rester action réelle. Au moment du décès, la chose donnée se trouve entièrement consommée; ce qui rend l'action en réduction nulle. Cette action se convertit en une action purement personnelle en restitution, non de la chose donnée, mais de la valeur qu'elle avait au moment de la donation : c'est cette valeur dont le donateur s'est dépouillé pour gratifier son donataire; c'est cette même valeur qui doit être comprise fictivement dans la masse, et sur laquelle on fera le retranchement, s'il y a lieu. C'est le seul moyen de concilier, et les droits de l'héritier réduisant à la propriété de la chose donnée, et les droits du donataire à la jouissance usufruitière du même objet dans l'intervalle de la donation à l'ouverture de la succession.

83. Lorsque la chose meuble donnée entre vifs

est *quasi-fongible*, de nature à se détériorer par l'usage, faut-il considérer comme action réelle, ou comme action personnelle, l'action en rapport fictif pour former la masse à comparer, et l'action en réduction de la chose donnée? Si elle est réelle, il faut avoir égard à la valeur de la chose, au moment du décès; si elle est personnelle, il faut, comme dans les donations de choses fongibles, avoir égard à la valeur de la chose, au moment de la donation.

On peut donner des raisons pour et contre.

On dira en faveur de l'ESTIMATION AU TEMPS DU DÉCÈS : L'action réelle dérive de la nature même de l'action en réduction. La circonstance que la chose donnée est *quasi-fongible*, ne fait pas obstacle à l'action réelle, si la chose est encore ès mains du donataire. Cette action devient, à la vérité, action personnelle, lorsque la chose n'est plus ès mains du donataire : mais ce n'est que par accident qu'elle se convertit de réelle en personnelle. La chose même devant être considérée pour la réduction, il en résulte que, pour réduire la donation d'une chose meuble quasi-fongible, il faut, malgré la détérioration, n'avoir égard qu'à la valeur de la chose, au moment du décès : c'est le vœu de la législation actuelle. — Les biens meubles donnés entre vifs, doivent être compris dans la masse à comparer, d'après leur état à l'époque de la donation, et leur valeur au temps du décès du donateur. Telle est la décision précise de l'article 922 du Code, dans lequel le mot *biens* ne doit pas se restreindre, comme il arrive souvent, à signifier les biens immeubles; il y est employé pour signifier tous les biens *meubles et im-*

meubles. L'article porte au commencement : « La » réduction se détermine en formant une masse de » tous les *biens* existants au décès du donateur » ou testateur. » Le mot *biens* est ici évidemment employé pour signifier les biens *meubles* et les biens *immeubles* existants au décès du donateur. On lit à la fin : « On calcule sur tous ces *biens*, après en avoir déduit les dettes, quelle » est, eu égard à la quotité des héritiers qu'il » laisse, la quotité dont il a pu disposer. » Le mot *biens* se rapporte encore aux biens meubles, comme aux immeubles. On lit au milieu, entre les deux phrases ci-dessus citées : « On » y réunit fictivement *ceux* dont il a été disposé » par donation entre vifs, d'après leur état à » l'époque des donations, et leur valeur au » temps du décès du donateur. » Le mot *ceux* se rapporte au mot *biens* du premier membre de la phrase, il a la même étendue. En conséquence, la disposition subséquente sur la manière de comprendre dans la masse les biens donnés entre vifs, s'applique, non-seulement aux biens immeubles, mais encore aux biens meubles : les uns et les autres doivent y être compris, suivant leur valeur au temps du décès.

On dira en faveur de l'ESTIMATION AU TEMPS DE LA DONATION : il est vrai que, si l'on suit à la lettre l'article 922, les choses meubles quasi-fongibles doivent être comprises dans la masse à comparer, suivant leur valeur au moment du décès ; mais cette conséquence littérale de l'article 922 ne doit pas être suivie. — On ne peut pas croire que le législateur ait voulu que les meubles, lors de la réduction réclamée par l'héritier contre l'étranger donataire entre vifs, fussent compris dans la masse eu égard à leur valeur au temps du décès, après avoir décidé nettement (*art.* 868) que le rapport s'en fait entre héritiers sur le pied de la valeur au moment de la donation. Quoique ces deux opérations ne soient pas les mêmes, elles ont néanmoins beaucoup d'analogie, étant l'une et l'autre une réunion à la masse de la fortune du défunt, d'un objet qu'il en a détaché de son vivant par donation entre vifs. — On ne peut pas croire non plus que le législateur, qui a voulu pourvoir à la réserve des héritiers, ait introduit, à l'égard des meubles, un genre d'estimation qui tournerait en entier à leur désavantage. Le donateur d'un mobilier, valant au moment de la donation 20,000 fr., peut le lendemain en retirer cette somme : néanmoins comme au bout de dix, douze, quinze ou vingt ans, ce mobilier, conservé au même état, ne vaudrait, lors du décès, que 2,000 fr., et peut-être moins, le donataire entre vifs, qui aurait profité de 20,000 francs, serait quitte en tenant compte à la masse de 2,000 fr. — Quels sont les droits du donataire entre vifs ? d'avoir, pendant la vie du donateur, l'usufruit de la chose donnée, d'en rendre le fonds à son décès, pour la portion qui excède le disponible : en conséquence, il doit en laisser comprendre la valeur dans la masse à comparer. L'usufruitier de la chose quasi-fongible en a l'entière disposition, à la charge de rendre, à la fin de l'usufruit, la valeur qu'avait la chose au moment qu'elle lui a été délivrée. Ainsi le donataire entre vifs d'une chose quasi-fongible doit, au décès du testateur, tenir compte de la valeur qu'elle avait au moment de la donation; en conséquence laisser comprendre cette même valeur dans la masse à comparer. — Disons donc que le rédacteur de l'article 922 a confondu les deux acceptions du mot *biens*, qu'il emploie au commencement et à la fin, pour signifier toute espèce de biens *meubles ou immeubles*, et au milieu, pour signifier restrictivement les biens *immeubles*. — On aurait pu éviter cette confusion d'idées, si l'on eût séparé cet article en deux articles distincts en cette manière. — *Premier*, contenant la disposition générale relative aux biens meubles et immeubles. « La » réduction se détermine en formant une masse de » tous les biens existants au moment du décès du » donateur ou testateur : on y réunit fictivement » ceux dont il a disposé par donations entre vifs ; » on calcule sur tous ces biens, après en avoir » déduit les dettes, quelle est, eu égard à la » quotité des héritiers qu'il laisse, la quotité dont » il a pu disposer. » — *Second*, contenant la disposition particulière relative aux biens immeubles. « Les biens immeubles dont il a été » disposé par donations entre vifs, seront com» pris dans cette masse, d'après leur état à l'époque » des donations, et leur valeur au temps du décès » du donateur. » — Mais, malgré le vice de rédaction, l'intention du législateur n'en est pas moins certaine, et les meubles quasi-fongibles donnés entre vifs doivent être compris en la masse, suivant leur valeur au temps de la donation.

On répondra en faveur de l'ESTIMATION AU TEMPS DU DÉCÈS. Ce n'est pas par inadvertance, mais à dessein, que se trouve placée dans le milieu de l'article 922, la disposition relative à l'estimation des choses données entre vifs, de manière qu'elle s'applique tant aux choses meubles qu'aux choses immeubles. Cet article est mot pour mot le même que l'article 26 du projet présenté (*extr* n° 19). — La difficulté que vous élevez, par rapport aux choses meubles qui se détériorent par l'usage, a été prévue par M. *Tronchet*, lors de la discussion : » Il est juste, a-t-il dit (*extr.* » n° 22), lorsqu'on forme la masse des biens, » d'estimer les immeubles, suivant la valeur qu'ils » ont au temps du décès du donateur; mais cette » règle serait fausse, à l'égard des meubles, *parce* » *qu'ils ont dû perdre de leur prix*. Ainsi, si l'on » veut que le donataire rende exactement ce qu'il » a reçu, il est indispensable d'estimer les meubles » d'après la valeur qu'ils avaient à l'époque de la » donation : ce principe a déjà été consacré par » le Conseil, au titre des *Successions*, par la » disposition relative au rapport du mobilier ». — Que lui a-t-il été répondu? « M. *Bigot Préa-* » *meneu*, dit (*ibid.*) qu'il y a une extrême dif- » férence à cet égard entre l'héritier et le dona- » taire. D'abord le premier rapporte pour rendre » les parts égales entre tous les copartageants; le » second n'est tenu que de compléter la légitime. » Ensuite le donataire a eu le droit de disposer, » d'user et d'abuser pendant toute la vie du do- » nateur; c'est-à-dire, pendant tout le temps que » la donation, ne pouvant être attaquée, lui at- » tribuait les droits d'un propriétaire incommu- » table; au lieu que l'héritier a su, dès le prin- » cipe, que sa donation était sujette à rapport. » — M. *Berlier* ajoute que d'ailleurs la réduc- » tion ne tombe jamais sur les fruits; or la jouis- » sance est à l'égard des choses fongibles, ce » que la perception des revenus est à l'égard des » choses frugifères. » — Ensuite de ces observations, l'article est adopté tel qu'il avait été présenté. — On n'a donc pas cru devoir se rendre à la similitude que M. Tronchet desirait être établie pour la valeur du mobilier, entre le rapport à partage dû par l'héritier donataire à ses cohéritiers; et le rapport fictif à la masse, pour évaluer le disponible en faveur de l'étranger donataire, et opérer, s'il y a lieu, la réduction de son avantage: on a au contraire adopté la distinction de M. Bigot Préameneu. Ainsi, quoique l'héritier venant à partage, doive à ses cohéritiers le rapport de la chose meuble *quasi-fongible*, suivant sa valeur au temps de la donation; néanmoins, pour fixer à l'égard de l'étranger donataire, le rapport fictif servant à établir la masse à comparer, et la réduction, la même chose ne sera estimée que suivant sa valeur au moment du décès. — Cette manière de régler les droits de l'héritier réduisant, devenu au moment du décès propriétaire de la chose donnée, et du donataire réduit, ayant eu jusqu'à l'époque du décès l'usufruit de la même chose, se trouve en harmonie avec l'article 589, au titre *de l'Usufruit*, qui porte: « Si l'usufruit » comprend des choses qui, sans se consommer » de suite, se détériorent peu à peu par l'usage, » comme du linge, des meubles meublants, » l'usufruitier a droit de s'en servir pour l'usage » auquel elles sont destinées; et n'est obligé de » les rendre à la fin de l'usufruit que dans l'état » où elles se trouvent, non détériorées par son » dol ou par sa faute. »

On répliquera en faveur de l'estimation AU TEMPS DE LA DONATION: Au lieu de restreindre aux biens immeubles, la disposition de l'article 922, sur l'estimation de la chose donnée, voulez-vous l'étendre même aux choses meubles, il en résultera les dispositions les plus étranges. Cet article n'a égard, ni à la détérioration réelle, ni à la détérioration accidentelle qu'amène la succession de temps dans le prix des choses. Un mobilier conservé dans toute sa fraîcheur, n'a pas essuyé de détérioration réelle ; mais il en a essuyé une accidentelle par le changement des modes. Ainsi l'estimation de la valeur au temps du décès ne peut-être que très-préjudiciable à l'héritier du donateur, dans la supputation d'une réserve introduite en sa faveur. — L'étranger donataire d'un mobilier valant 30,000 fr., mais qui, au bout de dix ans, ne se trouve valoir que 3,000 fr., tant à cause de la détérioration inévitable par l'usage, qu'à cause de la détérioration accidentelle des modes, peut-il offrir de rapporter fictivement à la masse une somme de 3,000 fr., tandis qu'il a reçu une valeur réelle de dix fois plus forte? — L'héritier donataire d'un pareil mobilier sera tenu, dit-on, s'il vient à succession, de rapporter 30,000 fr.; mais, si par sa renonciation il devient étranger, alors il ne sera comptable que de 3,000 fr. : faut-il qu'il dépende de sa volonté, de causer un aussi grand préjudice à ses cohéritiers? — Si la succession est onéreuse, et que le mobilier de 30,000 fr. soit le seul objet donné, les cohéritiers du donataire seraient presqu'entièrement privés de leur légitime, supputée seulement sur le dixième de la valeur de l'objet donné.

Nous n'osons nous prononcer entre les deux avis. Si d'un côté l'estimation, eu égard au temps du décès, paraît conforme aux vues des auteurs de la loi, d'après le texte de l'article 922, et d'après la discussion qui a eu lieu au conseil d'état, d'un autre côté, elle conduit à des décisions qui paraissent contraires à l'esprit du Code.

84. Quelle règle suivre, pour l'estimation des choses meubles non fongibles qui ont été données entre vifs (1)?

La solution de cette question dépend en partie de la solution de la précédente.

Si l'on décide que les choses meubles quasi-fongibles doivent être estimées, malgré leur détérioration, suivant leur valeur au moment du décès, point de difficulté de règler sur la même base l'estimation des choses meubles non fongibles qui, n'étant pas détériorées par l'usage, sont susceptibles de conserver l'état où elles se trouvent au moment de la donation.

Si, au contraire, l'on décide que toutes les choses meubles, soit fongibles, soit quasi-fongibles, doivent être estimées suivant leur valeur au temps de la donation; alors il devient nécessaire d'examiner, s'il faut comprendre dans la masse à comparer les meubles non-fongibles, pour leur valeur au moment de la donation, à l'instar des meubles fongibles, ou pour leur valeur au moment du décès, à l'instar des immeubles.

ARTICLE III.

Réduction des Dispositions gratuites d'usufruit et de Rentes viagères.

85. La valeur de l'usufruit ou de la rente viagère dont le défunt a disposé, soit par acte entre

(1) Dans la classe des meubles non fongibles, il faut ranger les rentes. On ne peut pas dire que cette espèce particulière de biens meubles soit fongible ou quasi-fongible. On en use par la perception des arrérages, comme on jouit des immeubles par la perception des fruits. Le fonds n'est consommé ni altéré par la jouissance.

vifs, soit par testament, excède ou n'excède pas la valeur de la propriété de la portion disponible.

Au PREMIER cas, « les héritiers au profit desquels la loi fait une réserve, ont l'option, ou d'exécuter cette disposition, ou de faire l'abandon de la propriété de la quotité disponible, » *article* 917. »

Supposons une succession nette de 25,000 fr. de revenu sur un fonds de 500,000: le défunt qui laisse un fils unique a légué plusieurs rentes viagères montantes à 23,000 fr. par an; et dont la valeur, eu égard à l'âge des rentiers, est de 270,000 fr. Dans ce cas, la valeur des rentes léguées excède la moitié disponible de 250,000 fr. Le fils ne peut se dispenser d'acquitter les 23,000f. de rentes viagères, légués par son père, en abandonnant aux légataires la moitié en usufruit de la succession : pour s'exempter du service des rentes, il faudra qu'il leur abandonne en toute propriété les 250,000 fr. faisant la portion disponible.

86. Il résulte de la disposition de l'article 917, que l'usufruit disponible, n'est pas l'usufruit du fonds disponible, ainsi qu'il était dit au projet de l'an 9 (*liv.* 3, *tit.* 9, *art.* 17); mais l'usufruit dont la valeur égale celle de la propriété du fonds disponible. Car, si l'usufruit disponible était l'usufruit de la portion disponible, alors dans le cas proposé par l'article 917, l'héritier serait quitte en faisant l'abandon de l'*usufruit* de la quotité disponible, au lieu d'être obligé de faire l'abandon de la *propriété* de la quotité disponible.

87. Le principe que l'usufruit disponible est celui dont la valeur égale celle de la propriété de

la portion disponible, reçoit exception, par rapport a l'usufruit donné entre époux par celui qui laisse des enfants : le quart disponible en toute propriété, ne peut être compensé contre la donation d'un usufruit plus fort, dont la valeur serait inférieure à celle du quart en toute propriété.

Tel est le résultat de l'article 1094. L'époux a le choix de donner à son époux ou, 1°. un quart en propriété, et un autre quart en usufruit ; ou, 2°. la moitié de tous ses biens en usufruit *seulement:* d'où il suit que, s'il prend le parti de lui laisser un usufruit sans propriété, il ne peut lui donner que la moitié en usufruit. Si sa donation excède la moitié de tous les biens en usufruit, elle sera réductible à cette moitié, quand bien même cet excédent ne vaudrait pas la nue propriété qu'il pouvait lui laisser dans un quart : c'est alors le cas de lui appliquer l'adage ; *fecit quod non potuit, non fecit quod potuit.*

Un mari, par exemple, a donné par contrat de mariage à sa femme, en cas de survie, l'usufruit des deux tiers de ses biens ; il laisse des enfants qui veulent réduire l'usufruit de leur mère à la moitié.

La veuve serait mal fondée à s'opposer à la réduction, en leur disant : Mon mari pouvait me donner un quart ou trois douzièmes en usufruit, et pareils trois douzièmes en nue propriété. Il m'a donné en usufruit seulement, deux tiers ou huit douzièmes : ainsi il m'a donné en usufruit cinq douzièmes, au lieu des trois douzièmes qu'il pouvait me donner en toute propriété. L'usufruit de ces cinq douzièmes, a une valeur inférieure à la propriété de trois douzièmes, attendu mon âge avancé. L'avantage qu'il m'a fait, n'excède pas la valeur de la portion disponible en ma faveur : il n'est pas sujet à réduction.

Les enfants lui répondraient avec raison : Quelle était la portion de ses biens dont notre père pouvait disposer en votre faveur ? Il avait le choix de deux dispositions, *art.* 1094. Il pouvait 1°. vous donner un quart en toute propriété et un quart en usufruit. Ce n'est pas cette disposition qu'il a voulu faire ; il a voulu nous laisser la nue propriété de la totalité : il n'a voulu vous en donner aucune portion ; il n'a voulu vous laisser qu'un usufruit. 2°. Il pouvait à cet égard vous donner la moitié de ses biens seulement : il vous en a donné une portion plus grande ; elle doit être retranchée, et votre usufruit doit être réduit des deux tiers ou quatre sixièmes, à une moitié ou trois sixièmes.

88. Au second cas, lorsque la valeur de l'usufruit ou de la rente viagère, donnée ou léguée, n'excède pas le disponible, parce qu'elle est égale ou inférieure à la quotité disponible, *Quid juris ?* L'héritier aura-t-il la faculté d'abandonner aux donataires ou légataires, la propriété du disponible, pour s'exempter de l'usufruit, ou du service des rentes viagères ?

On peut donner des raisons pour l'affirmative et pour la négative.

Raisons pour la négative.

Le législateur s'est occupé, dans l'art. 917, du cas auquel la valeur de l'usufruit ou de la rente viagère serait supérieure à la propriété de la portion disponible. C'est pour ce cas qu'il accorde à l'héritier la faculté d'abandonner la propriété du disponible pour se dispenser d'exécuter la disposition. Mais il ne lui accorde pas cette même faculté, dans le cas auquel la valeur de l'usufruit ou de la rente viagère ne serait pas supérieure à la propriété de la portion disponible. Son intention a donc été de la lui refuser, et qu'alors il serait tenu d'exécuter la volonté du défunt, sans pouvoir offrir d'abandonner la propriété du disponible : telle est la conséquence de la loi.

Le refus de cette faculté se manifeste, si l'on rapproche de l'art. 917 les différents projets qui ont précédé.

Celui de l'an 8 portait (*Donat. art.* 17) : « La » disposition en usufruit ne peut excéder la quo» tité dont on peut disposer en propriété, en » telle sorte que le don d'un usufruit ou d'une » pension est réductible au quart, à la moitié, ou » aux trois quarts du revenu total dans les cas » ci-dessus exprimés. » Ainsi les rédacteurs de ce projet voulaient établir que le disponible en usufruit, était l'usufruit du disponible en propriété. Ce principe, adopté sous l'ancienne législation par Ricard (*Donat. part.* 3, *n.* 1129 *et* 1130) et autres, était aussi celui du projet présenté par Cambacérès (*art.* 544). Les législateurs du code ont voulu changer la règle adoptée par les deux projets; établir, au contraire, en principe que le disponible en usufruit, était la valeur du disponi-en toute propriété. C'est par suite de ce nouveau principe, qu'ils accordent à l'héritier grevé d'un usufruit, la faculté d'exécuter la disposition, ou d'abandonner la propriété du disponible. Ils ne la lui accordent pas indéfiniment, ainsi que le proposait le projet présenté à la discussion du conseil d'Etat (voy. *Extraits*, *n.* 5), lequel portait, *art.* 19 : « Si la donation entre vifs ou par » testament est d'un usufruit ou d'une rente via- » gère, les héritiers auront l'option ou d'exécu- » ter la disposition, ou de faire l'abandon de la » portion disponible. » Mais, conformément à la rédaction communiquée au tribunat (*ibid.* *n.* 22), ils la lui accordent seulement dans le cas où la disposition serait « d'un usufruit ou d'une rente » viagère *dont la valeur excède la quotité dispo- » nible.* » *Art.* 27. Ils ont donc entendu la lui refuser dans le cas contraire.

Aussi M. Jaubert a-t-il présenté l'art. 917 en ce sens, dans son rapport au tribunat, le 9 floréal an 11 : « La loi ne veut pas, dit-il (*Ex- » traits*, *n.* 32), que sous prétexte de recouvrer » la réserve, les héritiers puissent altérer des » dispositions dictées par la bienveillance, ou » même par des convenances. Si donc il s'agit » d'une disposition qui porte sur un usufruit ou » sur une rente viagère, les héritiers n'auraient » pas le droit de la méconnaître, par cela seul » qu'ils opteraient de faire l'abandon de la pro- » priété de la portion disponible...... Un préa- » lable nécessaire, c'est qu'il soit constaté que » la libéralité excède la quotité disponible. » Ainsi toutes les fois que la libéralité n'excède pas la valeur de la propriété de la quotité disponible, l'héritier est obligé de souffrir l'usufruit ou de payer les rentes viagères, quelque onéreux que ce parti puisse lui paraître.

Raisons pour l'affirmative.

Avant de s'arrêter au sens que paraît présenter l'art. 917 pour la négative de la question proposée, il faut observer qu'il est plusieurs occasions, dans lesquelles l'abandon de la propriété du disponible est pour l'héritier un parti plus avantageux que celui de satisfaire à l'usufruit ou aux rentes viagères, quoique la valeur de l'usufruit ou de la rente viagère soit inférieure à la valeur en toute propriété du disponible.

1°. Un père n'ayant qu'un fils unique, lègue l'usufruit de tous ses biens à un vieillard de soixante-quinze ans. Cet usufruit, attendu l'âge avancé du légataire, ne vaut pas la moitié des fonds. Sa valeur n'excède pas la moitié disponible. Ne peut-il pas être, suivant les circonstances, plus avantageux au fils qui recueille la nue-propriété du tout, d'abandonner au légataire, en toute propriété la moitié de la succession, afin de pouvoir jouir et disposer dès à présent de l'autre moitié.

2°. Supposons une succession dévolue à un fils unique, liquidée à 20,000 fr. de revenu sur un fonds de 480,000 fr., attendu la nature des biens. Le défunt laisse des rentes viagères montantes à 22,000 fr. par an, dont la valeur, attendu l'âge des légataires, est de 210,000 fr., c'est-à-dire inférieure à la moitié disponible, qui est de 240,000 fr. L'héritier n'a-t-il pas intérêt d'offrir la propriété entière de la moitié disponible, afin d'avoir dès à présent la jouissance et entière disposition de l'autre moitié, et de se libérer du service des rentes viagères, dont les arrérages excédant le revenu total, le mettent dans le cas de tirer tous les ans 2,000 fr. de sa poche, jusqu'à l'extinction des premières ?

3°. Supposons encore une succession dévolue à trois enfants; elle comporte un revenu net de 80,000 fr. sur un capital de 1,800,000 fr. Le père a légué pour 46,000 fr. de rentes viagères, qui, attendu l'âge avancé de plusieurs légataires, ne valent que 420,000 fr., somme inférieure à la valeur du quart disponible, qui est 450,000 fr. Les enfants n'ont-ils pas le plus grand intérêt de pouvoir abandonner aux rentiers viagers la propriété entière de ces 450,000 fr., qui ne rapporte que 20,000 fr., pour se libérer d'une masse énorme de 46,000 fr. de rente viagère, qui, malgré leur réserve de trois quarts, ne leur laisse qu'un revenu de beaucoup inférieur à la moitié ?

Dans ces différents cas et autres pareils, pourquoi refuserait-on à l'héritier la faculté d'abandonner le disponible pour se débarrasser des donations et legs d'usufruit ou de rente viagère ? Pareil abandon ne fait pas de tort réel aux donataires et légataires, puisqu'il leur laisse toute la portion dont la loi permet de disposer en leur faveur. Ainsi ils sont mal fondés à s'en plaindre, lors même que par les circonstances du fait, l'intérêt de l'héritier qui la propose ne serait pas évident. Car de deux choses l'une; le disponible est plus ou moins avantageux aux personnes avantagées, que le service de leurs rentes. Au premier cas, les avantagés qui gagnent n'ont pas à se plaindre: au second cas, pourquoi les héritiers, auxquels on ne peut enlever que le disponible, seraient-ils tenus de supporter ce désavantage ?

Le code n'ayant pas nommément exclus l'héritier de l'alternative, dans le cas auquel l'usufruit ou la rente viagère est d'une valeur au-dessous du disponible, on ne peut la lui refuser : il n'en fera usage, qu'autant qu'il croira y trouver son avantage.

A cette opinion, on oppose le sentiment de M. Jaubert. Quoique sa décision paraisse être le résultat de l'art. 917, il faut convenir néanmoins qu'elle n'y est pas nommément; qu'elle est fondée sur un argument *a contrario*, lequel, comme on sait, ne conduit pas toujours à une conclusion exacte. Dans l'espèce non décidée d'une manière précise, il faut en revenir à l'esprit de la loi, qui a voulu assurer une réserve à l'héritier. Peut-on, sans disposition expresse, refuser l'offre de l'héritier qui se contente de cette même réserve, en abandonnant à l'avantagé tout ce que la loi déclarait disponible en sa faveur?

En vain veut-on opposer les propres termes de l'art. 917, dans lequel il est question d'un usufruit ou d'une rente viagère, *dont la valeur excède la quotité disponible*.

Les mots, *dont la valeur excède la quotité disponible*, se sont glissés par une erreur et une inadvertance de copiste dans le texte : ils n'étaient pas dans le projet présenté à la discussion. Ce projet présentait, au contraire, le sens que l'héritier aurait dans tous les cas l'option d'abandonner la propriété du disponible, pour s'affranchir de l'usufruit ou des rentes viagères; et on ne voit aucune discussion qui ait amené le changement aussi important de restreindre à un cas particulier, l'option déférée d'abord d'une manière générale.

L'article présenté à la discussion du conseil d'Etat (*Extr. n.* 5) était ainsi conçu : « Si la do-
» nation entre vifs ou par testament est d'un usu-
» fruit ou d'une rente viagère, les héritiers au-
» ront l'option ou d'exécuter la disposition, ou
» de faire l'abandon de la portion disponible. »
Art. 19.

« L'objet de cet article, a dit lors de la dis-
» cussion M. Tronchet (*Extr. n.* 16), est de
» prévenir une difficulté qui s'est souvent pré-
» sentée. — La légitime doit être laissée en en-
» tier. Il pourrait arriver cependant qu'un testa-
» teur, en réservant la totalité de ses biens à ses
» enfants, les eût chargés d'une rente viagère ou
» d'un usufruit, qui en réduirait le produit au-
» dessous des trois quarts. On a demandé si le
» légitimaire pourrait se plaindre ? — La section
» a cru devoir proposer une règle fort simple,
» qui prévînt ces sortes de procès. — Le cit.
» Treilhard ajoute que ni l'héritier ni les léga-
» taires ne peuvent se plaindre. Le *premier a un*
» *moyen de s'affranchir de la rente;* le second
» acquiert une propriété, en remplacement d'un
» usufruit. » D'où l'on voit que l'intention, et de ceux qui ont présenté l'article à la discussion, et des conseillers d'Etat qui assistaient à la séance où il a été discuté, a été de laisser dans tous les cas à l'héritier l'option.

Si l'on suit les procès-verbaux subséquents sur la discussion du titre des donations, on n'y voit aucune discussion nouvelle qui ait amené la restriction. C'est donc par erreur de copiste que se trouvent insérés dans la rédaction communiquée au tribunat, et finalement dans la loi, des mots qui changent tout à fait le sens de l'article discuté et arrêté.

On opposera sans doute que l'intercalation est la suite d'une délibération précise, quoique les motifs ne soient pas consignés dans le procès-verbal.

Il n'est nullement présumable que le changement contraire aux vues annoncées lors de la discussion précédente, soit le fruit d'une délibération nouvelle dont on aurait omis d'insérer les motifs. On n'aurait certainement pas manqué de consigner pareille délibération dans le procès-verbal.

Réplique pour la négative.

Il est une raison tranchante. Toutes les fois qu'il y a différence entre la rédaction définitive du code civil, et la discussion consignée dans le procès-verbal avoir eu lieu à la lecture du projet présenté, la préférence doit être donnée à la rédaction, qui, arrêtée postérieurement, l'a été dans des vues différentes, soit que le procès-verbal en fasse mention, soit qu'il n'en fasse pas mention. Si l'on compare de point en point la rédaction définitive, soit avec les rédactions précédentes, soit avec la discussion, on y verra souvent des changements dont il n'est pas fait mention au procès-verbal. Faudra-t-il en conclure qu'il faut s'en tenir, soit à la première rédaction, soit à la discussion? non certainement. Pareil système serait éversif de la loi: le texte est la seule règle à suivre. Ainsi nul doute que la disposition gratuite de l'usufruit ne soit réductible que dans le cas prévu par l'article 917, celui où *sa valeur excède le disponible.*

Solution.

De ces deux opinions, la première pour la négative nous paraît devoir être préférée *quant à présent*. La disposition de la loi est trop précise, pour qu'il soit permis au jurisconsulte, au juge de s'en écarter.

Nous disons *quant à présent*. On ne peut se dissimuler, que si la section de législation du conseil d'état, et le tribunat eussent prévu, dans les cas ci-dessus exposés, que l'addition des mots *dont la valeur excède la quotité disponible*, tendait à la défaveur de l'héritier qu'on a voulu favoriser par la réserve; tendait au contraire à favoriser l'étranger contre lequel la réserve a été établie, ils auraient rejeté cette intercalation faite contre l'intention des différents coopérateurs. Il y a donc tout lieu d'espérer, qu'une loi nouvelle restituera à l'héritier grevé d'usufruit ou de rente viagère, une option qui lui rend justice, sans priver l'étranger de toute l'étendue de la portion disponible en sa faveur.

ARTICLE IV.

Réduction, quand le Défunt a laissé des Bâtards.

89. Nous avons vu ci-devant que le bâtard a une réserve à exercer sur les biens dont son père a disposé à titre gratuit: voyons maintenant comment il faut procéder à la réduction qu'il veut exercer.

Admis à une portion de part, sa réserve doit être proportionnelle : si la portion de part, est un tiers de ce qu'il aurait eu, étant légitime, sa réserve proportionnelle sera un tiers de la réserve qu'il aurait, s'il était légitime.

Primò. A défaut de parents légitimes au degré successible, le bâtard recueille tout (*art.* 758) comme il le recueillerait s'il était légitime : il exerce, en ce cas, la réserve avec la même étendue que l'enfant légitime, sa réserve proportionnelle étant alors une réserve entière.

90. *Secundò*. Le bâtard peut concourir avec des collatéraux *éloignés*, lorsque le défunt ne laisse ni descendants ni ascendants, ni frères ni sœurs, ni descendants de frères et sœurs. Sa part dans les biens (*art.* 757) est les trois-quarts ; il a, comme enfant, sa réserve proportionnelle sur les trois-quarts : le collatéral éloigné n'en a pas. En conséquence, tout ce qui excède la réserve proportionnelle du bâtard est compris dans la portion disponible, comme on verra dans les exemples suivants.

Premier exemple. Supposons qu'il se présente à une succession de 48,000 fr. un enfant bâtard, un cousin paternel, un cousin maternel, et un légataire universel. La part du bâtard (*art.* 757) sera les trois-quarts de la succession, les trois-quarts de la part qu'il aurait s'il était légitime, sera 36,000 fr. : la part des cousins, un quart seulement ou 12,000 fr. La réserve qu'aurait le bâtard, s'il était légitime, serait moitié (*art.* 913), serait 24,000 fr. Sa réserve proportionnelle sera les trois-quarts de la moitié, les trois-quarts de 24,000 fr. ou 18,000 fr., qu'il prélèvera sur la masse : les 30,000 fr. de surplus seront entièrement disponibles. Ils écherront au légataire universel, savoir, 18,000 fr., formant la moitié disponible sur la part de l'enfant naturel, et 12,000 fr. formant la part entière des cousins qui n'ont pas de réserve.

Second exemple. Supposons qu'il se présente à une succession de 32,000 fr. un légataire universel, un cousin paternel, un cousin maternel, et quatre enfants bâtards. La part des cousins est un quart ou 8000 fr.; la part des bâtards est les trois-quarts, ou 24,000 fr. Leur réserve, s'ils étaient légitimes, serait (*art.* 913) à cause de leur nombre, les trois-quarts du tout. Leur réserve proportionnelle est les trois-quarts des trois-quarts; c'est-à-dire les trois-quarts de 24,000 fr., ou 18,000 fr., qu'ils prélèveront sur la masse de 32,000 fr. Les 14,000 fr. restants seront le lot du légataire universel, qui profitera sur les enfants naturels de 6000 fr., formant le quart disponible de leurs 24,000 fr., et de 8000 fr., formant la part entière des cousins qui n'ont pas de réserve.

91. *Tertiò.* Le bâtard peut concourir avec des frères et sœurs du défunt; il a sa réserve proportionnelle, comme enfant : les frères n'en ont aucune. Ainsi, tout ce qui excède la réserve proportionnelle du bâtard sera compris dans la portion disponible, comme au numéro précédent. La seule différence est que, vis-à-vis des frères, la part du bâtard est de moitié seulement, au lieu d'être des trois-quarts.

92. Il est, dans les trois cas qui viènent d'être détaillés, une singularité remarquable; c'est que la personne avantagée qui n'a pas de réduction à craindre de la part des collatéraux légitimes qui

sont héritiers réguliers, se trouve dans le cas de l'essuyer de la part du bâtard qui n'est pas héritier, qui ne peut avoir le titre d'héritier qu'à défaut de collatéraux légitimes, et qui, même en ce cas, n'est pas héritier régulier.

93. *Quartò.* Le bâtard peut concourir avec un ascendant de chaque ligne; il a sa réserve proportionnelle; les ascendants ont la leur spéciale. Ces deux réserves prélevées, la portion disponible comprend le surplus.

Supposons qu'il se présente à une succession de 24,000 fr. deux bâtards, le père, la mère, et un légataire universel. La part des bâtards dans les biens est moitié; leur réserve, s'ils étaient légitimes, serait les deux tiers; leur réserve proportionnelle est la moitié des deux tiers, ou un tiers au total de 8,000 fr. La part des ascendants est moitié: leur réserve spéciale est moitié de part; ici la moitié de la moitié, ou un quart au total de 6,000 fr. Prélevant sur la masse les deux réserves montantes à 14,000 fr., il restera 10,000 fr. de disponible, qui composeront le lot du légataire universel. Celui-ci profitera sur la part des enfants de 4,000 fr., faisant le tiers; et sur la part des père et mère de 6,000 fr., faisant la moitié.

94. *Quintò.* Le bâtard peut concourir avec un ou plusieurs enfants légitimes.

En ce cas, la première question à examiner est celle de savoir si le bâtard doit être compté dans le nombre des enfants, pour parvenir à la fixation du disponible.

Le légitime a réserve entière; le bâtard a réserve proportionnelle à la part qu'il aurait, s'il était légitime. Pour conserver les droits de l'un, sans préjudicier aux droits de l'autre, il devient nécessaire que le bâtard fasse nombre comme s'il était légitime. Si le bâtard n'est pas compté, le légitime prend sa réserve, l'avantagé prend le disponible; il ne reste plus rien pour le bâtard : alors s'il obtient quelque chose, c'est aux dépens ou de la portion disponible, ou de la réserve. Ainsi, de toute manière, la loi est violée.

Se présentent à une succession, un bâtard, un enfant légitime et un légataire universel. Si, pour fixer le disponible, on ne veut pas compter le bâtard, alors la réserve de l'enfant légitime est moitié; la portion disponible qui doit rester au légataire universel est l'autre moitié : il ne reste rien pour le bâtard. — Le bâtard prendra-t-il sa réserve proportionnelle aux dépens du légataire universel? Il ne restera pas à ce dernier, la portion disponible. — La prendra-t-il aux dépens de l'enfant légitime? Il ne restera pas à celui-ci sa réserve. — La prendra-t-il proportionnellement et sur l'enfant légitime, et sur le légataire universel? Alors il ne restera, ni à l'un, ni à l'autre, la part qui lui est assignée par la loi. — Il devient donc nécessaire de compter le bâtard au nombre des enfants, à l'effet de fixer la portion disponible.

95. Cette première question résolue, il s'en présente une seconde; celle de savoir si l'excédent de la réserve entière sur la réserve proportionnelle que le bâtard a seulement droit de réclamer, doit augmenter la portion disponible, ou la réserve des enfants légitimes.

Si le bâtard a une part moindre que l'enfant légitime, cette décision de la loi est absolument étrangère à la personne avantagée. L'honnêteté publique, la faveur due à l'union conjugale, n'a pas permis au législateur d'accorder au bâtard, sur les biens du père commun, des droits aussi étendus que ceux de l'enfant légitime. Cette considération, relative à l'enfant légitime ne peut profiter qu'à lui : elle ne peut profiter à la personne avantagée qui est étrangère à la famille. En conséquence, l'excédent de la réserve sur la réserve proportionnelle que l'enfant bâtard a seulement droit de réclamer, doit profiter à l'enfant légitime, sans que la portion disponible puisse en être augmentée.

Cette décision et la précédente vont s'éclaircir par les exemples suivants.

96. *Première espèce.* Supposons que le défunt laisse un enfant légitime, un enfant bâtard et un légataire universel. La succession se partagera en deux parts ; la portion disponible d'un tiers, la réserve commune des deux tiers. Dans ces deux tiers, le légataire en prendra un : le bâtard aura sa réserve proportionnelle d'un tiers de la réserve du légitime, c'est-à-dire, un tiers dans un tiers ou un neuvième au total. Les deux neuvièmes qui sont l'excédent de la réserve entière (trois neuvièmes), sur sa réserve proportionnelle (un neuvième), ne doivent pas augmenter la portion disponible, mais profiter à l'enfant légitime pour l'intérêt duquel seul, la loi restreint les droits du bâtard. Ainsi, dans cette espèce, il faut faire neuf parts, dont trois pour la portion disponible, une pour le bâtard, et les cinq autres pour l'enfant légitime.

Si la succession est de 90,000 fr., la portion disponible sera 30,000 fr. La réserve commune 60,000 fr. ; la réserve spéciale de l'enfant légitime sera aussi 30,000 fr. La réserve proportionnelle de l'enfant bâtard sera seulement 10,000 fr. : les 20,000 fr. de surplus ne peuvent augmenter la portion disponible. Cette portion serait alors de 50,000 fr. (ou cinq neuvièmes) : elle excéderait la moitié contre le vœu manifeste de la loi, qui la fixe à moitié quand il y a un enfant légitime sans bâtard. Pourquoi la concurrence du bâtard augmenterait-elle le sort de l'avantagé ? Ces 20,000 fr. doivent profiter à l'enfant légitime : il est le seul pour l'intérêt duquel la loi a restreint la portion du bâtard.

Seconde espèce. Supposons qu'à une succession de 60,000 fr. se présentent, deux enfants légitimes, un bâtard et un légataire universel. A cause des trois enfants, la portion disponible est un quart, de 15,000 fr. : la réserve commune des trois quarts, est de 45,000 fr. Les deux enfants légitimes auront chacun un quart de 15,000 f. Le bâtard aura un tiers dans un quart, ou 5,000 fr., faisant le tiers de 15,000 fr., au lieu de 15,000 fr. comme les légitimes : les 10,000 fr. de surplus profiteront aux enfants légitimes ; ils auront chacun 5,000 fr. de plus. D'où l'on voit que les deux légitimes auront chacun 20,000 francs, à eux deux. . . . . 40 000 fr.

Le bâtard 5,000

Le légataire universel 15,000

TOTAL . . . . . . 60,000 fr.

Les deux exemples précédents sont dans le cas des dispositions testamentaires : le suivant sera dans le cas de la donation entre-vifs.

Troisième espèce. Le défunt laisse un enfant légitime, un enfant bâtard, un donataire entre-

vifs de 60,000 fr. L'actif de la succession est 120,000 fr., le passif 108,000 fr.; le *boni* est 12,000 fr. : il s'agit de règler la réserve et la portion disponible. Joignant le *boni* à la donation de 60,000 fr., masse à comparer 72,000; portion disponible à cause des deux enfants, un tiers 24,000 fr. Pour l'enfant légitime, réserve entière d'un tiers 24,000 fr.; pour le bâtard, réserve proportionnelle 8,000 fr. : les 16,000 fr. d'excédent profiteront à l'enfant légitime, qui aura 40,000 fr. Le donataire entre-vifs réduit à 24,000 fr. essuyera un retranchement de 36,000 fr., lesquels joints aux 12,000 fr. de *boni*, feront un total de 48,000 f.; sur lequel l'enfant légitime et l'enfant naturel prendront chacun leur part de 40,000 fr. et de 8,000 fr.

97. En vain voudrait-on faire aux décisions et opérations ci-dessus l'objection suivante :

En cas de concurrence des enfants bâtards avec les légitimes, la portion disponible doit, d'après l'article 913, se règler, eu égard au nombre des enfants légitimes. Le droit de l'enfant bâtard n'est pas une part héréditaire, mais, comme s'exprime le cit. Bigot-Préameneu, dans l'Exposé des Motifs, « sous le titre de créance, une » participation à la succession. » En conséquence, il n'a pas l'action en réserve, qui compète à l'héritier, soit contre les donataires, soit contre les légataires : il a seulement son action en paiement sur les biens délaissés par le défunt, et, eu égard à iceux seulement. Sa somme une fois prélevée sur les biens délaissés par le défunt, le surplus doit se règler comme s'il n'existait que des enfants légitimes, conformément à l'article 913, en la manière suivante.

— Reprenant la première espèce, la succession est 90,000 fr.; les droits du bâtard, s'il était légitime, seraient 30,000 fr.; il n'a qu'un tiers de 10,000 fr.: Prélevant ces 10,000 fr., il reste pour masse à comparer 80,000 fr., dont moitié disponible : ainsi le légataire aura 40,000 fr., au lieu de 30,000 fr. seulement par l'opération indiquée. — Reprénant la troisième espèce, les biens délaissés par le défunt sont seulement 12,000 fr. Pour règler les droits du bâtard qui exerce une créance, il ne faut pas du tout avoir égard à la donation de 60,000 fr. : sa part dans les 12,000 fr. s'il était légitime, sera 6,000 fr.; il lui revient un tiers de 2,000 fr. Pour règler les droits respectifs de l'enfant légitime et du donataire, la masse à comparer sera 70,000 fr.; moitié de disponible 35,000 fr. que conservera le donataire entre-vifs, au lieu d'être réduit, comme dans l'opération indiquée, à 24,000 fr.

Il a été dit, n°. 65, que l'article 913 ne faisait pas obstacle à la réserve en faveur du bâtard ; que cette réserve lui est accordée implicitement par l'article 757, qui lui confère une portion dans toute la part qu'il aurait comme légitime, soit dans les biens délaissés, soit même dans ceux donnés entre-vifs. On y a réfuté l'opinion particulière du citoyen Bigot-Préameneu. Si l'article 913 ne parle que des enfants légitimes, c'est qu'il a prévu seulement le cas le plus ordinaire : on ne peut pas en conclure qu'en cas de concurrence des bâtards et des légitimes, on aurait seulement égard au nombre des légitimes, parce que cette décision serait en contradiction avec l'article 757. Etant une fois constant que le bâtard a droit de réserve, il en résulte qu'il doit être compté pour fixer la portion disponible, et que les opérations détaillées, au nombre précédent, ne doivent pas souffrir de difficulté.

98. Les enfants adultérins et incestueux n'ont aucune part fixe dans les biens, mais seulement des aliments qui sont une charge de la succession : ainsi ils n'ont pas de réserve à exercer contre les donataires et légataires. Néanmoins ceux-ci peuvent contribuer indirectement aux aliments dus auxdits enfants, parce que la portion disponible en leur faveur se trouve diminuée par le prélèvement des charges sur l'actif.

Un père laisse un enfant légitime, un enfant adultérin et un donataire entre-vifs de 125,000 fr. La succession est de 81,000 fr., dettes déduites: les aliments de l'adultérin sont fixés à 6,000 fr., ce qui réduit le *boni* à 75,000 fr., donation entre-vifs 125,000 fr., masse à comparer 200,000 fr., moitié disponible 100,000 fr. Le donataire essuyera un retranchement de 25,000 fr.

Si le défunt n'avait pas laissé d'enfant adultérin, le *boni* serait 81,000 fr. : masse à comparer 206,000 fr., moitié disponible 103,000 fr. Le donataire entre-vifs conserverait alors 103,000 fr., au lieu de 100,000 fr., qui lui restent au premier cas : il contribue alors indirectement aux aliments dus à l'enfant adultérin.

CHAPITRE VII.

Dans quel ordre doit-il être procédé à la réduction des libéralités excessives.

99. Les dispositions gratuites ne peuvent être réduites qu'autant qu'elles privent l'héritier de la réserve de la loi. Il y a entre les dispositions entre-vifs et les dispositions testamentaires cette grande différence, que les premières ont effet et saisissent du vivant du disposant; au lieu que les secondes n'ont effet et ne saisissent qu'à la mort du disposant. Lorsqu'il reste dans les biens dont le défunt n'a pas disposé, et dans ceux dont il a disposé, par acte de dernière volonté, de quoi fournir la portion indisponible, il est vrai de dire que les dispositions gratuites par actes entre-vifs n'ont pas entamé cette même portion, et qu'elles ne sont pas dans le cas de la réduction. Il en résulte que la réduction doit avoir lieu d'abord sur les donations testamentaires, et subsidiairement seulement sur les donations entre-vifs : il n'y a jamais lieu à la réduction de ces dernières, *art.* 923, « qu'après avoir épuisé la » valeur de tous les biens compris dans les dis» positions testamentaires. «

100. On voit par cette décision que la réserve n'est pas une quotité dans chacun des biens du disposant, mais une quotité dans l'universalité de ses biens. L'individu qui dispose à titre gratuit peut disposer à ce titre de la totalité de tel objet.

en particulier, pourvu que cet objet n'excède pas la portion disponible dans l'universalité des biens. Le propriétaire de 500,000 francs de biens peut léguer ou donner entre-vifs un objet de 80,000 francs, qui n'excède pas la portion disponible; l'héritier est mal fondé à prétendre qu'il peut réclamer pour sa réserve la portion non-disponible dans l'objet légué ou donné.

Article premier.

Dans quel ordre sera-t-il procédé à la réduction des libéralités faites par acte de dernière volonté ?

101. La valeur des donations par acte entre-vifs est supérieure, égale, ou inférieure à la portion disponible, ou même il n'y a pas de donation par acte entre-vifs.

Lorsque la valeur des donations par acte entre-vifs se trouve supérieure ou égale à la portion disponible, alors la réunion des biens dont le défunt n'a pas disposé, et de ceux dont il a disposé par acte de dernière volonté, se trouve inférieure ou égale à la réserve, à la portion indisponible. La réserve ayant lieu sur toutes les donations testamentaires avant d'avoir lieu sur les donations par acte entre-vifs, il en résulte dans ces deux cas que toutes les dispositions testamentaires sont caduques; (*art.* 925).

102. Lorsque la valeur des donations par acte entre-vifs est inférieure à la portion disponible, et lorsque le défunt n'a fait aucune donation de ce genre, alors la réunion des biens dont le dé-

funt n'a pas disposé, et de ceux dont il a disposé par acte de dernière volonté, se trouve supérieure à la réserve. Il peut se faire que les biens dont le défunt n'a pas disposé suffisent ou ne suffisent pas pour la réserve.

Au premier cas, il n'y a pas lieu à réduire les dispositions testamentaires qui n'entament pas le disponible.

103. Au second cas, la réduction des dispositions testamentaires est partielle ; il devient nécessaire de déterminer dans quel ordre on y procédera.

Le testateur qui, par une disposition, donne l'universalité de ses biens, et par d'autres dispositions fait à différentes personnes des legs particuliers, veut par là même que le légataire universel en soit chargé : car après lui avoir donné le tout, ses dispositions particulières ne peuvent devenir utiles, qu'autant qu'il le charge de les acquitter. Le légataire universel n'a de bénéfice que ce qui peut lui rester, après l'acquit des legs particuliers.

Par cette raison, lorsqu'il s'agit de procéder au payement des dettes, le légataire universel est seul tenu de les acquitter, sans que les légataires particuliers soient tenus d'y contribuer.

Par la même raison, lorsque la réserve de la portion indisponible s'exerce à l'encontre des légataires, elle doit naturellement s'exercer d'abord aux dépens du légataire universel, dont le bénéfice doit s'épuiser avant celui des légataires particuliers, et subsidiairement seulement aux dépens de ces derniers.

Cet ordre naturel s'est suivi sous les lois des 17 nivôse an 2, et 4 germinal an 8, qui ne contenaient pas de disposition contraire. Il n'en est pas de même sous le Code : les légataires particuliers contribuent à la réserve avec le légataire universel. Telle est la disposition de l'article 926, qui porte : « Lorsque les dispositions testamen- » taires excèdent, soit la quotité disponible (au » cas où il n'y a pas de disposition entre vifs), » soit la portion de cette quotité qui resterait, » après avoir déduit la valeur des donations en- » tre vifs, la réduction sera faite au marc le » franc, sans aucune distinction entre les legs » universels et les legs particuliers. »

104. Pour dispenser un légataire de la contribution proportionnelle à la réserve réclamée par l'héritier, la loi exige (*art.* 927) que le testateur ait *expressément* déclaré sa volonté, qu'il entend que tel legs soit acquitté de préférence aux autres. Ainsi, toutes les fois que la déclaration de la volonté du testateur n'est pas expresse, il faut en revenir à la contribution ordonnée par l'article 926, quoique les circonstances particulières de l'espèce donnent lieu de *présumer* une intention contraire.

105. De l'article 926, il résulte que l'héritier, demandant sa réserve, peut s'adresser séparément à chacun des légataires, pour exiger de lui, sur la chose à lui léguée, la part qu'il doit supporter dans la réserve. Le légataire particulier d'une somme de deniers y contribuera en deniers, en recevant d'autant moins sur la somme à lui léguée : le légataire particulier d'un immeuble y contribuera en délaissant à l'héritier une portion de l'immeuble à lui légué.

106. Le légataire particulier frustré d'une por-

tion de son legs, peut-il en réclamer l'indemnité contre le légataire universel?

On peut donner des moyens pour et contre l'indemnité.

Il ne faut pas confondre, dira-t-on pour *l'affirmative*, les droits de l'héritier demandant la réserve contre les différents légataires, lesquels droits sont déterminés par les art. 926 et 927, et les droits des légataires entre eux, déterminés par l'article 1009. L'héritier qui demande la réserve, demande une légitime : il a droit de la prendre dans le mobilier, dans les rentes, dans les effets au porteur, dans les maisons, dans les domaines ruraux, généralement dans tous et chacun des biens du défunt. C'est par cette raison que la loi lui accorde une action particulière contre chacun des légataires, afin qu'il ne soit pas privé de sa portion sur chacun des objets légués. — Mais lorsqu'il s'agit de considérer la manière dont les légataires entre eux y contribueront, l'art. 1009 veut absolument que le légataire universel paye tous les legs. Il en résulte que si, par l'effet de l'article 916, le légataire particulier est privé d'une portion de son legs, le légataire universel, chargé par la loi d'acquitter l'intégralité des legs, lui en doit l'indemnité.

L'art. 1009 opposé, dira-t-on pour la *négative*, est ainsi conçu : « Le légataire universel » qui sera en concours avec un héritier auquel la » loi réserve une quotité des biens, sera tenu des » dettes et charges de la succession du testateur, » personnellement pour sa part et portion, et » hypothécairement pour le tout, et il sera tenu » d'acquitter tous les legs, sauf le cas de réduction, ainsi qu'il est expliqué aux art. 926 et 927. »

— Cet article n'est pas rédigé avec toute la précision qu'on aurait pu desirer. Le mot *légataire universel*, qui autrefois signifiait, d'une manière générale, le légataire de l'universalité des biens, soit pour la totalité, soit pour une quote-part, et qui est consacré par le Code civil (*art.* 1003) pour exprimer le légataire de l'universalité totale, par opposition au légataire de l'universalité partielle, que l'article 1010 appèle *légataire à titre universel*, est néanmoins employé en l'article 1009, pour exprimer le légataire d'une universalité partielle. Cet article décide, dans le cas par lui prévu, que le légataire universel sera tenu d'acquitter les dettes et charges, personnellement *pour sa part et portion* et hypothécairement *pour le tout* : il entend donc parler du légataire d'une universalité partielle. — Au surplus quelles sont les deux décisions de l'article 1009, relativement aux legs? — La *première* est pour le cas où il n'y a pas lieu à la réduction pour la réserve, pour le cas auquel le légataire universel concourt avec un héritier, auquel le défunt n'a pas ôté le disponible; pareil légataire doit acquitter tous les legs particuliers : cette décision n'a pas rapport à la question posée. — La *seconde* est pour le cas où il y a lieu à réduction, parce que le légataire universel, dont parle l'article, est légataire universel, soit de la totalité, soit d'une quotité qui excède le disponible. Alors le législateur renvoie auxdits articles 926 et 927, qui font contribuer les légataires particuliers au fournissement de la réserve; et par là même, il décide que le légataire particulier ne jouit pas de l'intégralité de son legs. — Le législateur n'a donc pas entendu règler, par l'art. 1009, les droits que pourraient réclamer contre les légataires universels, les légataires particuliers inquiétés par l'héritier demandant sa réserve contre eux aux termes des art. 926 et 927; puisque, dans la seule occasion où il pourrait y avoir lieu à ce recours, l'art. 1009 ne statue rien, et se contente de renvoyer auxdits articles, par forme d'exception à la première décision. — Comment pourrait-on accorder au légataire particulier, évincé par l'héritier, une indemnité contre le légataire universel, lorsque la loi ne la lui accorde pas? — Observez, d'ailleurs, que le principe opposé que la réserve est un droit dans tous et chacun des biens du défunt n'est pas exact, ainsi qu'il a été établi ci-dessus, *n*°. 100.

De ces deux opinions, la *première*, qui accorde l'indemnité, doit être préférée.

La difficulté consiste à saisir le vrai sens de l'art. 1009 : il pose, quant à l'acquit des legs, une règle générale et une exception; elles frappent l'une et l'autre sur *le légataire universel, qui se trouve en concours avec un héritier, auquel la loi réserve une quotité des biens.*

Quel est le sens du mot *légataire universel* dans l'art. 1009? Veut-il signifier, comme dans l'ancienne législation, le légataire de l'universalité, soit totale, soit partielle? Est-il, au contraire, restreint à signifier le légataire de l'universalité totale? Il est placé sous la section intitulée : *du legs universel.* L'art. 1003, qui est le premier de cette section, définit le legs universel : « la disposition de l'universalité des biens » que le testateur laissera à son décès. » L'art. 1009 fait le dernier de cette section. Peut-on croire que le législateur ait voulu donner aux mots *lé-*

gataire universel, dans le dernier article de la section, une autre signification que celle de la définition contenue au premier? D'ailleurs l'art. 1010, qui le suit, est le premier de la section intitulée *du legs à titre universel :* il définit le legs à titre universel, *le legs d'une quote-part des biens*. Comment le législateur aurait-il considéré, en l'art. précédent, le légataire universel comme légataire seulement d'une quote-part? Ainsi l'art. 1009 s'applique seulement au légataire de l'universalité totale. Lorsque pareil légataire concourt avec un héritier, auquel la loi réserve une quotité des biens, l'héritier lui abandonne la quotité disponible; et dans ce cas, il est tenu des dettes et charges de la succession du testateur, personnellement pour sa part et portion, qui est la quotité disponible, et hypothécairement pour le tout. Dans le même cas, poursuit l'article, le légataire universel, réduit au disponible, est tenu d'acquitter tous les legs : la raison est que si l'héritier était tenu d'y contribuer, conformément aux principes ordinaires, l'héritier n'aurait pas sa réserve entière.

L'article 1009 ajoute, après cette règle relative à l'acquittement des legs particuliers : *Sauf le cas de réduction, ainsi qu'il est expliqué aux art.* 926 *et* 927. Il semblerait de là que la règle précédente est pour le cas de la non réduction. Néanmoins il est évident que la règle posée pour le cas où le légataire universel concourt avec l'héritier, qui a droit de réserve, est posée pour un cas où il y a réduction. Il en résulte que l'art. 1009 placé au chapitre *des dispositions testamentaires*, règle les droits du légataire universel, réduit à la quotité disponible vis-à-vis des légataires particuliers, et que l'article 926, placé au chapitre *de la portion des biens disponibles et de la réduction*, règle les droits de l'héritier réduisant vis-à-vis de tous les légataires, soit le légataire universel, soit les légataires particuliers. Il faut que ces deux articles soient exécutés dans leurs dispositions relatives aux différentes personnes. Lorsqu'en exécution de l'article 926, l'héritier demandant sa réserve y a fait contribuer et le légataire universel, et les légataires particuliers, rien n'empêche qu'en exécution de l'art. 1009, les légataires particuliers ne puissent contraindre le légataire universel, à acquitter l'intégralité de leur legs, à les dédommager de la portion pour laquelle l'héritier les a forcés de contribuer à sa réserve.

Le législateur a tellement entendu restreindre dans l'art. 1009 l'expression *légataire universel* au légataire de l'universalité totale, que dans les art. 1012 et 1013 il règle le concours de l'héritier avec le légataire de l'universalité partielle, qu'il appèle, d'après l'art. 1010, légataire à titre particulier. On y lit, art. 1012 : « Le légataire à titre universel sera tenu, comme le légataire universel, des dettes et charges de la succession du testateur, personnellement pour sa part et portion, et hypothécairement pour le tout : » ce qui a du rapport avec la première partie de l'art. 1009. L'art. 1013 est ainsi conçu : « Lorsque le testateur n'aura disposé que d'une quotité de la portion disponible, et qu'il l'aura fait à *titre universel*, ce légataire sera tenu d'acquitter les legs particuliers par contribution avec les héritiers naturels. » Ce qui a du rapport avec la seconde partie de l'article 1009.

107. Pour bien entendre comment le légataire universel et le légataire à titre universel sont tenus de l'acquittement des legs particuliers, il faut distinguer le cas où l'héritier n'a pas droit de réserve, et le cas où il a droit de réserve.

Lorsque l'héritier n'a pas droit de réserve, le légataire universel est héritier ; il doit la totalité des legs particuliers : le légataire à titre universel d'une quotité, doit acquitter les legs particuliers pour la même quotité.

Lorsque l'héritier a droit de réserve, il faut distinguer, 1°. le légataire universel réduit au disponible ; 2°. le légataire à titre universel d'une quotité au-dessus du disponible, et qui doit être réduit au disponible ; 3°. le légataire à titre universel du disponible ; 4°. le légataire à titre universel d'une portion au-dessous du disponible.

L'art. 1009 parle seulement du légataire universel réduit au disponible. Sa disposition doit s'étendre au légataire à titre universel d'une quotité au-dessus du disponible, et qui doit être réduit au disponible, et au légataire à titre universel du disponible ; en sorte que ces trois légataires doivent acquitter tous les legs particuliers, même indemniser les légataires particuliers qui auraient souffert un retranchement par l'action directe de l'héritier contre eux : il y a même raison pour les trois.

Quant au légataire à titre universel d'une quotité au-dessous du disponible, l'art. 1013 décide qu'il doit acquitter les legs particuliers par concurrence avec les héritiers naturels.

Il faut observer que si par évènement la contribution aux legs particuliers entamait la réserve de l'héritier, alors l'héritier est quitte en abandonnant tout le disponible, et le légataire à titre universel, saisi de ce disponible, ne peut se dispenser d'acquitter la totalité des legs.

108. Il arrivera bien rarement que l'héritier réduisant exerce seul dans un premier temps la réduction vis-à-vis des différents légataires, et que, dans un temps postérieur, les légataires particuliers évincés d'une partie de leurs legs, réclament l'indemnité contre le légataire universel ou à titre universel. Ces deux réclamations se feront en même temps, et alors l'acquit des legs particuliers sera entièrement à la charge du légataire universel ou du légataire à titre universel réduit au disponible.

Cette circonstance dispense d'entrer dans le détail de la contribution à la réserve entre le légataire à titre universel, et les légataires particuliers : quoiqu'autorisée par la loi, elle n'aura lieu que dans des circonstances extraordinaires.

ARTICLE II.

Dans quel ordre doit-il être procédé à la réduction des libéralités faites par actes entre vifs ?

109. Lorsque la somme des biens dont le défunt n'a pas disposé du tout, et ceux dont il a disposé par donation de dernière volonté ne suffisent pas pour remplir l'héritier de sa réserve, alors il faut avoir recours aux donations entre vifs pour la compléter. Voyons dans quel ordre on doit y procéder.

La réduction des donations entre vifs a lieu non seulement contre la personne du donataire, mais encore contre les tiers détenteurs des immeubles donnés entre vifs. Il sera question dans deux §, de ces deux sortes de réductions.

§ PREMIER.

Dans quel ordre doit-il être procedé contre la personne des donataires à la réduction des libéralités faites par acte entre vifs ?

Tant que la première, la seconde, la troisième, et autres premières donations par actes entre vifs, n'excèdent pas la portion disponible, tant qu'elles n'entament pas la réserve, l'héritier n'a pas à s'en plaindre; mais seulement de la dernière, la seule qui fasse préjudice à sa réserve. Lorsque l'objet de cette dernière donation ne suffit pas avec les autres biens, pour la lui fournir, alors la précédente fait tort à la réserve, et est dans le cas de la réduction. Si celle-ci ne suffit pas, alors l'anté-pénultième donation est dans le cas de la réduction; et ainsi de suite, en remontant graduellement de la donation épuisée à celle qui la précède immédiatement, et même jusqu'à la première, s'il est nécessaire : tel est l'ordre prescrit par l'art. 923 du Code : « Lors» qu'il y aura lieu, y est-il dit, à cette réduction » (la réduction des donations entre vifs), elle se » fera en commençant par la dernière donation, » et ainsi de suite, en remontant des dernières » aux plus anciennes. »

110. Les donations par actes entre vifs sont

presque toutes donations entre vifs; le contrat de mariage (1) est le seul acte entre vifs qui puisse contenir des dispositions à cause de mort, donations mutuelles, donations de biens à venir, etc.

Les donations à cause de mort contenues dans un contrat de mariage doivent-elles être déduites à l'ordre de leur date?

Primò. Nul doute que les donataires à cause de mort par contrat de mariage, ne doivent subir le retranchement avant les donataires entre vifs antérieurs : ceux-ci ont été saisis d'un droit irrévocable, auquel le donateur n'a pu donner atteinte par une donation postérieure.

111. *Secundò.* Pareilles donations ne doivent-elles être réduites qu'après les libéralités faites soit par actes de dernière volonté, soit par donations entre vifs postérieures?

Pareilles donations participent, à cause du contrat de mariage, à l'irrévocabilité des donations entre vifs. Quoique le donateur puisse y déroger indirectement par des dispositions à

---

(1) Suivant l'art. 893 du tit. 2 du troisième livre, on ne peut disposer de ses biens à titre gratuit, que par donation entre vifs ou par testament : « La donation entre vifs, » (*art.* 894) est un acte par lequel le donateur se dépouille » actuellement et irrévocablement de la chose donnée, en » faveur du donataire, qui l'accepte. Testament (*art.* 895) » est un acte par lequel le testateur dispose pour le temps » où il n'existera plus. » Ainsi, c'est par testament seulement, et non par acte entre vifs, que l'homme peut disposer *à cause de mort*, pour le temps où il n'existera plus. Tel est le principe général, auquel les chapitres VII et VIII du même titre II, contiènent exception pour les contrats de mariage.

titre onéreux, il ne peut y déroger directement par des actes de libéralité : il ne peut, par une donation entre vifs postérieure, encore moins par un acte de dernière volonté, rendre susceptible de réduction la donation à cause de mort, qui n'en aurait pas été susceptible, sans ce nouvel acte. En conséquence,

1°. Si la donation à cause de mort est universelle, si elle comprend la totalité des biens présents et à venir, les libéralités postérieures sont nulles, à l'égard du donataire, comme faites au préjudice du droit qui lui était assuré; et alors il n'y a pas lieu à la question proposée.

112. 2°. Si la donation à cause de mort est particulière, de tel objet, ou *partielle*, comprenant le tiers, le quart, ou telle autre quotité des biens présents et à venir, alors le donataire ne peut pas réclamer la nullité des libéralités postérieures : elles sont valables, et il y a lieu à la question proposée. C'est le cas, avant de l'entamer pour fournir la réserve, d'épuiser les libéralités faites, soit par acte de dernière volonté, soit par des donations entre vifs postérieures.

On opposera peut-être à la seconde partie de cette dernière décision le sentiment de Ricard, qui décide, *Donation*, *part.* 3, *n.* 1108, que, pour fournir la légitime, les donations à cause de mort doivent être épuisées avant de toucher aux donations entre vifs.

Les donations à cause de mort dont parle Ricard à l'endroit cité, ne sont pas les donations à cause de mort contenues dans un contrat de mariage qui leur assure, à certains égards, l'irrévocabilité des donations entre vifs; mais les donations à cause de mort hors contrat de mariage. Ce genre particulier de donation, admis dans le droit romain, et dans nos pays de droit écrit, tenait le milieu entre la donation entre vifs, et la donation testamentaire : elle était comme la donation testamentaire, révocable jusqu'à la mort. D'où il était naturel de conclure que, pour fournir la légitime, pareilles donations devaient être épuisées avant de toucher aux donations entre vifs toutes irrévocables, soit celles antérieures, soit même celles postérieures.

Mais les donations à cause de mort contenues dans un contrat de mariage, étant irrévocables, ne peuvent être diminuées par les donations entre vifs postérieures. En conséquence, avant de les entamer pour fournir la réserve, il faut préalablement épuiser les donations entre vifs postérieures.

Germain Riga, par exemple, fait successivement trois donations : 1°. il donne entre vifs à Louis Durondeau une somme de 6,000 francs; 2°. il marie son neveu et lui donne par contrat de mariage le sixième de ses biens à venir; 3°. il donne entre vifs à Joseph Farnaut, une somme de 20,000 fr. Il décède ensuite, laissant un fils unique : sa succession monte à 25,000 fr. de bien net, et il a fait pour 4,000 fr. de legs.

Le neveu dit : Les biens délaissés par mon oncle sont 25,000 francs net; pour établir mon sixième, il faut y joindre la donation entre vifs postérieure de 20,000 fr., ce qui fait 45,000 fr.; le sixième est 7,500 fr. que j'ai à recueillir sur les 25,000 fr. que le défunt à laissés (1).

(1) Dans l'opération, nous fixons le sixième donné à cause

Les légataires réclament leurs 4,000 fr.

Au moyen de ces deux réclamations de 7,500 fr. et de 4,000 fr. sur les 25,000 fr. délaissés par le défunt, il ne reste à l'enfant héritier que 13,500 fr.; il réclame sa réserve.

Le montant des donations entre vifs est 26,000 fr.; les biens délaissés, 25,000 fr.; masse à

---

de mort, non-seulement au sixième des biens délaissés par le défunt, mais encore au sixième des biens donnés entre vifs, par acte postérieur à la donation à cause de mort.

Cette fixation sera peut-être contredite. On dira : le donataire par contrat de mariage, de biens à venir, est donataire seulement des biens que le défunt laissera à son décès. Cette espèce particulière de donation ne peut comprendre aucuns des biens qu'il a donnés entre vifs, soit avant, soit même depuis la donation à cause de mort. Ainsi, dans l'espèce, où le défunt n'a laissé à son décès que 25,000 francs, les droits du neveu donataire du sixième des biens à venir, sont réduits au sixième de cette somme, à 4,166 fr., au lieu de 7,500 fr., en y ajoutant 3,333 fr. pour le sixième des 20,000 fr. donnés entre vifs depuis la donation à cause de mort.

La donation à cause de mort étant faite par acte entre vifs, les donations entre vifs postérieures, ne peuvent la diminuer : d'où, à l'égard du donataire à cause de mort, les biens donnés entre vifs par acte postérieur, sont réputés être restés ès-mains du défunt. Le donataire à cause de mort, par acte entre vifs, de telle portion des biens à venir, doit prendre sa portion, non-seulement eu égard aux biens que le donateur laisse à son décès, mais encore eu égard à ceux qu'il a donnés entre vifs par acte postérieur. Sans cette addition, la donation entre vifs postérieure, diminuerait le bénéfice de la donation à cause de mort; ce qui ne doit pas être, parce que le contrat de mariage dans lequel elle est contenue, lui communiquant l'irrévocabilité, empêche le donateur d'en anéantir l'effet par des donations postérieures. Ainsi, dans l'espèce, on ne peut critiquer la fixation à 7,500 fr. des droits du donataire par contrat de mariage, pour un sixième des biens à venir.

comparer, 51,000 fr. Réserve de l'enfant, moitié 25,500 fr. : il ne lui reste que 13,500 fr. ; il lui faut un supplément de 12,000 fr. Il absorbe les 4,000 f. de legs, et réclame les 8,000 fr. de surplus contre Farnaut, troisième donataire de 20,000 fr. Ce dernier est réduit à 12,000 fr. : le neveu, donataire du sixième des biens à venir, n'essuye pas de réduction, et recueille les biens delaissés par le défunt jusqu'à concurrence de 7,500 fr.

Farnaut, troisième donataire par acte entre vifs, voudrait en vain objecter : Le donataire des biens à venir est, par la nature de son titre, tenu des charges de la succession. La réserve doit se prélever d'abord sur les biens existants dans la succession ; et en conséquence sur les donations à cause de mort, parce que les biens qui en sont l'objet, sont les biens du donateur jusqu'à l'ouverture de sa succession dont ils font partie : c'est par cette raison que l'art. 36 de l'ordonnance des donations chargeait le donataire des biens présents et à venir, de payer la légitime avant tous autres donataires, même postérieurs. Pareil donataire doit être également chargé de remplir la réserve légale avant les donataires postérieurs ; ainsi avant de toucher à ma donation, il faut épuiser celle du neveu, donataire à cause de mort. L'enfant a pour réserve 25,500 fr. ; il trouve de bénéfice dans les biens de la succession et dans les legs, 17,500 fr. : il lui faut un supplément de 8,000 fr. Qu'il s'adresse au donataire à cause de mort, qui aurait droit à 7,500 fr. et qui est tenu de les lui laisser : il lui restera la totalité des 25,000 fr. laissés par son père ; il ne lui manque que 500 fr. que j'offre lui fournir pour compléter sa réserve. Il doit me rester

19,500 fr. qui, avec les 6,000 fr. de la première donation, composent les 25,500 fr. faisant la portion disponible.

Le neveu lui répondra avec raison : Quoique les biens donnés à cause de mort, par acte entre vifs, soient la chose du donateur jusqu'à sa mort, néanmoins ils ne font pas partie de sa succession : l'héritier n'y a aucun droit comme héritier ; il n'en a pas même la possession fictive qui passe au donataire. Il est bien vrai que pendant la vie du donateur, la nature de la donation s'oppose à la saisine du donataire : mais au décès, plus d'obstacle à la saisine du donataire résultante de l'acte entre vifs qui assure son droit. Les biens à lui donnés, lui sont transmis à la mort immédiatement ; ils ne font pas partie des choses héréditaires. La réserve, qui se perçoit d'abord sur les choses héréditaires qui restent à l'héritier, ensuite sur les legs, et finalement sur les donations entre vifs, ne peut avoir lieu sur la donation à cause de mort par acte entre vifs, qu'à la date de l'acte entre vifs qui la contient. — Mal à propos Farnaut veut-il tirer induction de l'ordonnance de 1731, comme si cette ordonnance pouvait influer sur la réserve qu'établit le code civil. L'induction d'ailleurs qu'il veut en tirer n'est pas exacte : quoique les biens dont le donateur dispose à cause de mort, par acte entre vifs, restent dans ses mains jusqu'à sa mort, toujours est-il vrai qu'il ne peut, par une disposition gratuite subséquente, préjudicier à l'effet de sa donation à cause de mort. Si l'ordonnance de 1731 charge le donataire de biens présents et à venir de payer les légitimes, c'est dans le cas où il est donataire de la totalité. Comme en ce cas particulier, il ne reste plus de biens héréditaires pour être recueillis par l'enfant héritier, on ne pouvait douter que l'intention du donateur n'eût été de charger son donataire des légitimes. Il n'en est pas de même, et elle en a ordonné autrement dans le même article, lorsque la donation de biens présents et à venir est seulement d'une portion : alors le donataire n'est pas tenu d'acquitter les légitimes, à moins que le donateur ne lui en ait nommément imposé la charge.

113. Si le dernier donataire dont la donation a porté atteinte à la réserve, avait dissipé l'argent qui lui avait été donné et était insolvable, on demande alors si l'héritier réclamant sa réserve, pourrait se pourvoir contre les donataires antérieurs?

Pothier examine cette question par rapport à la légitime, en son Traité des donations entre vifs, (*sect.* 3, *art.* 5, § 5) : « Les auteurs, dit-il, sont » partagés....... Ceux qui tiènent la négative, » disent que puisque l'argent donné en dernier » lieu aurait été suffisant pour remplir la légi- » time, c'est la seule donation faite en dernier » lieu qui y donne atteinte ; d'où il suit que les » donations précédentes n'y ayant pas donné at- » teinte, ne doivent pas souffrir de retranche- » ment. Le sentiment contraire me paraît mieux » fondé en raisons. Il est bien vrai que si le der- » nier donataire n'eût pas dissipé ce qui lui a été » donné, les donations antérieures ne donne- » raient aucune atteinte à la légitime, le légiti- » maire pouvant la trouver dans ce qui a été » donné en dernier lieu. Mais le légitimaire ne » pouvant plus la trouver dans ce qui a été donné » en dernier lieu, par la dissipation qu'en a faite

» le donataire et par son insolvabilité, dès-lors
» les donations antérieures se trouvent donner
» atteinte à la légitime, de même qu'elles y don-
» neraient atteinte, si le donateur eût dissipé lui-
» même ce qu'il a donné en dernier lieu : car
» peu importe, à l'égard du légitimaire, que ce
» soit un dernier donataire ou le donateur lui-
» même qui l'ait dissipé. »

Les mêmes raisons peuvent être employées, relativement à la réserve, pour accorder ou refuser en ce cas, à l'héritier qui la réclame, un recours contre le donataire antérieur, et à l'instar du célèbre jurisconsulte que nous venons de citer, nous estimons que c'est le cas d'accorder le recours contre le donataire antérieur.

114. Observez en ce cas qu'il ne faut pas comprendre dans la masse à comparer ce qui a été donné au donataire insolvable, tout comme on ne compterait pas ce que le donateur aurait dissipé lui-même, ainsi que le décidait le même Pothier (*ibid.*) par rapport à la légitime : ce qui fera monter la réserve à moins.

Un père fait deux donations entre vifs, la première d'un immeuble valant 30,000 francs, la deuxième d'une somme de 16,000 francs. Il laisse à trois enfants une succession de 54,000 fr. net : montant des donations, 46,000 francs ; masse à comparer, 100,000 francs ; réserve des trois-quarts, 75,000 francs. Ils trouvent dans la succession 54,000 francs, il leur faut un supplément de 21,000 francs. Si le deuxième donataire était solvable, il leur restituerait les 16,000 francs donnés : en conséquence, ils n'auraient à demander au premier donataire que 5000 francs.

Le second donataire se trouvant insolvable, les enfants ont droit de réclamer contre le premier la totalité du supplément; mais aussi leur réserve sera moins forte. Exigeant contre le premier donataire la réserve, comme si le donateur eût lui-même dissipé les 16,000 francs qu'il a donnés au deuxième donataire, il est juste que les 16,000 francs donnés n'entrent pas dans la masse à comparer, de même qu'ils n'y entreraient pas, si le donateur les avait dissipés. La masse à comparer sera réduite à 84,000 francs : la réserve à 63,000 francs. Les enfants trouvent 54,000 francs dans la succession, ils n'ont à réclamer contre le premier donataire que 9000 francs.

115. Les donations par acte entre vifs entre époux pendant le mariage, sont révocables à la volonté du donateur (*art.* 1095): elles conviènent avec les donations entre vifs, par ce quelles sont contenues dans un acte entre vifs : elles convièment avec les dispositions testamentaires, en ce qu'elles sont révocables pendant la vie du donateur. Pour la réduction des libéralités excessives, doivent-elles être considérées comme donations entre vifs, ou assimilées aux dispositions de dernière volonté?

La donation entre époux pendant le mariage, est une donation par acte entre vifs, et la loi lui en accorde les effets toutes les fois que le donateur ne l'a pas révoquée. Dans ce cas, elle doit avoir, pour la réduction des libéralités excessives, les mêmes effets que si elle n'eût pas été révocable. Elle ne doit pas perdre son caractère de donation par acte entre vifs : en conséquence, elle n'est sujette à réduction qu'après les dispositions testamentaires et les donations entre vifs postérieures.

En vain voudrait-on prétendre que les donations que se font les époux de leur vivant, étant révocables, perdent par là même le caractère de donation entre vifs, dont la nature est d'être irrévocables, sont en leur qualité de révocables, de véritables donations à cause de mort, des espèces de donations de dernière volonté ; et qu'ainsi elles sont sujettes à la réduction avant toutes les donations par acte entre vifs, même postérieures.

La donation entre vifs faite à l'époux, et la donation de dernière volonté, quoique révocables l'une et l'autre, sont néanmoins très-différentes, en ce que la donation entre vifs faite à l'époux a un effet présent et du vivant du donataire; elle est seulement résoluble à sa volonté. La donation de dernière volonté n'a pas d'effet présent, elle est faite sous la condition qu'elle aura effet si elle n'est pas révoquée. L'époux donataire étant saisi d'un droit présent, lorsque l'époux donateur fait une donation subséquente sans révoquer la première, il a bien certainement l'intention que son époux jouisse de sa libéralité, et n'en soit pas privé en tout ou en partie par l'effet de la seconde donation ; il entend qu'il ne puisse en être privé que par la révocation qu'il viendrait à en faire par la suite.

§ II.

Dans quel ordre doit il être procédé contre les tiers détenteurs des immeubles donnés entre vifs, à la réduction sur les immeubles dont ils sont détenteurs ?

116. L'action en revendication contre le successeur à titre particulier du donataire entre vifs, étant la suite de l'action en réduction contre le donataire lui-même, doit subir le même sort : en conséquence, elle doit être exercée (*art.* 930) de la même manière et dans le même ordre que contre les donataires eux-mêmes.

Germain, donataire entre vifs du défunt, ne pouvant essuyer de réduction qu'après l'épuisement des dispositions testamentaires et des donations entre vifs postérieures, l'acquéreur des immeubles donnés entre vifs à Germain, ne pourra pareillement être inquiété pour la réduction qu'après l'épuisement des dispositions testamentaires et des donations entre vifs postérieures à celle consentie en faveur de Germain.

117. Lorsque le donataire qui a aliéné l'immeuble à lui donné entre vifs a, dans ses autres biens, de quoi faire face à l'indemnité de l'héritier réduisant, il est conforme à la raison que l'héritier du donateur laisse le tiers détenteur jouir tranquillement de l'immeuble donné entre vifs, et se venge sur les autres biens du donataire. Ce motif d'équité a déterminé les législateurs à statuer *ibid*, que l'action en revendication ne pourrait être exercée par les héritiers contre les tiers déten-

teurs, que discussion préalablement faite des biens du donataire.

Un père donne entre vifs à son neveu, par contrat de mariage, 100,000 fr. en biens immeubles; savoir, un domaine à Rambouillet, valant 30,000 fr.; une maison à Versailles, de 25,000 fr., et une maison à Paris, de 45,000 fr. Le neveu vend successivement ces trois objets, d'abord à Germain le domaine, puis à Philippe la maison de Paris, enfin celle de Versailles à André.

Le donateur décède ensuite, laissant à trois enfants une succession onéreuse; ceux-ci se portent héritiers bénéficiaires et réclament la réserve contre les acquéreurs des objets donnés entre vifs; ils demandent qu'ils soient tenus de leur abandonner les trois quarts des biens qui ont été donnés entre vifs par le défunt à celui dont ils sont acquéreurs, sauf à s'arranger entre eux comme ils voudront du dernier quart, et sauf leur recours contre leur vendeur.

Les acquéreurs lui répondent avec la loi : Le donataire est propriétaire d'un mobilier considérable, d'un domaine en Normandie, qui vaut 500,000 fr. Ils suffisent et au-delà pour vous remplir de votre réserve de 75,000 fr.; vous n'avez de droit à exercer contre nous qu'après leur discussion (*art.* 930); vous êtes, quant à présent, non-recevable à nous inquiéter.

Dans la même espèce, si discussion faite des biens du donataire, ils se trouvent absorbés par ses autres dettes, alors les tiers acquéreurs ne peuvent se défendre de fournir la réserve réclamée.

118. L'héritier du donateur ne doit être obligé à la discussion qu'autant qu'il y a espérance

qu'elle pourra lui être utile. Le législateur a voulu que l'héritier laissât jouir l'acquéreur, quand il peut retrouver la valeur de l'objet sur les autres biens du donataire : c'est en ce seul cas qu'il entend l'obliger à la discussion. Lorsque, par les circonstances du fait, il est évident que la discussion sera infructueuse à l'héritier du donateur, il peut s'adresser *de plano* à l'acquéreur ou autre tiers détenteur de l'immeuble donné entre vifs.

Supposons, dans l'exemple du numéro précédent, que les meubles du donataire soient saisis, que son domaine de Normandie soit grevé d'inscriptions hypothécaires qui en absorbent la valeur, il est évident que la discussion des biens du donataire serait infructueuse aux enfants du donataire; ils pourront dans ce cas s'adresser *de plano* aux acquéreurs des immeubles donnés entre vifs par leur père.

119. Si le donataire a aliéné, par différents contrats, les biens à lui donnés entre vifs, ce sont les dernières aliénations par lui faites qui empêchent qu'il ne se trouve dans ses biens de quoi fournir au retranchement exigé par les héritiers du donateur : en conséquence, l'action en réduction doit être exercée contre les aliénataires du même donataire. » Suivant l'ordre des » dates des aliénations (*art.* 930) en commen- » çant par la dernière, et remontant successive- » ment jusqu'à la première, s'il y a lieu. »

Dans l'espèce des deux derniers numéros, les trois enfants qui ne peuvent obtenir contre la personne du donataire leur réserve de 75,000 fr., se pourvoient contre les tiers acquéreurs, suivant l'ordre de leur date.

Ils s'adressent d'abord à André, dernier acquéreur, qui leur abandonne la maison de Versailles, qui les remplit de 25,000 fr.; il leur faut encore 50,000 fr.

Ils s'adressent ensuite à Philippe, qui leur abandonne la maison de Paris, de 45,000 fr.: ils se trouvent remplis de 70,000 fr.; il leur faut encore 5,000 fr.

Ils s'adressent enfin à Germain, premier acquéreur pour le restant. Celui-ci est réduit de 30,000 fr. à 25,000 fr.

Si au lieu de suivre cet ordre, les enfants voulaient exercer leur réserve des trois quarts sur chacun des acquéreurs, et demander à Germain les trois quarts du domaine de Rambouillet; ce dernier sera fondé à leur dire : Adressez-vous d'abord aux acquéreurs subséquents; il vous rempliront de 70,000 fr.; vous n'avez à réclamer contre moi qu'à raison des 5,000 fr., restants sur le domaine de Rambouillet, qui vaut 30,000 fr.; je suis quitte envers vous en vous en abandondonnant le sixième ou deux douzièmes, au lieu des trois quarts ou neuf douzièmes que vous me demandez.

120. La gradation ci-dessus a lieu entre les aliénataires du même donataire : elle n'a pas lieu entre les aliénataires de différents donataires. Entre ces derniers, ce n'est pas la date de leurs acquisitions qu'il faut suivre, mais la date des donations faites à leurs vendeurs, parce que l'action en réduction ne peut avoir lieu contre eux que « de la même manière, et dans » le même ordre, que contre les donataires eux- » mêmes (*art.* 220). »

Un père donne entre vifs d'abord à Nicolas

un domaine de 30,000 fr., puis à Germain une maison de 12,000 fr.; Germain vend la maison, et depuis Nicolas vend le domaine à Paul.

Le père meurt ensuite, laisse une succession obérée; le fils se porte héritier bénéficiaire : la masse à comparer est la somme des donations entre vifs, 42,000 fr.; réserve du fils, 21,000 fr.

Le fils demande que Paul, en qualité de dernier acquéreur d'un des biens donnés entre vifs, soit tenu de lui abandonner le domaine jusqu'à concurrence de 21,000 fr., c'est-à-dire, vingt-un trentièmes ou sept dixièmes.

Paul sera fondé à lui dire : Vous ne pouvez exercer votre réserve de 21,000 fr. contre moi, que dans le cas et de la même manière que vous pourriez l'exercer contre le donataire, mon vendeur. Vous ne pourriez l'exercer contre lui, qu'après avoir épuisé la donation subséquente de 12,000 fr.; vous ne pourriez lui demander que 9,000 fr. : vous ne pouvez pareillement réclamer contre moi que 9,000 fr. ou trois dixièmes du domaine valant 30,000 fr. Quant aux 12,000 fr. de surplus, adressez-vous à Germain, donataire postérieur à Nicolas mon vendeur, ou à son défaut, à son acquéreur.

ARTICLE III.

Ordre inverse de réduction.

121. L'ORDRE naturel de réduction indiqué par la loi, est de prendre sur la masse à comparer la réserve de l'héritier, et de comprendre dans cette réserve, 1°. les biens délaissés par le défunt et non légués; 2°. les biens légués par concurrence entre

les légataires, s'ils peuvent fournir et au-delà, le supplément de la réserve; 3°. en cas d'insuffisance des legs, la dernière donation entre vifs jusqu'à due concurrence; 4°. l'avant dernière donation, en cas d'insuffisance de la dernière; 5°. et ainsi de suite, en remontant jusqu'à la première, s'il est nécessaire. Enfin la réserve fournie dans l'ordre prescrit par la loi, on doit laisser les autres avantagés jouir de la libéralité du défunt.

Mais on peut suivre un ordre inverse, qui conduit au même résultat: c'est de prendre, sur la masse à comparer, la portion disponible, en commençant par la première donation entre vifs. Si elle est supérieure à la portion disponible, elle sera caduque pour l'excédent; les autres donations et les legs le seront pour le tout. Si elle est au-dessous, le supplément du disponible est pris sur la seconde donation entre vifs. Si les deux premières réunies ne complètent pas le disponible, le supplément peut se prendre sur le troisième, et ainsi de suite. Si toutes les donations entre vifs n'épuisent pas le disponible, on prendra le supplément sur les legs par concurrence entre tous les légataires. Du moment que la portion disponible sera complétée dans l'ordre ci-dessus, tous les autres avantagés seront privés de leurs avantages, dont l'objet se trouve compris dans la réserve.

Soit, par exemple, un père qui a successivement fait plusieurs donations entre vifs: la première de 10,000 fr., la seconde de 6,000 fr., la troisième de 12,000 fr., la quatrième de 20,000 fr., la cinquième de 5,000 fr. Il décède laissant un fils unique: sa succession, dettes déduites,

duites, est de 27,000 fr.; il a fait trois légataires de 3,000 fr., de 4,000 fr., de 5,000 fr.

Les biens délaissés par le père sont 27 000 fr.; les donations entre vifs montent à 53,000 fr.: masse à comparer 80,000 fr.; réserve du fils 40,000 fr.

L'ordre naturel indiqué par la loi, est de prélever d'abord la réserve de l'héritier. Il trouve dans la succession 27,000 fr. grevés de 12,000 fr. de legs, c'est-à-dire, un bénéfice seulement de 15,000 fr.; sa réserve est de 40,000 fr.: il lui faut un supplément de 25,000 fr.; il s'adresse d'abord aux légataires. Les legs ne montent qu'à 12,000 fr., il les absorbe; il lui faut un supplément de 13,000. Il s'adresse au dernier donataire entre vifs de 5,000 fr., il épuise sa donation: il demande au précédent les 8,000 fr. de surplus. Celui-ci, donataire de 20,000 f., peut les fournir; il sera réduit à 12,000 fr., et les trois premiers donataires conserveront leur avantage.

On peut suivre l'ordre inverse, en prenant d'abord la portion disponible à laisser aux avantagés. La portion disponible est 40,000; la première donation entre vifs est 10,000 fr.: inférieure à la portion disponible, elle n'essuyera pas de réduction, et les suivantes seront valables jusqu'à concurrence des 30,000 fr. d'excédent: la seconde, de 6,000 fr., inférieure à ces 30,000 fr., n'essuyera pas non plus de réduction, et les suivantes pourront épuiser les 24,000 fr. de surplus: la troisième, de 12,000 fr., inférieure à ces 24,000 fr., restera pareillement dans son intégrité: la quatrième, de 20,000 fr., supérieure aux 12,000 fr. restants, sera réduite à cette somme, et essuyera un rétranchement de

8,000 fr. au profit de l'héritier : la cinquième donation et les legs seront caducs, comme faisant partie de la réserve. L'on voit que cette seconde opération produit le même résultat que la première.

Il est bon de connaître ces deux manières d'opérer. La seconde peut être plus commode, dans certaines circonstances : elle est d'ailleurs indiquée par la loi même en l'article 926, qui veut que, lorsque les dispositions testamentaires excèdent la portion de la quotité disponible qui resterait, *après avoir déduit* la valeur des donations entre vifs, la réduction s'en fasse de telle manière.

CHAPITRE VIII.

Des avantages faits aux successibles.

121. Nos coutumes variaient à l'infini sur la réunion des qualités d'héritier et d'avantagé. On les rapportait, sauf des modifications particulières, à trois classes principales : coutumes de *compatibilité* où l'on pouvait cumuler les deux qualités ; coutumes *d'option*, dans lesquelles, après l'option, l'héritier avantagé recueillait le bénéfice de celles des deux qualités qu'il avait choisies ; coutumes *d'égalité*, dans lesquelles l'héritier avantagé était tenu au rapport de son avantage, même en renonçant. Plusieurs appartenaient à une classe pour les donations, et à une autre pour les legs : toutes ces variétés ne subsistent plus.

La loi du 17 nivôse, celle du 4 germinal, et

le Code civil ont établi l'uniformité : mais elles diffèrent dans leurs dispositions.

La loi du 17 nivôse, jalouse de maintenir entre les héritiers le partage qu'elle avait elle-même établi, avait statué entre les deux qualités d'héritier et d'avantagé une incompatibilité absolue : elle avait prohibé, de la manière la plus expresse, l'avantage fait à l'un des successibles; pareil avantage ne pouvait lui être utile ; il était tenu, dans tous les cas, de le comprendre dans la masse à partager. La réserve à l'égard des co-successibles, était part entière, point de portion disponible.

La loi du 4 germinal, au contraire, rendait compatibles les deux qualités d'héritier et d'avantagé : elle permettait à l'homme de rompre entre ses héritiers le partage légal, de faire à l'un de ses successibles, au préjudice des autres, un avantage aussi étendu que celui qu'il pouvait faire à un étranger.

Le Code civil tient le milieu entre ces deux lois : il décide (*art.* 843) « que l'héritier avantagé ne peut retenir les dons ni réclamer les » legs à lui faits par le défunt, à moins que les » dons et legs ne lui ayent été faits expressément » par préciput et hors part ou avec dispense du » rapport. » D'après cet article, il faut distinguer si l'avantage a été fait, ou n'a pas été fait par forme de préciput.

Au *premier* cas, les deux qualités d'héritier et d'avantagé sont compatibles ; l'héritier qui les réunit profite de l'une et de l'autre ; il en cumule le bénéfice : et à cet égard le Code civil se rapproche de la loi du 4 germinal.

Au *second* cas, les deux qualités sont incompatibles : l'héritier avantagé ne peut en cumuler le bénéfice. S'il vient à les réunir, il ne profite que de celle d'héritier : le rapport lui rend non utiles les donations entre vifs, et le défaut de réclamation lui rend non utiles les legs. A cet égard le droit civil se rapproche de la loi du 17 nivôse.

122. L'effet de l'incompatibilité des qualités d'héritier et d'avantagé est d'obliger l'héritier, qui veut les cumuler à rapporter à la masse l'avantage par lui reçu.

Cette proposition est évidente pour les donations entre vifs : l'héritier donataire est tenu, (*art.* 843) de rapporter la donation entre vifs qui lui a été faite.

La même proposition n'est pas moins certaine par rapport aux legs, quoiqu'elle soit moins évidente. L'article cité du Code civil ne dit pas, à la vérité, que l'héritier légataire est tenu de rapporter son legs. Il dit seulement que l'héritier légataire venant à succession ne peut réclamer son legs : ce qui paraît exclure l'idée de rapport ; on ne rapporte que ce qu'on a reçu. Mais il n'en est pas moins vrai que l'héritier légataire, qui cumule les deux qualités, rapporte son legs ; soit fictivement, en ne prélevant pas sur la masse l'objet qui lui écheoit comme légataire ; soit réellement, en le rapportant à la masse après l'avoir prélevé ; soit fictivement, en imputant sur sa part héréditaire l'objet qu'il a prélevé comme légataire. On ne peut douter que le législateur n'ait entendu assujétir le legs fait à l'héritier à un rapport réel ou au moins fictif, lorsque dans le même article 843 et dans le 849, il parle de legs faits *avec dispense du rapport* ; il suppose donc que l'héritier légataire peut réclamer le bénéfice des deux qualités à la charge par lui de rapporter à la masse, comme héritier, ce qu'il prélève comme légataire. C'est en ce sens, que la loi a été présentée par le citoyen Chabot (de l'Allier), dans son rapport du 26 germinal an 11, au nom de la section de législation sur le titre des successions. « Il est, dit-il, dans les principes » de l'équité, que tout héritier *rapporte* à ses co- » héritiers les dons et *legs* qu'il a reçus du défunt, » à moins qu'il n'en soit vablement dispensé. » (pag. 49).

ARTICLE PREMIER.

Avantages faits aux successibles sans dispense du rapport.

§ PREMIER.

Quelles personnes peuvent opposer à l'héritier avantagé sans dispense, l'incompatibilité des deux qualités?

123. Pour avoir droit d'opposer l'incompatibilité des deux qualités d'héritier et d'avantagé sans dispense, il faut être héritier présomptif du défunt. L'incompatibilité a été prononcée dans la vue de maintenir le partage légal entre les héritiers. La loi n'a pour but que leur intérêt : celui qui n'est pas héritier présomptif n'a pas intérêt que le partage légal soit maintenu entre les héritiers. Il n'y a donc que l'héritier présomptif qui puisse opposer l'incompatibilité des deux qualités. « Le rapport n'est dû que par » l'héritier *à son cohéritier* », porte l'art. 857.

124. L'héritier présomptif qui renonce à la succession, devient étranger par sa renonciation; il n'a plus intérêt que le partage légal soit maintenu entre les héritiers : il n'est pas recevable à opposer l'incompatibilité à l'héritier acceptant, qui aurait été avantagé, soit à titre de donataire, soit à titre de légataire.

125. L'héritier qui renonce est non recevable à opposer l'incompatibilité, quand même il aurait renoncé pour s'en tenir à l'avantage que lui a fait le défunt. En ce cas particulier, il a été avantagé avec ou sans dispense du rapport.

S'il a été avantagé avec dispense du rapport, il n'a pas intérêt de renoncer, pouvant cumuler avec avantage les deux qualités.

S'il a été avantagé sans dispense du rapport, il a intérêt de renoncer, toutes les fois que le bénéfice de l'avantage excédera le bénéfice de la part héréditaire : mais cette circonstance n'empêche pas que par sa renonciation il ne deviène comme étranger à la succession, et comme tout autre étranger, non recevable à opposer l'incompatibilité à un héritier acceptant.

Philippe Marin institue légataire universel Louis Marin, son fils aîné : il lègue à Jacques Marin, son second fils, une somme de 15,000 fr. : ces deux legs sont faits sans dispense du rapport. Il décède peu après, laissant pour héritiers les deux légataires et quatre autres enfants. L'aîné renonce à la succession pour s'en tenir à son legs. Le second, sans renoncer, réclame contre le légataire universel le payement de son legs particulier : les quatre autres enfants consentent l'exécution du legs particulier. Ils se réunissent tous les cinq pour réclamer la réserve, et réduire le légataire universel à la portion disponible.

La succession est de 600,000 fr.; la réserve de 450,000 fr. Louis, légataire universel, réduit au quart disponible, ne peut se dispenser d'acquitter le legs particulier fait à son frère Jacques. Il serait mal fondé à lui opposer qu'il ne peut être héritier et légataire; qu'ayant accepté la qualité d'héritier, il ne peut réclamer son legs; et qu'ainsi lui, légataire universel, doit conserver la totalité du disponible. Louis, fils aîné, n'est pas héritier acceptant : il est non recevable à objecter l'incompatibilité, à demander le rapport au légataire particulier. Les autres enfants acceptants pourraient seuls le lui demander, mais ils ont consenti l'exécution de son legs.

126. Le rapport n'est pas dû aux légataires, *ibid.*

Par cette raison, l'héritier légataire peut cumuler les deux qualités vis-à-vis du légataire étranger, chargé envers lui d'un legs particulier; il peut réclamer contre lui le bénéfice des deux qualités.

Un pére, par exemple, institue légataire universel pour moitié, un étranger, à la charge de payer à son fils unique une somme de 20,000 fr.: il décède laissant une succession de 100,000 fr.

Le fils réclame la moitié non léguée, et en outre 20,000 fr. sur l'autre moitié.

L'étranger oppose l'incompatibilité des deux qualités, soutient le legs caduc; et qu'ainsi il doit conserver intégralement les 50,000 fr., faisant la portion disponible.

La prétention de l'étranger n'est pas fondée. L'incompatibilité des qualités d'héritier et de légataire est relative aux héritiers; eux seuls peuvent l'opposer. L'étranger est mal fondé : il faut agir à son égard comme si elle n'existait pas. Ainsi il ne peut se dispenser d'acquitter le legs particulier.

127. Le rapport dû par l'héritier donataire à son co-héritier n'est pas dû aux créanciers de la succession (*art.* 857.) En conséquence les créanciers qui ont droit de contraindre l'héritier bénéficiaire au payement des dettes jusqu'à concurrence de l'émolument, peuvent bien l'y contraindre jusqu'à concurrence de l'émolument des biens possédés par le défunt à son décès : mais ils ne peuvent l'y contraindre au-delà, jusqu'à concurrence des donations entre vifs qu'il a reçues du défunt. Les biens donnés entre vifs restent à l'héritier bénéficiaire, francs de dettes.

Quant à l'héritier légataire, il ne peut y avoir lieu à la question de savoir si les créanciers de la succession peuvent le forcer au rapport de son legs. L'héritier légataire ne peut être rempli de son legs, qu'après les derniers créanciers, parce qu'il n'y a de réel dans la succession qu'après les dettes payées, *bona non intelliguntur nisi deducto ære alieno.* Le défunt n'a pu et n'a voulu léguer que sur ce qui resterait après l'acquit de ses dettes, *nemo liberalis nisi liberatus :* aussi les créanciers sont-ils payés avant tous les légataires, soit héritiers, soit étrangers.

128. L'héritier qui n'a point de réserve, peut opposer l'incompatibilité des deux qualités comme celui qui a droit de réserve.

Le but de la loi est de maintenir l'égalité entre les héritiers venants à succession : que les héritiers ayent où n'ayent pas droit de réserve vis-à-vis des étrangers, l'égalité n'en est pas moins rompue entre eux par l'avantage fait à l'un deux au préjudice des autres. L'article 843 porte : » Tout héritier même bénéficiaire, venant à une » succession, doit rapporter à ses co-héritiers » tout ce qu'il a reçu du défunt par donation en- » tre vifs..... Il ne peut retenir les dons, ni ré- » clamer les legs à lui faits par le défunt, à moins » que les dons et legs ne lui ayent été faits ex- » pressément et par préciput et hors part, ou » avec dispense du rapport. » D'après la manière générale dont s'exprime cet article, tout co-héritier a droit de demander le rapport, sans distinction entre l'héritier qui a droit de réserve, et l'héritier qui n'a pas droit de réserve : l'un et l'autre ont droit d'opposer l'incompatibilité des deux qualités.

En vain le collatéral avantagé voudrait-il opposer que l'article 919, § 1, qui ordonne le rapport entre successibles, n'est relatif qu'aux héritiers ayant droit de réserve, étant limité à la *quotité disponible*; au lieu qu'à l'égard des héritiers qui n'ont pas de réserve, le disponible n'est pas une quotité, mais la succession entière : et en conclure que le collatéral, qui n'a pas de réserve, ne peut obliger au rapport son co-héritier avantagé par le défunt.

Si l'article 919 ne parle que du cas où il y a lieu à la réserve, c'est parce qu'il est placé au chapitre 2 (du tit. 2, du liv. 3), qui traite de la *portion disponible* et de la réduction : mais l'art. 843, placé en la section *des rapports* au titre *des successions*, contient une disposition générale, dont on ne peut s'écarter sans contrevenir à la loi. Ainsi nul doute que le collatéral avantagé ne doive à son co-héritier, collatéral comme lui, le rapport de la totalité de l'avantage à lui fait par le défunt, sans désignation de hors part.

Le défunt laisse à deux frères une succession de 50,000 fr. de biens net : il a donné entre vifs à l'un d'eux une somme de 20,000 fr., sans avoir exprimé qu'il le dispensait du rapport.

Le successible non donataire exige le rapport: biens existants à la masse 50,000 francs, biens donnés 20,000 fr., masse à comparer 70,000 fr. Il dit à son frère : Vous avez reçu 20,000 fr.; il ne vous est dû que 15,000 ; il vous restera, comme à moi, 35,000 fr.

Le frère donataire lui opposera : Vous êtes collatéral ; vous n'avez point de réserve, point de portion indisponible à votre égard, point de rapport à vous faire. Il se trouve dans la succession 50,000 fr.; c'est pour chacun de nous 25,000 fr. : je conserverai en outre les 20,000fr., qui m'ont été donnés entre vifs.

La réclamation du non donataire est fondée. Il est héritier : son co-héritier ne peut lui refuser le rapport, sous prétexte que la succession est collatérale. L'art. 843 en prescrit la nécessité dans toute succession, sans distinguer la directe ou la collatérale, sans distinguer si l'héritier qui demande le rapport à son co-héritier, a ou n'a pas droit de réserve à l'égard des étrangers.

§ II.

Du Rapport que fait l'héritier de la chose donnée.

129. L'héritier obligé de rapporter à la masse de la succession l'avantage qui lui a été fait par le défunt, peut faire ce rapport de trois manières ; 1°, en ne demandant pas la délivrance de la chose qui lui a été donnée ; 2°, en rétablissant comme héritier dans la masse à partager la chose dont il a obtenu la délivrance, comme avantagé ; 3°, en imputant d'autant sur sa part héréditaire la chose donnée dont il a obtenu la délivrance.

De ces trois manières de rapporter la chose donnée, les deux dernières sont communes aux donations entre vifs, et aux donations testamentaires. Mais la première ne peut se pratiquer pour les donations entre vifs dont le donataire se trouve saisi du vivant du donateur. Elle est particulière aux donations testamentaires ; elle est la manière la plus simple de rapporter à la masse un objet qui n'en a pas encore été détaché : aussi l'art 843 du Code dit que l'héritier légataire *ne peut reclamer le legs à lui fait par le défunt.*

130. La seconde manière de rapporter l'avantage, qui consiste à rétablir dans la masse la chose dont on a obtenu la délivrance comme avantagé, est employée pour les donations entre vifs : toutes les fois que le donataire est encore en possession de la chose à lui donnée, on l'oblige à la rapporter en nature.

131. Cette même manière de rapporter ne

doit pas être mise en usage pour les donations testamentaires. C'est faire mal-à-propos une double opération, de commencer par délivrer à l'héritier légataire la chose à lui léguée, pour ensuite l'obliger de rapporter la même chose à ceux qui viènent de la lui délivrer : il est bien plus simple de regarder le legs comme caduc, et de refuser à l'héritier légataire la délivrance de la chose à lui léguée.

132. Il est néanmoins un cas particulier où cette seconde manière de rapporter la chose léguée doit être observée, lorsque la personne au profit de laquélle on doit rapporter n'est pas celle qui est obligée de délivrer la chose léguée ; lors par exemple que le legs fait à l'héritier légataire est la charge d'un legs fait à un étranger, par la naissance, ou devenu tel par sa renonciation. Dans ce cas, l'héritier légataire réclame l'exécution de son legs contre le légataire qui ne peut lui opposer l'incompatibilité : ensuite, il en rapporte le bénéfice à la masse, pour être partagé entre lui et ses cohéritiers. Ce parti est le seul moyen de concilier les droits différents de l'héritier légataire, vis-à-vis du légataire étranger qui ne peut lui opposer l'incompatibilité des deux qualités, et vis-à-vis de ses cohéritiers, qui peuvent la lui opposer : on en jugera par l'espèce suivante.

Un père ayant deux enfants, lègue à un étranger une maison de 50,000 fr., à la charge par lui de payer à l'aîné de ses enfants une somme de 20,000 fr. Ses biens montent net à 165,000 fr. ; en sorte que la maison de 50,000 fr. est au dessous du tiers disponible de 55,000 fr. Dans cette circonstance, c'est l'étranger qui est chargé de payer la somme léguée; c'est le fils cadet auquel elle doit être rapportée. Ce n'est pas le cas de regarder le legs de 20,000 fr., comme caduc; il accroîtrait à l'étranger qui ne peut exiger le rapport. C'est le cas d'en ordonner la délivrance, et ensuite le rapport. L'étranger ne peut se dispenser d'acquitter la charge imposée à la libéralité qu'il reçoit, de délivrer à l'héritier les 20,000 fr. à lui légués : mais après qu'il a fait cette délivrance à l'héritier légataire, celui-ci est tenu de rapporter son legs à la masse, pour le bénéfice être partagé entre lui et son cohéritier. Aux 115,000 fr. non légués, il faudra ajouter les 20,000 fr. payés par le légataire de la maison, total à partager 135,000 fr., ce qui fait pour chacun 67,500 fr.

L'acquittement du legs par le légataire non venant à succession, et le rapport du même legs aux cohéritiers du légataire qui le reçoit, ont été ordonnés par arrêt rendu dans la succession de la dame Rochepot, dont fait mention Denisart *Verbo* INCOMPATIBILITÉ. n°s. 36 et 37, édit. 1771, et qui, à cet égard, peut être invoqué sous la législation du Code, parce qu'il y a même raison.

La dame Rochepot laisse pour héritiers présomptifs les deux mineurs de Broglie pour un tiers, la demoiselle de Chatillon pour le second tiers, et la dame Leuville pour le dernier tiers : par son testament, elle lègue à chacun des mineurs Broglie 20,000 fr., à la demoiselle de Chatillon 50,000 fr., et un diamant de 10,000 fr., à la dame de Leuville le surplus de ses biens.

Ladite dame de Leuville renonce à la succession pour s'en tenir à son legs.

Les mineurs Broglie et la demoiselle de Chatillon se portent héritiers, demandent les réserves coutumières, et en outre les legs qui leur ont été faits.

La dame de Leuville leur conteste l'exécution des legs : elle soutient qu'ayant accepté la succession, ils ne peuvent être légataires.

Les mineurs Broglie demandent de leur côté, contre la demoiselle de Chatillon, que dans le partage à faire entr'eux, chacun des héritiers soit tenu de rapporter à la masse les legs qui lui seraient payés par le légataire universel.

Arrêt du 19 février 1734, qui d'une part condamne la légataire universelle à acquitter les legs particuliers faits aux héritiers acceptants ; et d'autre part ordonne que chacun des héritiers venant à succession sera tenu de rapporter à la masse les legs qui lui seront payés par la légataire universelle.

133. La troisième manière dont l'héritier avantagé peut rapporter l'avantage à lui fait, consiste à imputer d'autant sur sa part héréditaire, l'avantage par lui reçu. Elle est nécessaire pour les donations entre vifs des choses fongibles, qui se consomment par l'usage. Elle l'est aussi pour les donations entre vifs, des choses meubles qui se détériorent par l'usage : si le donataire était reçu à les rétablir à la masse en nature, il ne rapporterait pas la vraie valeur de ce qu'il a reçu ; on l'oblige à imputer sur sa part la valeur qu'avaient, au moment de la donation, les choses à lui données.

134. La troisième manière de rapporter n'est nullement nécessaire pour les donations testamentaires qui ne commencent à avoir leur exécution qu'au moment de la mort, et dans le temps auquel les actions en partage et en

rapport vienent à s'ouvrir. Elle doitêtre rejetée: elle donnerait à l'héritier légataire le privilège de prétendre la chose léguée, sans être obligé de la mettre en partage : elle tendrait à déranger l'ordre de la loi, qui a voulu que la chose léguée fût comprise dans le partage comme chose héréditaire ; elle dérangerait, au moins en partie, le partage règlé par la loi.

§ III.

De la réunion des deux qualités, lorsque l'héritier les cumule.

135. Lorsque l'héritier avantagé, sans dispense du rapport, cumule les deux qualités, il est tenu (*art.* 843) de rapporter à la masse l'avantage par lui reçu, à l'effet d'être réuni aux autres biens du défunt et être compris dans le partage à faire entre tous les héritiers.

Cette obligation de rapporter a lieu (*ibid.*) non-seulement pour les donations entre vifs, dont il est déjà saisi et qu'il ne peut retenir, mais encore pour les legs qu'il ne peut réclamer.

Ce rapport s'exécute de l'une des manières expliquées en l'article précédent.

136. Tout héritier venant à succession doit le rapport, soit qu'il se rende héritier pur et simple, soit qu'il accepte seulement par bénéfice d'inventaire. C'est la disposition précise de l'article 843.

137. Le rapport de la donation entre vifs est dû par l'héritier donataire, quand bien même, au moment de la donation, il n'aurait pas été l'héritier présomptif du donateur (*art.* 846.) Le

rapport est fondé sur la présomption, que l'avantage a été fait à compte de la part héréditaire. Cette présomption doit-elle être admise, lorsqu'au moment de la donation, le donataire n'est pas héritier présomptif du donateur? On pourrait en douter, parce que le donateur ne voit pas dans la personne du donataire son héritier futur. Mais le législateur a pensé que le donateur la faisait en avancement d'hoirie, dans le cas où le donataire se trouverait son héritier au moment de son décès.

138. Lorsque l'héritier, avantagé sans dispense du rapport, ayant cumulé les deux qualités, veut exercer sa réserve contre les autres avantagés, est-il tenu d'imputer sur icelle les avantages qu'il a reçus du défunt?

Il n'y a pas lieu à cette question vis-à-vis des cohéritiers. Elle ne peut se présenter que dans le cas auquel l'avantagé conserve une partie de son avantage : l'héritier avantagé doit à ses cohéritiers le rapport de la totalité, il n'en conserve aucune portion. Ainsi point de lieu à examiner s'il doit imputer son avantage sur sa réserve.

Il n'y a pas lieu non plus à cette question vis-à-vis de l'étranger donataire antérieur, parce que la donation faite à l'héritier depuis la sienne doit être épuisée pour la réserve, avant qu'il puisse être lui-même recherché.

Il y a lieu à la question proposée vis-à-vis de l'étranger donataire postérieur, qui a intérêt de faire imputer sur la réserve de l'héritier, la donation faite au même héritier, qui dans l'ordre ordinaire ne doit contribuer à la réserve qu'après la sienne : on peut donner des raisons pour et contre.

Pour soutenir l'imputation, l'étranger dira à

l'héritier : Lorsque le défunt vous a donné entre vifs, il n'a pas voulu vous exempter du rapport : il vous a donné à compte de votre part héréditaire, et par là même à compte de votre réserve. Pouvez-vous vous plaindre que le défunt ait fait, à votre préjudice, des libéralités excessives, lorsque vous avez été vous-même le premier objet de ses libéralités ? Pouvez-vous vous plaindre que votre réserve soit entamée par ma donation, lorsque le défunt vous laisse plus que votre réserve, soit par les seules libéralités qu'il vous a faites de son vivant, soit en y joignant les biens que vous recueillez dans sa succession ? Si ces objets ne vous remplissent pas entièrement de votre réserve, ce sont au moins des à comptes : ainsi vous devez imputer sur votre réserve toutes les libéralités que vous avez reçues du défunt. Ce n'est pas un rapport que je vous demande ; étranger, je n'aurais pas droit de l'exiger. Mais je vous demande une imputation, parce que le donateur vous a rempli d'autant d'avance de la portion qu'il était tenu de vous réserver. Cette imputation avait lieu dans l'ancien droit pour la légitime : elle doit avoir lieu sous le code pour la réserve : il y a même raison.

Pour soutenir que l'imputation sur la réserve *n'a pas lieu* de plein droit, mais seulement à l'ordre de la date de la donation, l'héritier avantagé dira à l'étranger : Ce n'est pas par l'ancien droit relatif à la légitime, c'est par le Code civil uniquement qu'il faut règler la réserve. Aucun article du Code n'oblige l'héritier qui réclame sa réserve contre un étranger, à imputer sur icelle ce qu'il a reçu du défunt. Le même Code règle l'ordre dans lequel les donations entre vifs doivent contribuer à fournir la réserve ; c'est dans l'ordre rétrograde, en remontant de la dernière à la précédente et ainsi de suite jusqu'à la première : point d'exception à cet ordre, lorsqu'il y a eu des donations entre vifs faites à l'héritier : ainsi pareille donation ne peut être confondue et imputée sur la réserve qu'à l'ordre de sa date. D'où, si elle est la première en date, elle ne peut être imputée sur la réserve qu'après l'épuisement des donations entre vifs postérieures. Si elle pouvait être imputée avant les donations postérieures, il en résulterait une réunion fictive à la masse des biens délaissés par le défunt, sur lesquels se prend d'abord la réserve, un rapport à cette masse. Mais le rapport des avantages ordonné par l'article 843, est relatif aux seuls héritiers, il ne peut être réclamé que par eux. « Il n'est » dû que par le cohéritier à son cohéritier », (*art.* 857). Vous, étranger, vous ne pouvez le réclamer ; vous ne pouvez donc pas exiger l'imputation qui serait une suite du même rapport. Je suis tout à la fois héritier et avantagé ; point d'obstacle que je réunisse à votre égard ces deux qualités : ainsi je dois être considéré comme deux personnes différentes ; en qualité d'héritier, je puis vous demander la réserve sans imputer ma donation réputée faite à un étranger ; en qualité de donataire, je ne dois contribuer à la réserve qu'à l'ordre de ma date, et après vous, dont la donation est postérieure à la mienne.

De ces deux prétentions, c'est celle de l'étranger qui est fondée en raison : l'héritier avantagé est tenu d'imputer sur sa réserve les avantages qu'il a reçus.

Il est vrai que la question ne doit pas se résoudre par l'ancienne législation, qu'elle doit se résoudre par le Code. Il est encore vrai qu'aucun article du Code ne porte la décision précise, que l'héritier est tenu d'imputer sur sa réserve les avantages qu'il a reçus : mais il est également vrai que le Code ne contient pas la décision contraire. C'est donc par l'esprit du Code qu'il faut se déterminer sur la question proposée.

Quel a été le but du législateur en établissant une réserve ? Il a voulu que le défunt laissât à ses enfants une certaine portion de ses biens, et qu'il ne pût donner aux étrangers que le surplus. En conséquence il a règlé, par l'article 913, que les libéralités ne pourraient excéder telle portion des biens du disposant, savoir : la moitié, s'il ne laisse qu'un enfant ; le tiers, s'il en laisse deux ; le quart, s'il en laisse trois ou un plus grand nombre. Le véritable sens de cet article est que le mourant ayant un seul enfant, doit lui laisser au moins la moitié de ses biens ; que le mourant ayant deux enfants, doit leur laisser à chacun au moins le tiers de ses biens ; que le mourant ayant trois enfants, doit leur laisser à chacun au moins le quart de ses biens ; que le mourant ayant plus de trois enfants, doit leur laisser à chacun au moins sa part dans les trois quarts de ses biens. Lorsque l'un des enfants est héritier et avantagé, le mourant lui laisse et la part dans les biens dont il n'a pas disposé, et les biens dont il a disposé en sa faveur : il satisfait donc d'autant à la loi par l'une et l'autre circonstance, et tout ce qu'il a reçu doit être imputé sur la réserve.

Appropriant à la réserve les expressions de Ricard, relatives à la légitime, *donat. part.* 3, *n.* 1155, nous ajouterons :

« Si nous considérons quels ont été l'origine » et le motif de la réserve, nous trouverons » qu'elle n'a été inventée que pour réprimer les » libéralités immenses des pères et des enfants » dans les rencontres auxquelles, ayant méprisé » leurs enfants ou les auteurs de leurs jours, ils » se seraient épuisés en faveur d'étrangers. Si » bien que lorsque cet oubli ne se rencontre pas, » et que le défunt a employé une partie de ses » libéralités envers ceux qui avaient droit de ré- » serve, il est bien raisonnable que l'action que » la loi a mise dans les mains de ceux-ci, diminue » à proportion qu'ils ont été gratifiés par le dé- » funt. Si la proposition contraire avait lieu, il » s'ensuivrait qu'un fils comblé des bienfaits de » son père, qu'un père comblé des bienfaits de » son fils, ne laisseraient pas de pouvoir contester » les moindres et les plus légères donations du » défunt, et d'en demander le retranchement. »

Soit, par exemple, un père qui a fait deux donations entre vifs, la première à Pierre son fils, de 50,000 francs; la deuxième à un étranger, de 40,000 francs. Il décède laissant le même Pierre pour son seul héritier : sa succession monte à 30,000 de bien net.

L'enfant dit à l'étranger : Les donations montent à 90,000 francs, la succession 30,000 francs; masse à comparer 120,000 francs, réserve 60,000 francs. Il n'y a dans la succession que 30,000 francs : il me faut un supplément de

30,000 fr. à prendre d'abord sur la dernière donation qui est la vôtre de 40,000 fr., et il ne vous restera que 10,000 francs.

L'étranger lui opposera avec raison : le défunt ne vous a pas oublié ; il vous a donné entre vifs 50,000 francs ; il vous a rempli d'autant de la portion que la loi lui avait commandé de vous réserver. Vous recueillez en outre 30,000 francs dont il n'a pas disposé : au total 80,000 francs, votre réserve n'est que de 60,000 francs ; vous êtes rempli et au-delà. Vous êtes mal fondé à vouloir réduire ma donation.

139. Lorsqu'il y a concurrence d'avantages faits à des successibles sans dispense du rapport et d'avantages faits à des étrangers, comment procéder au rapport des premiers avantages, lequel est dû aux héritiers sans être dû aux étrangers ?

On a déjà traité cette question, en l'article 2 du présent chapitre, relativement au legs fait à l'héritier, de manière a être une charge imposée au légataire étranger. Mais il convient de la traiter d'une manière plus générale ; et la solution sera semblable.

Il se trouve alors trois parties ayant des droits différents ; 1°. l'héritier avantagé qui ne doit pas le rapport à l'étranger ; 2°. l'héritier non avantagé qui peut exiger le rapport de son co-héritier ; 3°. l'étranger qui ne peut forcer l'héritier avantagé au rapport. C'est le cas de déterminer le sort de l'étranger avantagé comme si l'héritier avantagé ne devait pas le rapport ; le bénéfice qui par cette première opération restera à l'héritier avantagé sur son avantage, sera par lui rapporté à ses co-hériters : c'est le moyen de concilier les droits respectifs de l'héritier avantagé qui ne doit pas le rapport à l'étranger, et de l'héritier non avantagé qui peut le demander à son co-héritier.

Un oncle, par exemple, donne entre vifs à Philippe, son neveu, une maison de 30,000 fr. sans le dispenser du rapport; il lègue à un étranger la moitié de ses biens. Il décède laissant pour héritiers Philippe donataire et Jacques son frère; Philippe doit le rapport à son frère, sans le devoir à l'étranger : les biens délaissés par le défunt montent, dettes déduites, à 50,000.

Le sort de l'étranger sera règlé comme si l'héritier donataire ne devait pas le rapport; il aura 25,000 francs, faisant la moitié des 50,000 francs délaissés par le défunt.

La première opération faite, aux 25,000 fr, moitié de la succession, on joindra la maison de 30,000 francs que rapportera le donataire; masse à partager 55,000 francs; pour chacun des deux héritiers, 27,500 francs.

On opposera peut-être contre l'opération ci-dessus, qu'il faut d'abord fixer le sort de l'héritier avantagé, en l'obligeant à rapporter son avantage à ses cohéritiers; ensuite déterminer le sort de l'étranger, d'après ce qui se trouvera dans la masse.

Cette manière d'opérer ne serait pas exacte; elle conduirait l'étranger à profiter du rapport fait par l'héritier, à profiter indirectement, contre le vœu de la loi, d'un rapport qu'il n'a pas droit d'exiger.

Veut-on opérer dans le sens de l'objection? Il y a dans la succession 50,000 fr.; Philippe rapporte 30,000 fr. masse 80,000 francs. Le légataire a pour sa moitié 40,000 francs au lieu de 25,000 francs, qu'il a par la première opération : il profiterait indirectement du rapport des 30,000 francs qu'il n'a pas droit d'exiger.

140. Si l'étranger avantagé ne peut pas demander à l'héritier avantagé le rapport de son avantage, il peut néanmoins lui demander l'imputation de son avantage sur la réserve, ainsi qu'il a été dit n°. 138. Cette circonstance rend l'opération assez embrouillée, parce que l'imputation spéciale à l'héritier avantagé, ne peut avoir lieu contre l'héritier non avantagé. Il devient alors nécessaire, pour règler les droits de l'étranger, de faire une opération séparée pour chacun des deux frères. Ce qui vient d'être dit, s'éclaircira par l'exemple suivant.

Germain fait des donations entre vifs montantes à 95,000 francs, savoir : 1°. à Barthélemy, l'aîné de ses enfants, 60,000 francs sans le dispenser du rapport ; 2°. à Philippe, son neveu, 35,000 fr. Il décède en l'an 12, laissant pour héritiers Barthélemy et Maurice, ses deux enfants. Sa succession est de 25,000 francs net ; masse à comparer 120,000 francs ; réserve des deux tiers 80,000 francs ; réserve pour chaque héritier 40,000 francs.

Les enfants réclament la réserve contre Philippe, dernier donataire ; ils veulent absorber sa donation, attendu que la précédente excède la portion disponible de 40,000 francs.

Philippe, neveu, est en droit d'imputer à Barthélemy sa donation sur sa réserve : mais il n'a pas d'imputation à faire à Maurice, non donataire. Il devient donc nécessaire de règler séparément les droits de l'étranger vis-à-vis de chacun des deux héritiers. Donataire de 35,000 fr., il est donataire sur la part de chacun de 17,500 francs.

Barthélemy, donataire entre vifs de 60,000 fr., est rempli et au-delà de sa réserve de 40,000 fr; il ne peut faire essuyer de réduction à Philippe : en conséquence, ce dernier conservera sur sa donation les 17,500 francs dont il est donataire sur la part de Barthélemy.

Maurice, second fils, au contraire, n'est pas rempli de sa réserve de 40,000 fr. : il recueille dans la succession 12,500 fr.; il lui faut un supplément de 27,500 fr. Il absorbe les 17,500 fr. de la donation qui frappent sur sa moitié : il demande les 10,000 fr. de surplus au premier donataire, qui est Maurice son frère.

Par cette première opération, Philippe, donataire étranger, conserve.		17,500 fr.	120,000 fr.
Maurice a dans les trois objets qui viènent d'être détaillés sa réserve complète de		40,000	
Barthélemy a d'abord sa part dans la succession, montant à. . .	12,500 fr.	62,500	
Plus 50,000 fr. qui lui restent sur sa donation de 60,000 fr., dont il est retranché 10,000 f.	50,000		

Réunissant aux 40,000 francs de Maurice les 62,500 francs qui sont de bénéfice pour Barthélemy, il en résulte une masse de 102,500 francs à partager pour eux deux, pour chacun 51,250 francs. Barthélemy qui a 62,500 francs, tiendra compte à son frère de 11,250 francs; celui-ci les joindra aux 40,000 francs qu'il a déjà. Par ce moyen, les deux frères seront égaux; ils auront chacun 51,250 francs.

141. L'héritier des biens d'une ligne peut-il être avantagé des biens d'une autre ligne?

Cette question se présente sous la législation actuelle: 1°. lorsque l'héritier paternel est avantagé d'une somme à prendre sur la portion maternelle ou *vice versâ*; 2°. lorsque le parent d'une ligne reçoit un avantage quelconque, parce que la moitié de son avantage est à prendre sur la portion de l'autre ligne.

Lorsqu'il se présente à une succession des héritiers de plusieurs lignes, dira-t-on pour la *négative*, la loi fait une division principale entre les lignes et une subdivision entre les héritiers de chaque ligne. L'homme peut intervertir le partage de la loi entre ses héritiers de deux manières: 1°. en donnant à l'un de ses héritiers des biens de sa ligne; et alors, sans changer la division principale entre les lignes, il change la subdivision entre les individus de la ligne du bien donné: 2°. en donnant à l'un de ses héritiers dans une ligne, des biens de l'autre ligne; et alors, sans changer la subdivision entre les héritiers de chaque ligne, il change la division principale entre les lignes, il transfère dans une ligne les biens déférés à une autre ligne. Le rapport institué pour maintenir l'égalité soit entre les lignes, soit entre les individus, doit avoir lieu de ligne à ligne. En conséquence, l'héritier d'une ligne doit le rapport de l'avantage à lui fait dans l'autre ligne: il ne peut-être héritier dans l'une et avantagé dans l'autre.

Ce sentiment a été, sous l'ancienne législation, celui de d'Argentré, *cout. Bret.*, *art.* 218, *gl.* 9, *n°.* 14; Ricard, *Donat.*, *part.* 1, *n°.* 684; Ferrière, *Paris*, *art.* 300, *n°.* 27; Duplessis, *Paris Succ.*, *liv.* 2, *ch.* 4; Lebrun, *Succ.*, *liv.* 3, *ch.* 6, *sect.* 2, *n°.* 31 *et* 41; Lacombe, *verbo* Incompatibilité, *n°.* 13. Il est, sous la nouvelle législation, le seul à suivre. L'art. 843 dit, d'une manière générale et sans distinction, que l'héritier venant à succession est tenu au rapport. Il ne distingue pas l'avantage fait à l'héritier dans sa ligne et l'avantage hors de sa ligne : ainsi, dans l'un et l'autre cas, il ne peut se dispenser du rapport.

D'autres auteurs, comme Rennusson, *Prop. ch.* 3, *sect.* 11, *n.* 19; Lemaître, *Par. art.* 300; Lajcannès, *Princ. Jur. Fr. n.* 133; Pothier, *Orl. art.* 288, *not.* 1, ont pensé au contraire que l'héritier d'une ligne, avantagé par legs des biens de l'autre ligne, peut cumuler avec avantage les deux qualités. Leur raison principale a été que les héritiers des deux lignes ne sont pas cohéritiers entre eux, parce que les biens de chaque ligne forment autant de successions différentes. Ils se sont tous fondés sur une note de la coutume de Paris dans le commentaire de Dumoulin, et qu'on attribue comme note posthume à ce savant jurisconsulte. Elle porte : *Videntur duæ quasi duorum hominum hæreditates...... Potest quintum paternorum hærediorum legari maternis vel uni soli maternorum ...... Ratio est quia respectu hærediorum paternorum habentur pro extraneis, et sic potest eis legari ut extraneis.*

Mais cette note ne mérite aucune considération : les notes posthumes données sous le nom de Dumoulin, sont considérées par nombre d'auteurs comme un ouvrage qui lui a été faussement attribué. Peut-on croire qu'il est de lui, lorsqu'on y trouve des contradictions manifestes sur plusieurs points ? Il en existe une sur la présente question. L'auteur de ces notes examine, *art.* 128 au mot *Immeubles*, si le survivant des père et mère peut être légataire des biens de la ligne du prédécédé. Il devrait, conformément à ce qu'il a dit sur l'art. 121, se décider pour l'affirmative: et néanmoins il se décide pour la négative, par la raison contraire à celle de l'art. 121. *Non possunt*, y est-il dit, *esse legatarii propriorum, quia non ob id censetur hæreditas diversorum.*

Dans le vrai, les deux lignes étaient sous l'ancienne législation cohéritières entr'elles, grevées l'une et l'autre de l'universalité des mêmes dettes à proportion de l'émolument; ayant l'une sur l'autre un simple droit de préférence et non pas une exclusion totale; appelées chacune, à défaut de l'autre, à recueillir la totalité des biens, il n'y avait que leurs concours qui opérait le partage. Ces raisons sont encore bien plus fortes sous la législation actuelle, où chaque ligne n'a pas ses biens propres et particuliers, où elles ont chacune moitié dans les mêmes biens que l'autre. Comment regarder comme étrangers l'un à l'autre, ceux qui dans la même succession recueillent les mêmes biens et sont grevés des mêmes dettes ?

A la raison alléguée par les auteurs, l'héritier avantagé essaierait en vain d'en substituer une meilleure, pour cumuler l'avantage des deux qualités. Il pourrait dire à l'héritier du bien donné : Vous n'avez pas intérêt de me forcer à une option qui par évènement profiterait à d'autres qu'à vous-même. Je puis prendre l'un des deux partis suivants ; 1°. renoncer au legs pour accepter la succession ; 2°. renoncer à la succession pour accepter le legs. Dans l'un ou l'autre cas, vous n'avez pas à vous plaindre de votre sort. Si je prends un troisième parti, qui vous laisse au même état que si je prenais l'un des deux partis ci-dessus, vous n'avez pas plus à vous plaindre. Lorsque je cumule les deux qualités, vous restez au même état que si je renonçais à la succession pour accepter le legs. Dans l'un et l'autre cas, vous supportez le legs qui m'a été fait, et votre part héréditaire n'en sera pas plus forte. Vous êtes donc non recevable à me contester la faculté de cumuler les deux qualités, puisque le *cumul* vous laisse au même état que si je renonçais à la succession pour accepter le legs.

Cette seconde raison ne nous paraît pas plus solide que la première. Il suffit que l'héritier du bien donné ait intérêt à ce que l'héritier avantagé prène l'un des deux partis, pour qu'il soit recevable à le forcer à l'option : mais lorsqu'au lieu de faire l'option, l'héritier avantagé veut cumuler, de quel droit veut-il se soustraire au rapport que l'esprit et la lettre du code se réunissent à prescrire, sans aucune distinction, à tout héritier avantagé qui veut venir à succession ?

De tout ce que dessus, il résulte que l'héritier d'une ligne ne peut être légataire des biens de l'autre ligne. S'il vient à succession dans sa ligne, il ne peut se dispenser de rapporter les avantages à lui faits au préjudice des héritiers de l'autre ligne.

Premier exemple. Jacques laisse pour héritiers deux cousins, l'un paternel, l'autre maternel : il a donné ou légué au premier, sans dispense du rapport, une somme de 10,000 fr., à prendre sur la moitié maternelle. Le cousin paternel ne profitera du legs de 10,000 fr. qu'en renonçant à la succession. S'il veut cumuler les deux qualités, il aura à titre d'héritier la moitié de sa ligne : mais il sera tenu de rapporter les 10,000 fr. à lui donnés entre vifs ; il ne pourra réclamer les 10,000 fr. à lui légués.

Second exemple. Philippe laisse une fortune de 140,000 fr. ; il a pour héritiers Mathurin, son cousin paternel, et trois cousins maternels, Philippe, Jean et Nicolas, frères entre eux : il a donné entre vifs à Philippe une maison de 160,000 fr.

Philippe n'a pas intérêt de cumuler les deux qualités. Il rapporterait sa donation de 160,000 fr. non-seulement pour la moitié à prendre sur la portion de sa ligne, mais encore pour l'autre moitié à prendre sur la portion de l'autre ligne. La donation, jointe aux biens délaissés par le défunt, forme une masse de 300,000 fr., moitié 150,000 fr. pour chaque ligne. Philippe, qui a le tiers de sa ligne, aura 50,000 fr. au lieu de sa donation de 160,000 fr.

Son intérêt est de renoncer à la succession. Le bien à lui donné lui restera jusqu'à concurrence du disponible : et comme en collatérale tout est disponible, il conservera en entier la maison à lui donnée.

Troisième exemple. Supposons dans l'espèce du second exemple, que la maison donnée entre vifs ne vaille que 10,000 fr.

Philippe, venant à succession, rapporterait la maison en entier. Cette maison, jointe aux biens délaissés, forme une masse de 150,000 francs ; pour chaque ligne 75,000 fr. Philippe aura le tiers de sa ligne, 25,000 fr., ce qui lui donne 15,000 fr. au-delà de la valeur de l'objet par lui rapporté. Philippe n'a pas intérêt de renoncer à la succession, pour s'en tenir à son avantage, de sacrifier 25,000 fr. pour conserver 10,000 fr. Ainsi, malgré le désavantage du rapport auquel il se soumet en acceptant la succession, son intérêt est de l'accepter.

§ IV.

De la réunion des deux qualités, lorsque l'héritier avantagé sans dispense du rapport, renonce à l'une des deux, pour s'en tenir à l'autre.

142. Lorsque l'héritier avantagé sans dispense du rapport, renonce à son avantage pour s'en tenir à la succession, sa renonciation rend nulles les donations entre vifs, rend caducs les legs : il se restreint lui-même à la part que la loi lui accordait comme héritier.

143. Lorsque l'héritier avantagé renonce à la succession pour s'en tenir à son avantage, il devient comme étranger ; il est privé de sa part héréditaire : mais aussi, à l'instar de l'étranger, il jouit de son avantage.

Si l'héritier acceptant a droit de réserve, alors l'héritier avantagé renonçant à la succession, jouit de son avantage seulement (*art.* 845) ; et ce, jusqu'à concurrence de la portion disponible.

Si l'héritier acceptant n'a pas droit de réserve, la portion disponible est le tout; l'héritier avantagé qui renonce à la succession, jouit de la plénitude de son avantage. D'où l'on voit que l'héritier avantagé sans dispense du rapport ne manquera pas de renoncer, en pareil cas, à la succession, toutes les fois que son avantage se trouvera supérieur à sa part héréditaire.

144. Le choix fait par l'héritier avantagé de l'une des deux qualités influe sur la manière dont il sera tenu des dettes héréditaires. Héritier, il en est tenu *ultrà vires*: donataire entre vifs, il n'en est pas tenu: légataire universel ou à titre universel, il en est tenu jusqu'à concurrence de l'émolument; légataire particulier, il n'en est pas tenu.

145. La ligne ou branche avantagée en la personne d'un de ses membres, qui renonce à la succession, pour s'en tenir à son avantage, doit-elle le rapport de cet avantage à l'autre ligne, ou aux autres branches?

Le rapport est dû suivant le Code (*art.* 843), par celui qui a reçu l'avantage; il n'y assujétit pas d'autres personnes. La seule exception à cette règle est à l'égard du représentant qui (*art.* 848), doit le rapport de l'avantage fait au représenté dont il tient la place: mais hors ce cas il n'y a que l'avantagé lui-même de sujet au rapport. Ainsi le père ne doit pas (*art.* 847), le rapport de ce qui a été donné à son fils; le fils qui vient à succession sans le bénéfice de la représentation ne doit pas (*art.* 848), le rapport de ce qui a été donné à son père; le successible ne doit pas (*art.* 849), le rapport de ce qui a été donné à son conjoint. Hors le cas de la représentation, l'héritier venant à succession ne peut être assujéti au rapport de l'avantage qui ne lui a pas été fait personnellement. Ainsi dans les successions déférées à deux lignes d'héritiers, la ligne entière ne doit pas le rapport de l'avantage fait à l'un de ses membres qui renonce à la succession pour s'en tenir à son avantage ; dans les successions déférées à plusieurs branches, la branche entière ne doit pas aux autres branches, le rapport de l'avantage fait à l'un de ses membres, qui renonce à la succession.

Premier exemple Martin laisse une fortune de 140,000 fr. de bien net : il a pour héritiers Louis, cousin germain paternel, Philippe et Jacques, petits-cousins maternels ; Philippe est donataire entre vifs sans dispense de rapport d'une donation de 100,000 fr.

Joignant la donation aux 140,000 fr. délaissés par le défunt, masse 240,000 fr., dont le quart pour Philippe serait 60,000 fr. ; il renonce à la succession pour s'en tenir à son avantage de 100,000 fr. Il s'agit maintenant de partager les 140,000 fr., entre Louis, cousin paternel, et Jacques, resté seul cousin maternel, par la renonciation de Philippe.

Louis dit à Jacques : Rapportez les 100,000 fr. donnés à votre frère, masse, 240,000 fr. ; pour chaque branche 120,000 fr. Vous êtes déjà rempli de 100,000 fr. ; il ne vous revient que 20,000 fr. Je conserverai les 120,000 fr., afin que les deux lignes soient égales.

Jacques répondra à Louis, et avec raison : Pour être sujet au rapport, il faut réunir deux qualités, celle d'héritier et celle d'avantagé. Je suis à la vérié héritier : mais je ne suis pas avantagé. Aucun article du Code ne m'oblige à rapporter à l'autre ligne l'avantage dont profite mon frère, ou autre parent de ma ligne, qui renonce à la succession. Ainsi je dois partager avec vous les 140,000 fr. délaissés par le défunt : c'est pour chacun de nous 70,000 fr.

Second exemple. Moreau laisse pour héritiers Philippe Moreau son frère, Jacques, Jean et Maurice Rondet ses neveux, enfants de la dame Rondet sa sœur prédécédée. Il a donné entre vifs à Maurice l'un deux, sans l'avoir dispensé du rapport, un domaine valant 48,000 fr.; il laisse de bien net 72,000 fr. : le donataire renonce à la succession, pour s'en tenir à son avantage. Il s'agit de partager les 72,000 fr. entre le frère et les deux neveux restants.

Philippe dit à Jacques et Jean Rondet ses neveux : Votre branche est avantagée en la personne de Maurice, de 48,000 fr. : rapportez cette somme à la masse, elle sera de 120,000 fr.; moitié pour chaque branche, à chacune 60,000 fr. Ainsi sur les 72,000 fr. restants, il me revient à moi 60,000 fr., et à vous 12,000 fr., lesquels, avec les 48,000 fr. déjà reçus, complètent vos 60,000 fr.

Jacques et Jean Rondet répliqueront à leur oncle, et avec raison : Nous n'avons pas été avantagés personnellement par le défunt : nous ne vous devons pas de rapport. La loi dit formellement que vous ne pourriez pas nous demander le rapport de l'avantage fait à notre père, à nos enfants, même à nos femmes, comment vous devrions-nous le rapport de celui fait à notre frère, quand aucun article du Code ne nous y oblige ? Sur les 72,000 fr. restants, il nous faut 36,000 fr., afin que notre branche recueille en biens héréditaires autant que la vôtre.

146. L'héritier avantagé sans dispense du rapport qui renonce à la succession, peut-il retenir sur son avantage le montant de sa réserve?

Cette faculté lui est interdite par l'article 845 du Code. L'article précédent dit que l'héritier avantagé, *venant à partage*, ne peut retenir son avantage, que jusqu'à concurrence de la portion disponible. Le législateur a craint qu'on ne voulût induire de cette disposition, que l'héritier renonçant n'aurait pas la même faculté: c'est pourquoi il statue dans l'art. 845, que l'héritier qui renonce à la succession, peut cependant retenir son avantage jusqu'à concurrence de la portion disponible. Mais, en même temps, il ne lui donne pas la faculté de rien retenir de plus; et par là même il l'exclut de la faculté de pouvoir retenir en sus du disponible le montant de sa réserve.

Exemple. Un père laisse six enfants.

Il lègue le disponible à l'aîné: celui-ci renonce à la succession pour s'en tenir à son avantage, qui est le quart. Si l'avantage était fait à un étranger, sa réserve particulière serait un huitième, faisant le sixième des trois quarts qui sont la réserve entière. Il doit se contenter du quart disponible: il ne peut retenir en outre le huitième pour sa réserve.

Observez que si le père laisse deux ou trois enfants, le disponible est un tiers ou un quart des biens, tandis que la part héréditaire est moitié ou un tiers; et qu'ainsi l'enfant avantagé sans dispense du rapport, n'a pas intérêt de renoncer à la succession pour s'en tenir à son avantage.

ARTICLE II.

De l'avantage fait au successible avec dispense du rapport.

147. L'héritier avantagé avec dispense du rapport, ne manquera pas de cumuler les deux qualités. Il a intérêt de le faire pour jouir simultanément des deux : il agirait contre son intérêt d'en accepter une et de renoncer à l'autre, parce qu'il se priverait lui-même du bénéfice de celle des deux a laquelle il renoncerait.

148. Pour que l'héritier avantagé soit exempt du rapport, il faut que le défunt ait manifesté, d'une manière *expresse*, que son intention a été de l'en exempter. Il faut, suivant l'article 843, » que les dons et legs ayent été faits expressément » par *préciput* et *hors part* ou avec *dispense du » rapport.* » Il faut, suivant l'article 919, « que la » disposition ait été faite expressément à titre de » préciput ou hors part. »

Il résulte de ces articles, qu'il est trois circonstances dans lesquelles l'héritier avantagé est dispensé de rapporter son avantage à ses co-héritiers, 1°. lorsque cet avantage lui a été fait par *préciput*; 2°. lorsqu'il lui a été fait *hors part*; 3°. lorsqu'il lui a été fait avec *dispense du rapport.*

149. Il n'est pas nécessaire que le disposant énonce qu'il donne *par préciput et hors part* : il suffit qu'il énonce donner par *préciput*, sans qu'il énonce donner *hors part*, ou *vice versâ.*

En vain voudrait-on fonder la nécessité de

réunir les deux expressions, sur l'article 843 qui se sert de la particule copulative *et;* elle s'y trouve placée pour la particule disjonctive *ou*. Une seule des deux expressions suffit pour marquer, d'une manière a n'en pas douter, l'intention du disposant de donner à l'avantagé au-delà de sa part héréditaire. D'ailleurs, l'article 819, qui contient pareille disposition, se sert de la particule disjonctive *ou*.

150. La déclaration du disposant doit être *expresse* : la loi l'exige d'un manière spéciale. Ainsi toutes les conjectures résultantes des circonstances particulières de l'espèce, doivent être rejetées : sans déclaration *expresse*, l'avantagé doit le rapport.

154. Il faut pareillement rejeter les conjectures résultantes de la nature de l'avantage, quelque puissantes qu'elles puissent être.

Lorsque le testateur fait un legs à son successible, nul doute raisonnable sur son intention de léguer avec dispense du rapport. Ce serait de sa part une disposition ridicule et illusoire de léguer à son successible, à la charge d'un rapport qui lui ôterait tout le bénéfice de son legs : ainsi le legs par sa nature devrait être exempt du rapport. Néanmoins le législateur a voulu spécialement (*art.* 843 *et* 919) que les legs fussent sujets à rapport, lorsque le testateur n'aurait pas expressément déclaré son intention qu'ils en fussent exemptés (1).

(1) La necessité de rapporter les donations testamentaires dans le cas où le testateur n'en a pas nommément disposé, a été prescrite par le Code, à l'imitation de la Novelle 118, chap. 6, qui porte : *nos sancimus.... sive quispiam intes-*

Cet exemple frappant fortifie le principe, que l'on ne peut avoir égard aux conjectures résultantes de la nature de l'avantage. C'est au disposant prévenu par la loi à exprimer qu'il donne *hors part*, lorsque son intention est d'avantager le légataire au-delà de ses co-successibles.

152. Le testateur qui veut faire légataire universel un de ses héritiers, doit exprimer qu'il lui lègue hors part. Cette décision peut paraître singulière, même ridicule. Comment douter, dira-t-on, que celui qui a donné à l'un de ses héritiers toute sa fortune, n'ait pas eu l'intention de l'avantager au préjudice des autres auxquels il ne laisse rien? Quoique cette présomption morale soit des plus fortes, quoiqu'elle ne permette pas de douter de la véritable intention du testateur, on ne peut néanmoins s'y arrêter : elle est rejetée par la loi à la volonté de laquelle le diposant devait se conformer.

153. Quoique le disposant soit tenu de faire connaître, d'une manière *expresse*, son intention de vouloir avantager l'un de ses héritiers au préjudice des autres, il ne faut pas croire néanmoins que les mots *par préciput*, *hors part*, et *dispense du rapport*, désignés en l'article 843, soient des mots sacramentels, à défaut desquels le rapport soit toujours nécessaire : il suffit que

---

tatus moriatur sive testatus.... omnino esse collationes.... nisi expressim designaverit ipse se velle non fieri collationem, sed habere eum qui cogitur ex lege conferre., et quod jam datum est, et ex jure testamenti. A défaut de dispense, elle étend la nécessité du rapport à toute espèce d'avantage soit entre vifs, *et quod jam datum est*, soit par testament, *et ex jure testamenti*.

le disposant exprime la même intention par d'autres mots équivalents. Si, par exemple, le testateur avait écrit dans son testament : « Je lègue » à Jacques, mon neveu, ma maison de S.-Denis, » qu'il ne sera pas tenu de remettre à la masse » s'il vient à partage. » Son intention de dispenser Jacques du rapport, est suffisamment exprimée, quoiqu'il ne se soit servi d'aucune des expressions de l'article 843. Jacques aura la maison par forme de prélegs, et partagera dans le surplus.

154. Sous la loi du 17 nivôse, l'héritier ne pouvait être avantagé en aucune manière au préjudice de ses co-héritiers, ni personnellement, ni par personnes interposées. Au nombre des personnes interposées, on a lieu de compter l'ascendant, le descendant, le conjoint du successible. D'où, pour maintenir la parfaite égalité voulue par cette loi, on en concluait que le successible devait, sans aucune exception, le rapport des avantages faits à son ascendant, à son descendant, à son conjoint. Le Code civil, au contraire, permet l'avantage fait au successible avec dispense du rapport, d'une manière expresse. D'où se présente la question de savoir si, sous l'empire du Code, le successible doit le rapport de ce qui a été donné sans dispense de rapport à son descendant ou à son conjoint.

Pour la *négative*, on dira qu'il ne faut pas considérer de personnes interposées pour faire passer indirectement au successible, l'avantage qu'on pourrait lui faire à lui-même directement et d'une manière utile, en le dispensant du rapport.

On dira pour l'*affirmative*, que la loi veut une dispense expresse; que, sans cette dispense expresse, le rapport est dû ; qu'ainsi le successible doit le rapport de ce qui a été donné, sans dispense à son ascendant, à son descendant, à son conjoint, comme s'il l'avait reçu lui-même.

Le Code s'est prononcé pour la négative hors le cas de la représentation : les articles 847, 848 et 849, ne laissent aucun doute à ce sujet.

155. Les avantages faits au fils du successible, sont toujours réputés faits avec dispense du rapport. Le père venant à la succession du donateur, n'est pas tenu de les rapporter (*art.* 847).

155. Quant aux avantages faits au père du successible, il faut distinguer si le successible vient de son chef à la succession du donateur, ou s'il y vient par représentation du donataire. Au premier cas, il n'est pas tenu de rapporter le don fait à son père (*art.* 848). Pour lever toute difficulté, le législateur ajoute : *même quand il aurait accepté la succession de celui-ci.*

Au deuxième cas, il doit le rapport de ce qui a été donné à son père, même dans le cas où il aurait répudié la successsion (*ibid*). La raison est que venant par représentation, il entre, comme dit l'art. 739, dans la place, dans le degré, dans les droits du représenté. Il ne peut se dispenser du rapport dont le représenté lui-même aurait été tenu.

157. Lorsque des deux époux, l'un est successible, le défunt peut avoir avantagé son successible seul, le conjoint de son successible seul, ou les deux conjoints ensemble

Au premier cas, l'époux successible doit le rapport de la totalité de l'avantage (*art.* 849); ce qui est bien juste, puisqu'il est le seul avantagé.

Au deuxième cas, l'avantage est réputé fait

avec dispense du rapport (*ibid*): le successible n'est obligé à aucun rapport.

Au troisième cas, l'époux successible, profitant de la moitié de l'avantage, rapporte seulement cette moitié (*ibid* : il ne rapporte pas l'autre moitié que la loi répute donnée avec dispense.

158. Dans ces différents cas, l'ascendant, le descendant, le conjoint du successible, sont assimilés à l'étranger. Si les héritiers n'ont pas de réserve, ils jouiront de la totalité de l'avantage: si les héritiers ont droit de réserve, ils en jouiront seulement jusqu'à concurrence du disponible.

159. Lorsque l'homme dispense du rapport le successible auquel il fait avantage, alors il exprime son intention, que sans avoir égard à la qualité d'héritier, il jouisse de son avantage avec la même étendue que s'il était un étranger. L'héritier avantagé qui cumule les deux qualités, remplit alors deux rôles différents, parent du défunt comme son héritier, étranger au défunt comme son donataire; en conséquence il jouit du bénéfice de l'une et de l'autre qualité.

160. L'héritier avantagé avec dispense du rapport est-il tenu d'imputer son avantage sur sa réserve?

Il vient d'être établi que pareil avantagé avec dispense du rapport peut cumuler le bénéfice des deux qualités, parce qu'il remplit tout à la fois le rôle de parent et d'étranger. Point d'obstacle à ce qu'il ne recueille tout à la fois, et la donation comme étranger, et la réserve comme héritier: il n'est pas tenu d'imputer sur la réserve qu'il réclame comme héritier, l'avantage qu'il a reçu comme étranger, et que le disposant a entendu lui faire en sus de sa part, et par suite en sus de la réserve qui n'est qu'une portion de cette part.

On objectera sans doute à cette décision celle contraire que nous avons donnée en l'article précédent (*n*°. 146), pour le cas ou l'héritier avantagé n'a pas été dispensé du rapport : mais il y a cette grande différence que, dans la première hypothèse, le donateur a voulu traiter son donataire, non comme étranger, mais comme un successible, et à raison de sa qualité de successible l'ayant laissé sujet au rapport : d'où il est naturel de conclure que lui ayant donné à compte de sa part, il lui a donné à compte de la réserve, faisant partie de la même part. Dans l'hypothèse présente au contraire, le donateur n'a entendu donner à son héritier que comme à un étranger, en sus de la réserve qu'il peut prétendre comme héritier.

Un père donne entre vifs avec dispense de rapport, à son fils aîné, une somme de 30,000 fr., puis à un étranger 20,000 fr. Il laisse à deux enfants 70,000 fr. de biens net, donations 50,000 fr., masse à comparer 120,000 fr., et réserve des deux tiers 80,000 fr.; il faut aux héritiers un supplément de 10,000 fr. Il sera fourni en entier par l'étranger, second donataire, qui sera réduit de 20,000 francs à 10,000 francs.

L'étranger serait mal fondé à dire : il faut faire deux opérations différentes à l'égard du cadet et de l'aîné. Par rapport au cadet qui ne recueille que 35,000 francs, je lui dois, à la vérité, un supplément de 5,000 francs. Mais il n'en est pas de même par rapport à l'aîné qui recueille comme donataire 30,000 fr., comme héritier 35,000 fr.; au total 65,000 francs, supérieurs à sa réserve de 40,000 fr.: il n'a pas de supplément de réserve à me demander.

L'aîné lui répondra : Ce n'est pas comme enfant, mais comme étranger, que les 30,000 fr. m'ont été donnés : mon père m'a dispensé du rapport ; il a voulu que je les eusse en sus de ma part, en sus de ma réserve. Vous, donataire postérieur, vous ne pouvez vous plaindre de la disposition contenue en ma donation qui précède la votre: d'après la volonté de mon père, je suis habile à vous demander ma réserve, en sus de l'avantage qu'il m'a fait.

161. Quoique l'héritier avantagé avec dispense du rapport, ne soit pas tenu d'imputer son avantage sur la réserve qu'il réclame comme héritier, néanmoins comme étranger, il est tenu de contribuer à sa propre réserve de la même manière que le donataire étranger, c'est-à-dire à l'ordre de sa date.

Un père fait des donations entre vifs, montantes à 90,000 fr.; savoir, à Pierre, 20,000 fr., ensuite à son fils aîné, avec dispense du rapport, une somme de 30,000 francs ; en dernier lieu, à Paul, 40,000 francs. Il laisse à deux enfants 24,000 francs de biens net, masse à comparer 114,000 francs, réserve des deux tiers 76,000 fr. Il faut aux héritiers un supplément de 52,000 fr.; la troisième donation, de 40,000 fr., se trouvera absorbée ; il faudra encore 12,000 fr., qui seront à supporter par l'héritier, second donataire de 30,000. Ce dernier sera réduit à 18,000 fr. Par cette opération, il contribuera à la réserve comme s'il était un étranger, à l'ordre de sa date, après le troisième donataire et avant le premier.

162. Lorsque dans les biens formant la portion non disponible il se trouve des immeubles de même nature que ceux à retrancher de la donation, au lieu de contraindre l'héritier donataire à les remettre à la masse en nature, il paraît naturel de lui accorder la faculté de retenir sur les biens donnés la valeur de la portion qui lui appartient de droit, comme héritier dans les biens non disponibles de même nature. Pareil arrangement, favorable au donataire ne cause aucun préjudice à ses cohéritiers : aussi le législateur a-t-il cru devoir accorder cette faculté par une disposition expresse, contenue en l'art. 924.

Exemple. Un père donne entre vifs à l'aîné de ses deux enfants avec dispense du rapport, un domaine rural de 40,000 francs. D'après l'état de la succession, le disponible est fixé à 24,000 fr., ou trois cinquièmes du domaine, en sorte que le donataire doit essuyer une réduction de 16,000 fr., ou deux cinquièmes : il se trouve dans la même commune un autre domaine de 30,000 francs dépendant de la même succession. L'héritier avantagé pourra conserver la totalité du domaine à lui donné entre vifs, en offrant à son frère de lui laisser prélever dans le second domaine, une portion jusqu'à concurrence de 16,000 francs, et de ne partager ensemble que le surplus du même domaine.

163. L'article 866 contient des règles particulières sur le rapport des immeubles par l'héritier donataire avec dispense du rapport.

Lorsque la donation d'un immeuble, faite au successible avec dispense du rapport, excède la portion disponible, le retranchement de cet excédent, peut ou non s'opérer commodément.

Au premier cas, le rapport se fait en nature, (*ibid.* § 1).

Au deuxième cas, lorsque le retranchement de l'excédent à rapporter par le donataire ne peut pas s'opérer commodément, il faut distinguer si cet excédent est de valeur supérieure ou inférieure à la moitié de l'immeuble.

Lorsque cet excèdent est de valeur supérieure, le donataire rapportera l'immeuble en entier, sauf à prélever sur la masse de la portion disponible (*ibid.* § 2).

Lorsqu'il est de valeur inférieure, ou, ce qui revient au même, lorsque la portion disponible excède la moitié de la valeur de l'immeuble, le donataire peut retenir l'immeuble en totalité, sauf à moins prendre et à récompenser ses cohéritiers en argent et autrement (*ibid.* § 2).

164. Les articles 866 et 924 rapprochés l'un de l'autre, donnent lieu à des difficultés comme on verra par les deux espèces suivantes :

Première espèce. Un père donne entre vifs, à l'aîné de ses deux enfants, un domaine de 80,000 francs avec dispense du rapport; il laisse à deux enfants une fortune de 100,000 francs consistante en mobilier, rentes sur particulier, inscriptions sur le grand-livre.

La masse à comparer est 180,000 francs; tiers disponible 60,000 fr., il excède les 40,000 fr. valeur de la moitié de l'immeuble. Pour faire le rapport en nature, il faudrait retrancher le quart de l'immeuble; ce retranchement ne peut pas se faire commodément.

L'héritier donataire veut conserver la totalité du domaine à lui donné entre vifs, sauf à récompenser d'ailleurs son cohéritier des 20,000 fr. d'excédent au-delà du disponible : il se fonde sur l'article 866 qui en accorde la faculté à l'héritier donataire, lorsque, comme dans l'espèce, la portion disponible excède la moitié de la valeur de l'immeuble donné.

Le cadet, au contraire, demande le rapport en nature du quart de l'héritage qui forme l'excédent au-delà du disponible. Il se fonde sur l'article 924. Vous ne pouvez, dit-il à son frère, réclamer la retenue de l'excédent, qu'autant qu'il existe dans la succession des biens de même nature qui pourraient m'écheoir. Dans l'espèce, il n'existe aucun autre bien de même nature. L'objet à vous donné est le seul domaine faisant partie de la fortune de notre père; le surplus est composé de biens de toute autre nature : vous ne pouvez donc vous refuser à rapporter en nature, la portion de l'héritage à vous donné qui excède le disponible.

Seconde espèce. Un père donne à l'aîné de ses deux enfants, un domaine rural de 60,000 fr. Il leur laisse une fortune de 24,000 francs, composée d'un domaine de 20,000 francs, et de 4,000 francs de mobilier ; masse à comparer 84,000 francs, tiers disponible 28,000 francs, excédent de l'immeuble sur le disponible 32,000 francs : cet excédent ne peut pas commodément se détacher.

Le cadet dit à l'aîné : l'excédent de l'immeuble sur le disponible et que vous devez rapporter, est 32,000 francs ; il est supérieur à 30,000 francs, moitié de sa valeur : ainsi, aux termes de l'article 866, vous devez rapporter l'immeuble en totalité, sauf à prélever, sur la masse, la valeur de la portion disponible montant à 28,000 francs.

L'aîné répond au cadet : Il existe dans la succession un domaine de même nature que celui qui m'a été donné ; ainsi, aux termes de l'article 924, je puis retenir sur icelui, outre la portion disponible, la valeur de la portion qui doit me revenir dans les biens de même nature. La portion disponible est 28,000 francs : les autres biens de même nature sont l'excédent de 32,000 fr., et l'héritage de 20,000 fr. ; au total, 52,000 fr. : ma part est de 26,000 francs. Je peux retenir sur l'héritage de 60,000 francs et ces 26,000 fr. et les 28,000 francs de disponible ; au total, 54,000 francs. Je ne vous dois le rapport en nature que jusqu'à concurrence de 6,000 francs de surplus, que pour un dixième.

Les articles 866 et 924, quoique placés, l'un sous le titre des successions, l'autre sous le titre des donations et testaments, sont relatifs tous les deux à l'héritier avantagé avec dispense du rapport, contre lequel on veut exercer la réduction de sa donation excessive. Nous ne voyons pas de raison pour préférer l'un à l'autre. C'est au législateur a prononcer sur cette difficulté.

ARTICLE III.

De l'acte dans lequel peut être consignée la Dispense du rapport

165. La déclaration faite par la disposant qu'il entend dispenser du rapport l'héritier à qui il fait avantage, est ordinairement consignée dans l'acte même qui constitue cet avantage.

166. Le Code permet au disposant d'en faire après coup une déclaration postérieure, pourvu qu'elle soit faite dans la forme des dispositions entre vifs ou testamentaires, (*art.* 919, § 2).

Il résulte de cet article; 1°, que la déclaration postérieure à une donation entre vifs, peut être valablement consignée dans un acte revêtu des formes de la donation entre vifs; 2°, que la déclaration postérieure relative à une disposition de dernière volonté peut être valablement consignée dans un acte de dernière volonté.

167. La déclaration postérieure relative à une donation entre vifs, peut-elle être valablement consignée dans un acte de dernière volonté?

La déclaration que le don sera exempt du rapport est autorisée par l'art. 919, § 2, dans un acte postérieur, rédigé dans la forme des dispositions entre vifs, ou dans la forme des dispositions testamentaires. Ainsi cet article donne la faculté de faire, par un acte de dernière volonté, la déclaration que telle donation entre vifs, par lui faite au profit de l'un de ses successibles, ne sera pas sujette au rapport.

En vain voudrait-on opposer: Il est contre la nature des choses qu'un acte entre vifs soit modifié par un acte de dernière volonté. La déclaration que telle donation entre vifs sera exempte du rapport est la modification d'un acte entre vifs: elle ne peut-être consignée dans un acte de dérnière volonté; elle doit nécessairement être consignée dans un acte entre vifs.

Quoique la déclaration que telle donation entre vifs sera exempte du rapport, soit la modification d'un acte entre vifs, néanmoins elle est en soi une disposition à cause de mort. Elle est faite en vue de la mort ; elle ne peut avoir son exécution qu'à la mort du disposant; elle règle ce qui aura lieu après son décès. Pareille disposition trouve donc sa place naturelle dans un acte de dernière volonté.

La loi permettant de la faire par un acte postérieur quelconque, sans distinction de l'acte entre vifs ou de l'acte de dernière volonté, point d'obstacle par sa nature, à ce que, suivant le vœu de la loi, elle puisse être consignée dans un acte de dernière volonté.

168. La déclaration postérieure relative à une disposition de dernière volonté, peut-elle être valablement consignée dans un acte entre vifs ?

On peut donner des raisons pour et contre.

On dira pour l'*affirmative*: La déclaration que le legs sera exempt du rapport est autorisée (*art.* 919, § 2), dans un acte postérieur, rédigé « dans la forme des dispositions entre vifs ou » testamentaires ». Ainsi la déclaration postérieure relative à une disposition testamentaire, peut être valablement consignée dans un acte entre vifs postérieur au testament.

On dira pour la *négative* : La déclaration postérieure qui exempte le legs du rapport est une modification du legs qui lui donne en quelque façon la véritable existence, en le rendant utile au légataire : elle doit, comme le legs lui-même, être consignée dans un acte de dernière volonté. Il est absurde que l'acte dont l'effet est présent, puisse modifier la disposition dont l'effet, et même l'existence, ne seront assurés que par la suite : il serait absurde que la disposition de dernière volonté, dont l'effet, et même l'existence, ne seront assurés qu'à la mort du disposant, pût être modifiée par un acte entre vifs, ayant son effet irrévocable du vivant du disposant.

Quoiqu'il soit contraire à la nature du legs de pouvoir être modifié par un acte entre vifs, il faut convenir néanmoins que la loi peut autoriser pareille modification. Les termes de l'art. 919, l'autorisent d'une manière assez précise : ainsi la dispense du rapport d'un legs, peut être valablement consignée dans un acte entre vifs.

Il est bien vrai que la dispense du rapport d'un legs consignée dans un acte entre vifs n'empêchera pas la révocabilité du même legs : mais elle sera irrévocable en ce sens, que si le legs n'est pas révoqué, il sera exempt du rapport. Pareille dispense serait révocable, si elle était contenue dans un codicille que le testateur pourrait supprimer ou révoquer à son gré : mais contenue dans un acte entre vifs, elle sera irrévocable comme l'acte même dont elle fait partie.

168. L'acte entre vifs qui contient la déclaration que l'avantage fait par un acte antérieur sera exempt du rapport, doit-il être rédigé en forme de donation entre vifs ?

Cette déclaration peut se faire, dit l'art. 919, § 2, par un acte *dans la forme des dispositions entre vifs*. L'article ne dit pas *donations entre vifs*, mais *dispositions entre vifs* : d'où il semble qu'elle peut être valablement consignée dans un acte entre vifs non revêtu de la forme des donations.

On sera bientôt persuadé du contraire, si l'on fait attention que dans tout le chap. 2 du tit. 2 du liv. 3, le mot *disponible* est employé pour signifier *disponible à titre gratuit* ; le mot *disposition* est employé pour signifier *disposition à titre gratuit*.

Ce même mot se trouve employé deux fois dans le § 2 de l'art. 919. On y lit : « La dé-» claration que le don ou le legs est à titre de » préciput, ou hors part, pourra être faite soit » par l'acte qui contiendra la *disposition*, soit » postérieurement dans la forme des *dispositions* » *entre vifs* ou testamentaires. » Le premier mot *disposition* est employé pour *disposition à titre gratuit*, puisqu'il se rapporte au *don* ou *legs* dont parle le commencement de la phrase. Peut-on croire que, la ligne d'après, et dans la même phrase, la loi ait voulu entendre le même mot dans une autre signification ? Non certainement : la loi a voulu dire *dispositions gratuites entre vifs*. Ainsi l'acte entre vifs qui contient la déclaration que l'avantage fait par un acte antérieur est dispensé du rapport, doit être rédigé en forme de donation entre vifs : s'il n'est pas rédigé en cette forme, la dispense du rapport sera nulle et sans effet.

CHAPITRE IX.

Des aliénations onéreuses à fonds perdu, au profit du successible.

169. L'ALIÉNATION onéreuse à fonds perdu en faveur d'un successible, n'est pas donation lorsque la convention est sincère et non simulée. Ainsi, par sa nature, elle ne doit pas être sujette à la réduction des dispositions gratuites. Mais si elle n'est pas donation lorsque la convention est sin-

cère, elle est le plus souvent une donation déguisée sous l'apparence d'un contrat onéreux, dont la charge apparente n'est pas supportée par le successible, au moyen de la remise secrète qui lui est faite. Ce détour est souvent employé pour parvenir, contre le vœu de la loi, à avantager un successible au préjudice de ses co-successibles. Dans ce cas, la convention qui, sous l'apparence d'un titre onéreux, est véritablement donation, doit être sujette à l'égard des successibles aux mêmes lois de rapport et de réduction que les donations entre vifs.

Ce détour paraît si vraisemblable, que plusieurs lois ont érigé en présomption légale de donation, la circonstance que tel bien est aliéné à fonds perdu au profit du successible. En conséquence, sous la loi du 17 nivôse qui défendait tout avantage envers les successibles, les aliénations à fonds perdu étaient nulles pour le tout, *art.* 26. Sous le Code qui défend en certaines circonstances d'avantager un successible au préjudice de ses co-successibles, au-delà de telle portion, et ordonne la réduction des avantages excessifs, ces aliénations, dans les mêmes circonstances, sont réductibles comme donations jusqu'à concurrence de la portion disponible. Tel est le vœu de l'article 918 qui porte : « La » valeur en pleine propriété des biens aliénés, » soit à charge de rente viagère, soit à fonds » perdu, ou avec réserve d'usufruit à l'un des » successibles en ligne directe, sera imputée sur » la portion disponible, et l'excédent, s'il y en a, » sera rapporté à la masse.

170. La disposition de cet article s'applique à trois espèces de contrats.

1°. *L'aliénation à la charge d'une rente viagère*, soit que l'aliénation porte le nom de *vente*, moyennant tant de rente viagère, soit qu'elle porte le nom de *donation* à charge de rente viagère.

2°. *L'aliénation à fonds perdu*. Le fonds perdu est le fonds qui s'évanouit à la mort de celui qui en jouit. L'aliénation à fonds perdu est l'aliénation moyennant un avantage viager qui périt et s'éteint à la mort de l'aliénateur : elle comprend non-seulement l'aliénation à la charge d'une rente viagère dont il vient d'être fait une mention expresse, mais encore toute autre aliénation moyennant une prestation quelconque viagère pendant la vie de l'aliénateur. Telle serait, par exemple, la vente d'un domaine rural, à la charge par l'acquéreur de laisser jouir le vendeur sa vie durante, d'une maison et jardin attenant.

3°. *La vente avec réserve d'usufruit*. Pareille vente faite pour un prix déterminé, est vente simple : le vendeur reçoit un prix effectif de la nue propriété par lui vendue : le prix ne consiste pas dans un avantage viager qu'on lui assure. Ainsi pareille vente n'est pas à proprement parler, vente à fonds perdu. La loi du 17 nivôse n'avait pas rangé ce contrat dans la classe des conventions présumées frauduleuses que le défunt fait avec son succesible ; mais le Code en a décidé autrement.

Lorsque le défunt a fait, avec son successible, l'une des trois conventions ci-dessus spécifiées, l'objet de la convention est considéré comme ayant été transporté à titre gratuit : en conséquence, il est imputé à celui qui l'a reçu sur la portion disponible, et l'excédent s'il y en a, remis à la masse.

171. La fiction de la loi s'applique aux conventions ci-dessus, lorsqu'elles sont consenties au profit du successible *en ligne directe*, est-il-dit dans l'article. S'il ne parle pas de pareilles conventions au profit du successible en ligne collatérale, c'est que celui-ci n'ayant pas de réserve, les donations même ouvertes peuvent tout épuiser à son égard : il est donc mal fondé à prétendre que la donation déguisée fait préjudice à ses droits, aussi est-il dit (*ibid.*) que dans aucun cas l'imputation sur le disponible et le rapport ne peuvent être demandés par le successible en ligne collatérale.

172. Quoique l'article cité assimile à la donation entre vifs l'aliénation onéreuse à fonds perdu au profit du successible en ligne directe, néanmoins il est un cas ou il conserve à cette convention l'effet de contrat à titre onéreux. C'est lorsque les autres successibles convaincus de l'utilité réelle et personnelle que leur père ou enfants devaient retirer de pareille opération, y ont donné leur consentement ; ils sont non-recevables à vouloir débattre de simulation l'opération dont ils ont eux-mêmes reconnu, dans le temps, la sincérité ; en conséquence, ils ne peuvent (*ibid.*) demander l'imputation ni le rapport de l'aliénation à laquelle ils ont consenti.

173. Dans le nombre des successibles, s'il y en a qui ayent donné leur consentement, et d'autres qui ne l'ayent pas donné, alors la même aliénation sera considérée comme onéreuse à l'égard des premiers et comme gratuite à l'égard des seconds, parce que les droits des différents ap-

pelés à une même succession sont divisibles entre eux.

Il en résulte qu'il faudra faire deux opérations différentes pour règler les droits des uns et des autres contre l'aliénataire ; et leurs droits une fois règlés, le surplus des biens restera à l'aliénataire qui profitera du consentement des premiers et souffrira le retranchement de la part des seconds : ce qui s'éclairçira par l'exemple suivant.

Un père a trois enfants : il vend à l'aîné, à la charge d'une rente viagère, un domaine valeur de 24,000 francs ; le deuxième y donne son consentement, le troisième ne le donne pas. Le père meurt laissant 4,000 francs de bien net, dettes payées ; il s'agit de règler les droits des trois héritiers.

On règlera d'abord les droits de celui qui n'a pas consenti à l'aliénation ; ensuite les droits de celui qui y a consenti : le surplus des biens restera à l'aliénataire.

1°. Pour déterminer les droits de celui qui n'a pas consenti, il faut considérer l'aliénation comme gratuite. Les biens délaissés sont 4,000 fr.; les biens donnés 24,000 francs, masse à comparer 28,000 francs ; à cause de trois enfants, quart disponible. La réserve de chaque enfant héritier sera pareillement d'un quart : savoir, un quart dans les biens délaissés, 1,000 francs ; un quart dans le domaine donné, 6,000 francs ; part du troisième enfant qui n'a pas donné son consentement à l'aliénation, 7,000 francs.

2°. Pour déterminer les droits de celui qui a consenti, il faut considérer l'aliénation comme onéreuse. Les biens délaissés de 4,000 francs forment l'intégralité de la masse à comparer ; quart de réserve pour chaque héritier, 1,000 fr. ; part du second enfant qui a donné son consentement, même somme.

Retranchant ces deux parts de 7,000 francs et de 1,000 francs, le surplus formant 20,000 fr., sera la part de l'aliénataire qui recueillera, 1°. 1,000 francs pour la portion disponible dans les 4,000 francs de biens délaissés par le défunt; 2°. autres 1,000 francs, faisant sa réserve dans les 3,000 francs de surplus ; 3°. 6,000 francs faisant la portion disponible dans le domaine de 24,000 fr.; 4°. autres 6,000 francs faisant sa réserve personnelle dans les 18,000 francs de surplus; 5°. enfin, les 6,000 francs formant la réserve du second fils, parce qu'à son égard, l'aliénation étant onéreuse, ne doit pas souffrir de retranchement, total, 20,000 francs ; ces 20,000 francs sont composés, comme on voit, des 2,000 francs moitié des biens délaissés par le défunt, et de 18,000 fr. formant les trois quarts du domaine à lui vendu à rente viagère.

174. L'objet de la convention grevé d'une charge doit-il être réputé donné entre vifs pour sa valeur entière, ou seulement pour l'excédent de la charge imposée?

La loi décide nettement qu'il doit être considéré comme donné entre vifs pour sa valeur entière ; c'est la valeur *en pleine propriété* des objets ainsi aliénés, qui doit être imputée (*ibid.*) sur la portion disponible.

175. La fiction de la loi qui répute donation l'aliénation à fonds perdu au profit d'un successible en ligne directe, est particulière aux héritiers entre eux : à l'égard des étrangers, pareille

aliénation doit être considérée dans sa vraie nature comme convention onéreuse.

176. Nous avons vu ci-devant que les libéralités entre vifs doivent être réunies aux biens qu'à laissés le défunt pour composer la masse à comparer sur laquelle se détermine la quotité disponible. Il en résulte que dans le cas du numéro précédent, la masse à comparer à l'égard du successible n'est pas la même, que la masse à comparer à l'égard de l'étranger.

Cette circonstance n'opère pas de difficulté dans la manière d'opérer la réduction lorsqu'il ne se rencontre parmi les avantages que des successibles ou des étrangers, parce que la masse à comparer est la même vis-à-vis de tous les avantagés.

177. Il en est autrement, lorsqu'il se rencontre, parmi les avantagés, des successibles et des étrangers, parce qu'alors la masse à comparer n'est pas la même vis-à-vis de tous les avantagés. Il faut alors (à l'instar de ce qui a été dit, nº. 175, pour le cas où dans le nombre des héritiers, il y en a qui ont consenti à l'aliénation à fonds perdu), faire deux opérations. Par la première, il sera procédé à la réduction de l'avantage fait à l'étranger; et alors la convention avec le successible sera considérée comme disposition onéreuse. Par la seconde, il sera procédé à la réduction de l'avantage fait aux successibles; et alors la même convention sera considérée comme disposition gratuite. Par cette double opération, les droits respectifs de toutes les parties sont maintenus : c'est ce qui s'éclaircira par les exemples suivants.

Premier exemple. Un père donne entre vifs à un étranger, le 3 prairial an 11, une somme de 24,000 fr. : le 18 messidor suivant, il vend à

Nicolas, un de ses enfants, à rente viagère, une ferme valant 12,000 fr.; il décède en l'an 12, laissant, dettes déduites, 3,000 fr. de mobilier: se présentent à la succession le même Nicolas et François, son frère.

Réduction de l'étranger. Biens délaissés par le défunt 3,000 fr.; donation entre vifs 24,000 fr.: masse à comparer 27,000 fr.; tiers disponible à cause de deux enfants 9,000 fr. L'étranger donataire sera réduit à cette somme; il restituera les 15,000 fr. de surplus.

En vain l'étranger donataire voudrait-il opposer aux enfants héritiers: outre les 27,000 fr. dont vous parlez, il faut encore comprendre dans la masse les 12,000 fr., valeur de la ferme vendue par le défunt à Nicolas, l'un de vous, moyennant une rente viagère, et qui est réputée donnée: total 39,000 fr.; tiers disponible 13,000 fr., qui doivent me rester en entier, parce que je suis le premier donataire: je n'ai à vous rendre que 11,000 fr.

Les enfants lui répliqueront avec raison: Si la vente à rente viagère est considérée comme disposition gratuite, c'est entre les successibles seulement, et pour leurs droits réciproques: la nullité prononcée par la loi est relative à notre intérêt, elle ne l'est pas au vôtre. A votre égard, l'aliénation de la ferme est véritable vente, contrat à titre onéreux: en conséquence, la valeur de ladite ferme ne fait pas à votre égard partie de la masse à comparer; vous ne pouvez réclamer que 9,000 fr., faisant le tiers disponible dans les biens montants à 27,000 fr.

Réduction du successible, à laquelle on procédera après la réduction de l'étranger. Biens délaissés par le défunt 3,000 fr.; biens donnés entre vifs 36,000 fr., en y comprenant la ferme valant 12,000 fr. : masse à comparer 39,000 fr. Tiers disponible 13,000 fr. ; l'étranger, premier donataire, profite de 9,000 fr. : le successible, second donataire, profite de 4,000 fr., faisant la portion disponible dans la ferme de 12,000 fr. ; il sera tenu de rapporter à la masse les deux autres tiers valant 8,000 fr.

La masse à partager entre les deux frères sera alors : 1°. les biens délaissés par le père 3,000 fr. ; 2°. le retranchement sur la donation de l'étranger 15,000 fr. ; 3°. le retranchement sur la ferme 8,000 fr. : total 26,000 fr. ; pour chacun des deux, 13,000 fr.

François serait mal fondé à dire à Nicolas, son frère : il faut comprendre dans la masse à partager la totalité de la ferme, porter cette masse à 30,000 fr. ; il me faut 15,000 fr., au lieu de 13,000 fr.

Nicolas ne peut s'empêcher de reconnaître que l'aliénation de la ferme est, à l'égard de son frère, une donation déguisée. Mais, sous ce point de vue, il sera fondé à lui opposer : le tiers disponible, à l'égard de l'étranger, est seulement 9,000 fr. ; le tiers disponible à mon égard est 13,000 fr., parce qu'il faut comprendre la ferme dans la masse à comparer à mon égard. Vous ne pouvez m'enlever l'avantage d'un tiers disponible dans la ferme ; je ne dois en remettre à la masse que les deux tiers indisponibles de 8,000 f. Il n'y a partager entre nous que 26,000 fr. ; il ne vous revient que 13,000 fr. : il me revient à moi pareils 13,000 fr., outre le tiers de la ferme qui doit me rester.

François ne peut se dispenser de souffrir cette

restriction. Opposant à son frère, comme disposition gratuite, une convention considérée comme onéreuse à l'égard de l'étranger, il doit laisser à son frère le tiers disponible des biens compris dans la même convention.

SECOND EXEMPLE, pareil au précédent, si ce n'est que la vente à rente viagère faite au fils, est antérieure à la donation faite à l'étranger, au lieu de lui être postérieure.

Même résultat pour les droits respectifs des trois parties.

En vain les héritiers voudraient-ils dire à l'étranger : le défunt a laissé 3,000 fr. de biens ; il a donné entre vifs, 1°. à l'un de nous 12,000 fr. ; 2°. à vous même 24,000 fr. : masse à comparer 39,000 fr., tiers disponible 13,000 fr. L'un de nous, premier donataire, a 12,000 fr. : vous, second donataire, vous ne pouvez profiter que de 1,000 fr. ; ainsi restituez-nous l'objet de votre donation, jusqu'à concurrence de 23,000 fr.

L'étranger leur répondra avec raison : pour la liquidation de mes droits, il est indifférent que la vente à rente viagère, consentie au profit de l'un de vous, soit antérieure ou postérieure à ma donation, parce qu'à mon égard elle est contrat à titre onéreux, et non pas contrat à titre gratuit; ainsi, quelle que soit sa date, je suis premier donataire. Il doit me rester la portion disponible, et dans les biens délaissés de 3,000 fr., et dans les biens à moi donnés de 24,000 fr. ; le tiers disponible dans cette masse de 27,000 fr. est 9,000 fr. Vous ne pouvez vous dispenser de me laisser ma donation jusqu'à concurrence de cette somme, et je n'ai à vous rendre que 15,000 fr.

CHAPITRE X.

Effet des donations de tout le disponible.

178. Celui qui voudra gratifier un individu dans toute l'étendue que la loi lui permet, au lieu de lui faire nommément tel ou tel avantage, se déterminera volontiers à lui donner tout ce dont la loi lui permet de disposer ; il est donc à propos d'examiner l'effet de ces donations.

Pareille donation peut se faire par acte de dernière volonté, ou par acte entre vifs : ce qui fera l'objet de deux articles séparés.

Dans ces deux espèces de donations, il ne faut pas confondre la donation de *tout le disponible*, avec la donation de la *part nominative* qui, au moment de la donation, constitue le disponible. Quoiqu'on soit porté à adopter indifféremment l'une où l'autre de ces expressions, attendu qu'au moment de la donation, elles se rapportent à une même chose, néanmoins elles produisent des effets différents, lorsque, dans l'intervalle de la donation au décès il survient des variations dans la quotité disponible.

En ce cas, l'acte qui contient la première expression est la donation de la quotité disponible au moment du décès, quelles que soient les variations survenues depuis la donation. L'acte qui contient la seconde expression est la donation de la part exprimée, sans avoir égard aux variations survenues dans la portion disponible.

Premier exemple. Un père qui a trois enfants, lègue à un étranger *ce dont la loi lui permet de disposer :* deux enfants décèdent avant lui, il n'en laisse qu'un à son décès, le légataire étranger aura la moitié disponible. Si le père avait légué *le quart* de ses biens, qui, au moment du testament, constituait la quotité disponible de ses biens ayant trois enfants, et ce par la considération qu'ayant trois enfants, il ne peut pas disposer au-delà du quart, le légataire appelé seulement pour un quart, ne pourrait recueillir qu'un quart : quand bien même, par des circonstances particulières, il serait vraisemblable que le défunt lui aurait légué moitié, s'il avait prévu le prédécès de ses deux enfants ; comme si, par exemple, il avait légué *le quart disponible de ses biens.*

Supposons, dans la même espèce, que le défunt ne laisse pour héritiers que des collatéraux, l'étranger aura, dans le premier cas, la totalité qui constitue le disponible, parce que les collatéraux n'ont pas de réserve ; au second, il sera réduit au quart, qui lui a été *nominativement* laissé par le défunt.

ARTICLE PREMIER.

Effet du legs de tout le disponible.

179. Le testateur qui lègue tout ce dont la loi lui permet de disposer, a fait ou n'a pas fait de donations par acte entre vifs.

Lorsqu'il n'a pas fait de donations par acte

entre vifs, le legs du disponible a son entière exécution; l'objet par lui légué, est précisément celui dont il peut disposer.

180. Lorsqu'il existe un légataire du disponible, et des légataires particuliers, l'héritier qui réclame la réserve est-il tenu de contribuer pour sa part au payement des legs particuliers?

Les legs particuliers sont une charge de tous les biens. S'il y a un légataire universel pour une quotité, ou pour se servir de l'expression consacrée par le Code civil (*art.* 1010), un légataire *à titre universel*, il ne supporte les legs particuliers que pour la même quotité; et l'héritier qui recueille le surplus, contribue aux legs, à proportion de son émolument: telle est la règle générale.

Cette règle souffre exception, à l'égard de l'héritier réduit à la réserve par le legs du disponible; il réclame, comme il en a le droit, sa réserve franche de legs; en conséquence, il n'est pas tenu d'acquitter les legs particuliers. En abandonnant tout le disponible, il est quitte des legs: c'est aux légataires à s'arranger entr'eux.

Un père fait pour 20,000 fr. de legs particuliers, et institue un légataire du disponible: il décède, laissant à son fils unique 120,000 fr. de biens net.

L'enfant réclame sa réserve de 60,000 fr.; il abandonne la portion disponible de 60,000 fr. aux différents légataires, sauf à s'arranger entre eux.

Le légataire du disponible sera mal-fondé à lui dire: Les legs particuliers sont une charge de l'universalité des biens; ils doivent être prélevés sur la masse entière. Sur la masse de 120,000 fr., prélevez 20,000 fr. pour les légataires particuliers, restera 100,000 fr. : vous m'en donnerez la moitié de 50,000 fr. Telle est la manière d'opérer, indiquée par un auteur connu, en son explication de la loi du 17 nivose : « Le legs du « sixième et du dixième de la succession se « prend, dit-il, sur elle, déduction faite de ses « charges même *des legs particuliers* ». Sa décision doit s'étendre au legs du disponible, suivant le Code civil ; point de raison de différence.

L'héritier répondra avec raison : Je conviens avec vous qu'il faut une décision pareille pour le legs du disponible, suivant la loi du 17 nivôse, et pour le legs du disponible, suivant le Code civil : mais celle donnée par l'auteur invoqué n'est à suivre ni pour l'un ni pour l'autre. Son opération conduit contre le vœu du législateur à entamer la réserve par lui désignée dans l'une et l'autre loi. Dans l'espèce, ma réserve de moitié est 60,000 fr. ; vous voulez me priver d'une portion, en me réduisant à 50,000 fr. : je vous abandonne les 60,000 fr., qui font tout le disponible ; arrangez-vous avec les légataires particuliers comme vous pourrez.

181. Lorsque le testateur a fait des donations par acte entre vifs, le legs du disponible ne pourra pas avoir son entière exécution, parce que la réserve de l'héritier se prend sur les libéralités par acte de dernière volonté, avant de pouvoir être exercée sur les donations entre vifs.

Pour déterminer quel sera l'effet du legs du disponible, il faut examiner si la donation entre vifs est supérieure, égale ou inférieure à la portion disponible.

Lorsque la donation entre vifs est supérieure

ou égale à la portion disponible, alors le legs du disponible est caduc, faute d'objet sur lequel il puisse frapper.

Lorsque la donation entre vifs est inférieure à la portion disponible, le legs du disponible aura effet pour le restant de la portion disponible, après en avoir prélevé la donation entre vifs, parce que l'effet de ces deux libéralités ne peut excéder la totalité du disponible. D'où l'on voit que le legs du disponible est le legs des biens du testateur, jusqu'à concurrence de la valeur de la portion disponible diminuée par la donation entre vifs.

182. Comment opérer en ce cas la réduction du legs?

Le disponible est composé, d'une part dans la réunion des biens existants à la mort, et des biens donnés entre vifs : de cette part, on retranchera la donation entre vifs, et le surplus sera le bénéfice du légataire du disponible.

Un père, par exemple, donne entre vifs 30,000 fr. ; il institue un légataire de tout ce dont la loi lui permet de disposer ; il décède laissant trois enfants et 170,000 fr. de bien net. Masse à comparer 200,000 fr., quart disponible 50,000 fr. ; ôtez la donation de 30,000 fr. : reste pour le légataire du disponible 20,000 fr. (sur lesquels il payera, comme il a été dit, les légataires particuliers).

En vain les enfants diraient-ils au légataire : Vous n'avez aucun droit comme légataire sur les biens donnés entre vifs : votre legs est le quart des 170,000 fr. de biens délaissés par le défunt, c'est-à-dire, 42,500 fr. ; retranchez-en les 30,000 fr. de donation entre vifs, il ne vous reste que 12,500 fr., au lieu de 20,000 fr. par l'opération ci-dessus.

Le légataire leur répondra, avec raison : Le défunt ne m'a pas institué son légataire universel pour un quart; mais il m'a institué légataire de ses biens jusqu'à concurrence de la portion disponible diminuée par la donation entre vifs. Si la donation entre vifs doit diminuer la portion disponible en ma faveur, il faut qu'elle soit comprise dans la masse, sur laquelle se détermine le disponible en ma faveur. Si, au contraire, vous ne voulez pas le comprendre dans la masse à comparer, elle ne devrait pas non plus être imputée à mon égard sur le disponible : mais alors loin d'y gagner, vous y perdriez, puisque je garderais 42,500 fr, quart de 170,000 fr. Je ne puis vous contester le droit de déduire la donation entre vifs sur mon legs du disponible; par la même raison, vous ne pouvez me contester le droit de la comprendre dans la masse servant à la fixation du disponible sur lequel elle sera retranchée.

ARTICLE II.

Effet de la donation par acte entre vifs de tout le disponible.

183. LA donation par acte entre vifs de tout ce dont il est permis au donateur de disposer à titre gratuit, est donation *à cause de mort*.

Les libéralités qui s'exécutent par convention avec le donataire, sont de deux sortes : les unes se font de manière que le donateur donne de son vivant, ce sont les *donations entre vifs*; les autres se font de manière que le donateur ne donne qu'après sa mort, ce sont les *donations à cause de mort*. Les donations par acte entre vifs, telles que la propriété de l'objet donné ne puisse être transférée au donataire qu'après la mort du donateur, sont donations à cause de mort, par la nature même de l'objet donné : telles sont les donations de biens à venir, d'une part d'enfant, d'une quotité dans la succession.

Il faut ranger dans cette dernière classe la donation que je fais par acte entre vifs de tout ce dont la loi me permet de disposer. On ne peut connaître qu'à ma mort quelle est la portion dont je puis disposer ; elle est tout ou une partie plus ou moins forte des biens qui, à mon décès, composeront ma succession et mes donations entre vifs; elle varie d'après mes acquisitions, mes dettes, la qualité et souvent le nombre de mes héritiers. Son objet ne sera connu, n'existera qu'après ma mort ; ainsi elle est donation à cause de mort.

184. Ce principe établi pour juger de l'effet d'une pareille donation, il faut distinguer si elle se fait dans un contrat de mariage, ou dans tout autre acte entre vifs.

Le Code civil ne reconnaît (*art.* 893) que deux formes de disposer à titre gratuit, la donation entre vifs et le testament. Il définit (*art.* 894) la donation entre vifs, l'acte par lequel l'homme se dépouille *actuellement* de la chose donnée. Il définit le testament, l'acte par lequel l'homme dispose *pour le temps auquel il n'existera plus*. La donation que fait l'homme de tout ce dont la loi lui permet de disposer, est pour avoir exécution *dans le temps auquel il n'existera plus* : car c'est à cette époque seulement qu'on connaîtra la portion dont la loi lui permet de disposer. Ainsi pareille donation doit se faire par testament : telle est la règle générale.

L'art. 1082 autorise, par exception, dans le contrat de mariage, la donation à cause de mort, la donation de tout ou partie des biens qu'on laissera à son décès. Le contrat de mariage peut contenir des donations qui ayent leur exécution dans le temps auquel le donateur n'existera plus.

D'après la règle et l'exception, on voit que la donation de tout le disponible est valablement faite par contrat de mariage, qu'elle est nulle consignée dans tout autre acte entre vifs que le contrat de mariage.

185. Pour déterminer les effets de la donation du disponible consignée dans un contrat de mariage, il est à propos d'examiner les différents cas qui peuvent se présenter.

Premier cas. Le donateur n'a pas fait d'autres libéralités ; sa donation aura son entière exécution.

186. *Second cas.* Le donateur a fait d'autres libéralités par des donations postérieures ou par des actes de dernière volonté.

La donation aura tout son effet ; elle n'excède pas le disponible ; elle est la première : les libéralités subséquentes ne peuvent avoir leur exécution, parce que la première épuise la portion disponible dont elle comprend l'intégralité.

187. *Troisième cas.* Le donateur a fait des donations entre vifs dans des temps antérieurs.

De deux choses l'une : 1°. les donations antérieures excèdent ou égalent le disponible, et alors la donation du disponible devient caduque; elle est absorbée par la réserve de l'héritier : 2°. les donations antérieures sont inférieures à la valeur du disponible, et alors la donation du disponible n'est pas absorbée par la réserve; elle a l'effet pour le surplus de la portion disponible.

Dans cette dernière circonstance, la réduction s'opère comme ci-devant, n°. 182, au cas du legs du disponible. Les biens existants dans la succession, et les biens donnés entre vifs, sont la masse sur laquelle on détermine la portion disponible : on en retranche les donations antérieures; le surplus sera le bénéfice du donataire par contrat de mariage.

Un père, par exemple, donne entre vifs à un étranger 30,000 fr.; depuis, par contrat de mariage, il donne à un neveu tout ce dont la loi lui permet de disposer; il décède laissant à un fils unique 120,000 fr. de biens, dettes payées. Masse à comparer 150,000 f., moitié disponible 75,000 f.; retranchez la donation entre vifs 30,000 fr., reste 45,000 fr. pour le neveu donataire par contrat de mariage.

188. *Quatrième cas.* Le donateur entre vifs a fait des donations entre vifs, avant et après la donation dont il s'agit, a fait des legs.

La donation du disponible ne peut être entamée, ni par les donations entre vifs postérieures, ni par les legs; elle les rend sans effet, parce qu'elle frappe sur la totalité du disponible. La réduction doit se régler comme dans le troisième cas, et de la même manière que si le défunt n'eût pas disposé à titre gratuit par des donations postérieures ou des legs.

Un père fait donation entre vifs à Pierre de la

somme de 20,000 fr. ; puis il donne par contrat de mariage à un de ses neveux tout ce dont la loi lui permet de disposer ; depuis il donne entre vifs à Jacques 30,000 fr. Il décède laissant pour héritier un fils unique : il faut règler les droits du neveu.

La succession du défunt se monte, dettes déduites, à 70,000 fr. : première donation entre vifs faite à Pierre 20,000 fr. ; troisième donation (par la date, mais qui est la seconde donation entre vifs) faite à Jacques 30,000 fr. ; masse à comparer 120,000 francs. Moitié disponible 60,000 fr. : ôtez les 20,000 fr. de la première donation, il reste 40,000 fr. pour le neveu donataire du disponible par contrat de mariage. La seconde donation entre vifs, postérieure à celle du disponible, s'évanouit; et tout se règle comme si le défunt, n'ayant pas donné ces 30,000 fr., eût laissé de bien net 100,000 fr., au lieu de 70,000 fr.

CHAPITRE XI.

Epoque, à compter de laquelle la portion disponible et la réserve doivent être règlés suivant le Code civil.

189. Les articles du Code civil qui règlent la portion disponible et la réserve, sont au titre II du livre III des donations et testaments : ce titre a été décrété par la loi du 13 floréal an 11, promulguée le 23. L'époque à laquelle cette loi est devenue obligatoire, est l'époque à compter de laquelle le disponible et la réserve doivent être règlés par le Code.

On verra à la fin de ce Traité une dissertation sur l'époque à laquelle les lois deviènent obligatoires.

La loi du 13 floréal ne peut influer en aucune manière sur les successions ouvertes avant son époque : elles se règleront pour le sort des dispositions gratuites par les lois précédentes.

190. Cette décision a lieu même pour les successions ouvertes, dans l'intervalle de la loi du 29 germinal qui règle les successions, à l'époque de la loi du 13 floréal qui règle les donations et testaments. Ces successions ouvertes sous l'empire du Code, seront déférées par la législation nouvelle ; et néanmoins le disponible dans ces successions sera règlé par la législation précédente, c'est-à-dire, par la loi du 17 nivôse à l'égard des époux, et par la loi du 4 germinal à l'égard de tous autres.

Supposons qu'à une succession ouverte dans l'intervalle susdit, se présentent un cousin germain paternel, un cousin germain maternel, des cousins issus de germain dans les deux lignes, et un légataire à titre universel pour les onze douzièmes.

Si la succession était déférée par la législation antérieure au Code, c'est-à-dire, par la loi du 17 nivôse, les cousins issus de germain des deux lignes auraient part, chacun dans leur ligne, d'après l'article 77, qui admet la représentation à l'infini en ligne collatérale. Mais elle est déférée par le titre premier du livre III du Code civil : les deux cousins héritent seuls, chacun d'eux recueille la moitié des biens déférés à sa ligne ; les cousins issus de germain sont exclus, en vertu des articles 742 et 750, qui n'accordent la représentation qu'aux descendants des frères et sœurs.

Le légataire prétend avoir les onze douzièmes à lui légués, attendu que le Code civil n'assure aucune réserve aux collatéraux.

Les cousins germains lui opposent : La portion disponible dans la succession de notre parent ne peut être règlée par le Code civil : le titre II du livre III qui détermine la portion disponible, n'était pas en vigueur au moment de son ouverture. Il faut donc la règler sur les lois précédentes, qui, à cet égard, avaient encore leur exécution ; c'était la loi du 4 germinal qui assure aux cousins germains la réserve d'un quart. Votre legs doit être réduit aux trois quarts ou neuf douzièmes : cette décision est fondée sur le grand principe, que les lois n'ont pas d'effet rétroactif (*art.* 2).

En vain le légataire dirait-il aux cousins germains : c'est en vertu du Code que vous recueillez la succession ; c'est en vertu du code que vous excluez les cousins issus de germain ; vous ne pouvez vous opposer à ce que ce même Code règle la portion disponible.

Les héritiers lui répliqueront avec raison : la succession et la portion disponible sont règlées par deux titres différents : chacun d'eux n'est obligatoire qu'à son époque particulière. La succession ouverte depuis le titre des successions, est déférée suivant le Code : la même succession est ouverte avant le titre des donations et testaments qui règle la portion disponible ; ainsi la portion disponible se détermine nécessairement par les lois précédentes.

191. Dans les succesions ouvertes depuis l'époque à laquelle la loi du 13 floréal est devenue obligatoire, a eu son exécution, comment se règlera le disponible ?

Les libéralités qu'on veut réduire à la portion disponible, ont été faites après ou avant cette époque.

Le sort des libéralités postérieures se règlera par le Code civil sous l'empire duquel elles ont été faites.

192. Quant aux libéralités antérieures, il faut distinguer celles faites par acte de dernière votonté, et celles faites par acte entre vifs.

Le sort des libéralités exercées par acte de dernière volonté, sera déterminé par le Code civil ; ces libéralites n'ont d'existence assurée que par la mort du disposant qui peut toujours les révoquer. Leur sort, quant à la quotité disponible, doit se règler par la loi en vigueur au moment du décès.

193. Quant aux libéralités par actes entre vifs antérieurs, doivent elles être réduites suivant le mode prescrit par le Code civil, ou suivant celui prescrit par les lois précédentes ?

Cette question est dans le cas de souffrir difficulté. On peut donner des raisons pour soutenir l'un ou l'autre mode.

Pour soutenir que la réduction doit se faire suivant le *mode prescrit par le Code*, on dira : La défense de disposer à titre gratuit de ses biens au-delà de telle portion, n'est pas relative au temps de la donation, mais relative au temps du décès; elle a lieu en faveur d'un individu qu'on ne peut pas désigner du vivant du donateur. L'héritier apparent au moment de la donation peut cesser de l'être par son prédécès, par la naissance d'un parent plus proche ; un parent éloigné ou non encore né, au moment de la donation, pourra être héritier au moment du décès. La réserve en outre n'est pas stable au moment de la donation ; elle varie suivant les acquisitions, les ventes, les dettes, les créances du donateur postérieures à sa donation. Ces quatre objets devant influer sur le montant de la réserve, il est donc impossible par la nature des choses que la réserve puisse être déterminée du vivant du donateur : elle ne devient fixe, ses bases ne deviènent certaines qu'au moment du décès. Chaque loi doit règler ce qui se passe sous son empire : c'est donc à la loi en vigueur au moment du décès à déterminer la réserve sur les donations entre vifs, et non pas à la loi en vigueur au moment de la donation.

Pour soutenir que la réduction doit se faire

suivant le *mode prescrit par les lois précédentes*, on dira : La donation entre vifs doit avoir un effet irrévocable. Dans le cas où son bénéfice peut changer par la suite, il faut que le mode de ce changement soit lui-même irrévocable au moment de la donation ; qu'il ne soit pas changé par les lois suivantes. La portion indisponible qui doit retrancher une partie plus ou moins considérable de la donation entre vifs, doit être règlée par la loi en vigueur au moment de la donation. Si elle pouvait être règlée par la loi en vigueur au moment du décès, cette dernière aurait un effet rétroactif. Il est donc juste que les lois nouvelles sur les portions disponibles et indisponibles n'influent pas sur le sort des donations entre vifs antérieures, et que celles-ci continuent, malgré le changement de législation, à être réductibles suivant le mode existant au moment de leur formation. — Ce principe est fondé sur ce que le donateur et le donataire se sont respectivement attendus à la réserve, telle qu'elle existait alors ; c'est dans la confiance de cette réserve qu'ils ont contracté l'un et l'autre. S'ils s'étaient attendus à une autre réserve, la donation aurait pu ne pas se faire, ou être faite d'une autre manière. Il est donc de l'équité du législateur de ne pas frauder cette attente des parties qui ont contracté sous la foi de la loi lors existante. — Ce même principe a été reconnu par la Convention nationale. Malgré sa propension à donner aux lois un effet rétroactif, elle a maintenu l'exécution des donations antérieures conformément aux lois anciennes. — S'agit-il d'annuller les donations entre vifs postérieures au 14 juillet 1789, époque à laquelle elle fait remonter l'exécution de la loi du 17 nivôse? elle maintient (*art.* 1) les donations entre vifs antérieures à la même époque. — S'agit-il de statuer quelles donations entre vifs seront sujettes au rapport quelle établit même en renonçant ? elle y assujétit (*art.* 9) les donations postérieures à l'époque à compter de laquelle le nouvel ordre de succéder aura lieu. Elle n'y assujétit pas les donations antérieures : elle veut seulement (*art.* 8) qu'elles y soient assujéties, si telle était la disposition de la coutume. — S'agit-il de fixer la nouvelle quotité de disposer? elle dit (*lois des* 5 *brumaire*, *art.* 10, *et* 17 *nivôse*, *art.* 16) : « les dispositions de la présente loi » ne font pas obstacle pour l'avenir à la faculté » de disposer du dixième ou du sixième........ »: elle a mis ces mots, *pour l'avenir*, afin d'indiquer que la faculté limitée qu'elle établit ne s'appliquait pas aux donations antérieures. — S'agit-il de régler les difficultés élevées sur l'abolition de la rétroactivité? La loi du 18 pluviôse an 5 (*art.* 1) décide que les donations entre vifs légalement stipulées avant les lois nouvelles, auront leur plein et entier effet, conformément aux lois anciennes dans les successions échues et à échoir. — Ainsi, d'après les principes de la matière reconnus par la Convention elle-même, le sort des donations entre vifs doit, pour la réduction à la portion disponible, se régler sur la loi en vigueur au moment de la donation.

Entre ces deux avis, lequel doit être préféré?

Observez, *primò*, que la question proposée en contient plusieurs autres, notamment les trois suivantes : Faut-il réduire au taux du code ou au taux existant au moment de la libéralité, 1°. les donations entre vifs consenties sous la loi du

4 germinal ; 2°. celles consenties sous la loi du 17 nivôse ; 3°. celles consenties sous l'ancienne législation ? *Secundò*, que les lois des 17 nivôse et 18 pluviôse sont maintenant sans effet pour les successions échues sous le code. D'où l'on voit qu'il faut examiner la question générale.

Lorsque la loi de la donation et la loi du décès ont des statuts différents sur la portion disponible, faut-il avoir égard pour la réduction à la loi en vigueur au moment de la donation, ou à la loi en vigueur au moment du décès ?

La portion indisponible, comme il a été dit, ne peut, par sa nature, être règlée du vivant du donateur; elle ne peut l'être qu'à son décès. La réserve est la portion de biens que la loi assure à l'héritier : pendant la vie du donateur, il n'y a pas d'héritier, *non est successio viventis ;* il n'y pas de réserve actuelle, il n'y a qu'une réserve éventuelle ; elle doit appartenir à l'héritier futur. Cet héritier futur n'est pas celui désigné par la loi existante au moment de la donation, mais celui à désigner par la loi en vigueur au moment du décès. La réserve continuellement variable pendant la vie du donateur, ne peut devenir fixe qu'à son décès. Elle est donc règlée par la loi en vigueur au moment où, de droit variable et éventuel au profit d'une personne incertaine, elle acquiert une base non variable, et devient droit réel et actuel au profit d'une personne certaine ; c'est-à-dire par la loi existante au moment du décès.

Il est bien vrai que la donation entre vifs a un effet présent et irrévocable ; que le donataire est saisi, et que le droit à lui acquis ne peut lui être enlevé par une loi nouvelle, sans effet rétroactif.

D'où, lorsqu'il s'agit de décider si dans l'origine, le donateur a été capable de donner, et le donataire capable de recevoir, si dans l'origine tel objet a été valablement donné, dans ces différents cas, c'est à la loi existante au moment de la donation qu'il faut avoir recours.

Mais en fait de réductibilité au profit des héritiers du donateur, le donataire saisi dans l'origine n'en est néanmoins saisi, que sauf la révocation qui s'opérera par la réduction à venir.

S'il était nécessaire que les bases de cette réduction future fussent déterminées au moment de l'avantage, alors la loi de la donation devrait seule être considérée; on ne pourrait avoir égard à celle du décès. Mais il n'en est est pas ainsi.

Non-seulement il n'est pas nécessaire que les bases de cette réduction future soient déterminées au moment de l'avantage: mais il y a mieux; il est impossible que les bases de la réduction soient fixées au même moment.

Peut-on dire que la qualité d'enfant ou de collatéral, que les biens que le donateur laissera à son décès, que les dettes dont il sera lors grevé influeront sur la réduction d'après les bases fixées par la loi en vigueur au moment de la donation?

Non: car cette réduction ne peut pas être demandée par l'héritier que désigne la loi de la donation; elle sera nécessairement demandée par l'héritier à désigner par la loi du décès. Celui-ci ne peut invoquer, et on ne peut invoquer contre lui que la loi du décès qui, l'appelant à la succession, lui donne droit à la réduction; par la raison bien simple que s'il n'était pas héritier, il n'aurait pas droit de réduction. Ainsi les bases de la réduction sont nécessairement prises dans la loi en vigueur au moment du décès.

Dans les changements de législation, il y a effet rétroactif toutes les fois que la loi nouvelle change un droit acquis. Il n'y en a pas, lorsqu'elle change un droit éventuel et non encore acquis: c'est ainsi que les lois qui changent l'ordre des successions à venir, ne sont pas des lois rétroactives, parce que la succession à venir est un droit éventuel et non acquis.

Il en est de même de la réserve éventuelle sur les donations entre vifs, dont le donataire se trouve saisi. Il a dû s'attendre, malgré l'irrévocabilité de sa donation, à toutes les chances de l'éventualité qui pouvaient augmenter ou diminuer le profit de son droit dans les biens à lui donnés. Les lois nouvelles ne peuvent, sans rétroactivité, détruire l'irrévocabilité de son titre; mais elles peuvent, sans rétroactivité, changer la charge éventuelle dont il se trouve grevé.

Comment règler, par la législation ancienne, un droit qui, par sa nature, ne peut naître, ne peut s'acquérir que sous la loi nouvelle? Il faudrait, pour admettre ce règlement, une volonté spéciale du législateur. Elle existait sous la loi du 17 nivôse, expliquée par la loi du 18 pluviôse. Elle n'existe pas sous le code; il faut donc en revenir aux grands principes de la matière, en conséquence règler par le code, dans les successions ouvertes depuis sa publication, la réduction des donations entre vifs antérieures.

Cette décision est à suivre, quelle que soit la loi sous le règne de laquelle la donation a été consentie, soit la loi du 4 germinal, soit la loi du 17 nivôse, soit celles antérieures.

Observez que s il était nécessaire de règler la réduction de la donation entre vifs, sur la législation en vigueur au moment de l'acte qui la contient, il y a telle succession où l'on aurait à réduire les donations entre vifs sur quatre législations différentes, les lois existantes avant 1789, la loi du 17 nivôse, la loi du 4 germinal et le code civil. Il résulterait de ces différentes législations concourantes dans la même succession, un dédale de difficultés auxquelles ne donne pas lieu le parti de tout réduire, suivant le mode existant au moment du décès.

On objectera sans doute que dans les cas où tout est disponible, au moment de la donation, la loi nouvelle ne peut réduire cette donation, sans avoir un effet rétroactif.

Plusieurs réponses à cette objection :

Primò, le donataire a dû s'attendre à une loi nouvelle qui, établissant une réserve dans les successions à venir, diminuerait éventuellement sa donation.

Secundò, lorsque la loi du décès établit l'entière disposition restreinte par la loi de la donation, l'héritier qui n'a pas de réserve ne peut invoquer la loi de la donation au moyen de laquelle le donateur devait s'attendre à une réduction. Ainsi, *vice versâ*, lorsque la loi du décès accorde réserve à l'héritier, le donataire ne peut invoquer contre lui la loi de la donation qui refusait cette réserve.

Tertiò, l'objection ci-dessus porte à faux dans notre droit français. Jamais la faculté de disposer n'a été tellement illimitée que le donataire entre vifs n'eût à craindre en aucun cas la réduction. Il y était sujet en toutes provinces, lorsque le donateur laissait des enfants. En certains pays coutumiers, il avait à craindre la réserve des propres, quelquefois par subrogation, la réserve des meubles et acquets. En pays de droit écrit, on connaissait la légitime des ascendants, quelquefois celles des frères. Sous la loi de germinal, la faculté de disposer était restreinte en faveur des ascendants et de plusieurs collatéraux. Sous la loi du 17 nivôse, elle était limitée en faveur de tout collatéral. D'où l'on voit que dans notre droit français, les donataires entre vifs ont toujours eu à craindre une réserve éventuelle, ne fût-ce qu'à cause des enfants qui pouvaient survenir au donateur. Les différentes lois survenues n'ont fait que changer les bases de cette éventualité.

Le principe que le code civil règle, dans les successions ouvertes depuis sa publication, la réduction des donations antérieures, donne la décision des espèces suivantes :

Première espèce. Le 3 vendémiaire an 10, un père donne entre vifs à un étranger, un immeuble valeur de 40,000 fr. ; il décède en fructidor an 11, laissant un fils unique. La succession est embarrassée ; le fils l'accepte par bénéfice d'inventaire : il réclame la réserve contre le donataire, et veut le réduire au quart, en conformité de la loi du 4 germinal, en vigueur au moment de la donation.

Le donataire lui dira avec raison : La réserve doit être réglée sur la loi en vigueur au moment du décès ; dans l'espèce, sur la loi du 13 floréal an 11 (*art.* 913). Elle est de moitié, parce qu'il n'y a qu'un enfant ; ainsi, je n'ai à vous restituer que la moitié, au lieu des trois quarts que vous me demandez.

Seconde espèce. Un père donne entre vifs, le 6 messidor an 4, une somme de 30,000 fr. Il décède le 4 vendémiaire an 12, laissant deux enfants ; la succession est onéreuse : les enfants l'acceptent sous bénéfice d'inventaire ; ils réclament contre le donataire 27,000 fr. pour les neuf dixièmes indisponibles, suivant la loi du 17 nivôse (*art.* 16) en vigueur au moment de la donation.

Le donataire sera fondé à leur dire : La succession est ouverte sous le code ; votre réserve est de deux tiers ; il y a un tiers de disponible (*art.* 913). Il doit me rester 10,000 fr., formant le tiers disponible : je n'ai à vous restituer que 20,000 fr. au lieu de 27,000 fr. que vous me demandez.

Troisième espèce. Un père donne entre vifs, en 1788, un domaine sis en la coutume de Paris. Il décède le 6 fructidor an 11, laissant trois enfants ; la succession est onéreuse : les enfants acceptent sous bénéfice d'inventaire ; ils réclament, conformément à l'art. 913 du code, la réserve des trois quarts.

Le donataire invoque la loi existante en 1788, au moment de la donation. Les enfants avaient alors pour réserve la moitié, faisant leur légitime ; en conséquence, il ne veut délaisser aux enfants que la moitié du domaine. Sa prétention est mal fondée. La portion disponible est à règler sur la loi en vigueur au moment du décès : elle doit dans l'espèce être fixée au quart, conformément au code civil.

Quatrième espèce. Un fils laisse à ses père et mère, une succession de 10,000 liv. de bien net; il a donné entre vifs, en 1788, 50,000 liv.; masse à comparer, 60,000 liv. Tous les biens étaient mobiliers; le donataire entre vifs se refuse à tout retranchement. Les père et mère sont fondés à retrancher sur la donation, 20,000 liv. pour compléter leur réserve de moitié.

En vain le donataire dirait-il : Tous les biens sont meubles; vous n'aviez aucune réserve sous l'ancienne législation. J'ai dû m'attendre à jouir pleinement de ma donation, si le défunt laissait pour héritiers ses père et mère. Ce cas est arrivé; je ne dois pas souffrir de réduction.

Les père et mère répondront : Au moment où vous avez reçu votre donation, vous connaissiez une chance possible de réduction; vous saviez qu'elle serait réductible en cas d'enfants. Grevé d'une réserve éventuelle, une loi nouvelle en établit une qui vous grève davantage: elle pouvait en établir une qui vous aurait été moins désavantageuse, et alors vous en auriez profité. Vous devez supporter la chance désavantageuse, et fournir sous le code la réserve aux père et mère, qui n'auraient pu vous la demander sous la loi de la donation.

Cinquième exemple. Sous la loi du 17 nivôse, un oncle donne à un étranger 30,000 liv.; il laisse à son neveu, sous le code civil, une succession obérée. Celui-ci renonce et prétend retrancher les cinq sixièmes, formant la réserve suivant la loi de la donation: le donataire est fondé à lui refuser la réserve, en invoquant le code civil, qui ne l'accorde pas au collatéral.

Sixième exemple. Un mari donne à sa femme sous la loi du 17 nivôse, par contrat de mariage, l'universalité de ses biens ; il décède sous le code, laissant pour héritiers des enfants communs. Ceux-ci veulent réduire leur mère à l'usufruit de la moitié, conformément à la loi du 17 nivôse. La veuve est fondée à réclamer contre eux, en vertu du code, un quart en usufruit et un quart en toute propriété ; ainsi, elle conserve la nue-propriété d'un quart, en sus de l'avantage que lui aurait procuré la loi du 17 nivôse.

Septième exemple. Dans la même espèce, ce sont les père et mère qui sont héritiers. La veuve prétend avoir tous les biens de son mari, sans aucune réduction, conformément à la loi du 17 nivôse.

Les père et mère sont fondés à réclamer la réserve du code. Ils diront à l'époux donataire : Si le défunt avait laissé des enfants, au lieu de vous tenir à la loi de la donation, vous invoqueriez le code pour profiter de la chance avantageuse qu'il vous procure : maintenant vous devez supporter la chance désavantageuse qu'il vous impose ; la loi doit être la même. Pourquoi la donation entre vifs faite sous la loi du 17 nivôse, serait-elle réductible d'après la même loi ou d'après le code, suivant la qualité des héritiers que laisserait le défunt décédé sous le code ?

194. Peut-on imputer sur le disponible du Code civil, les donations antérieures ?

Cette question, sans être la même que la précédente, y a beaucoup de rapport.

Il vient d'être décidé au numéro précédent que, lorsque sur l'étendue du disponible et de la réserve, il existe des différences entre la loi en vigueur au moment de la donation, et celle en vigueur au moment du décès, c'est par la dernière qu'il faut règler et le disponible et la réserve, sans égard à la première. Il en résulte que les donations antérieures sont à imputer sur le nouveau disponible, ainsi qu'elles le seraient, si l'ancienne législation n'avait pas subsisté.

Appliquant ce principe au Code, il faut imputer sur le disponible du Code, les donations antérieures.

Deux raisons particulières viènent à l'appui de cette décision.

La *première*, qu'on ne peut lui opposer d'effet rétroactif. Il n'en est pas de l'imputation comme de la réduction : celle-ci intéresse le donataire saisi avant la loi, d'où il y a quelque sujet apparent de croire que si on lui fait souffrir, en vertu de la loi postérieure, un plus grand retranchement, ce serait faire rétroagir la loi à la quelle il n'a pas dû s'attendre. Mais l'imputation n'intéresse que le donataire postérieur ; il a dû s'attendre au résultat de la loi existante au moment de sa donation : nul lieu à prétendre à son égard que l'application du Code contiène effet rétroactif.

195. La *seconde*, que si l'on admet en principe que les donations antérieures à la loi qui change le disponible ne peuvent pas être imputées sur le disponible fixé par la loi nouvelle, il en résulterait que la succession ouverte sous le Code civil pourrait essuyer successivement quatre disponibles différents, parce que la loi du 17 nivôse, celle du 4 germinal, et le Code, ne contiènent pas de dérogation au principe allégué.

Comment admettre cette conséquence, lorsqu'on verra que les quatre disponibles conduiraient à réduire l'enfant unique au sixième des biens, au lieu de la moitié que le Code a entendu lui assurer ?

L'effet de ces quatre disponibles se prouvera par l'exemple suivant.

Un oncle a quatre neveux, à chacun desquels, par contrat de mariage, il donne tout ce que la loi lui permet de donner: le premier a été marié en 1790, le second sous la loi du 17 nivôse, le troisième sous la loi du 4 germinal, le quatrième sous le Code civil.

Le donateur décède en l'an 13, laissant pour héritier un fils unique, né en 1780; sa fortune est de 160,000 fr. : il s'agit de règler le sort des donations.

Le premier donataire dit : J'ai été marié sous l'ancienne législation; la moitié était disponible, il me faut la moitié de . . . . . . 80,000 fr.

Le second dit : J'ai été marié sous la loi du 17 nivôse, il me faut le dixième des 80,000 fr. de surplus, ci 8,000 fr.

Le troisième dit : Il a été donné sous les législations précédentes, 88,000 fr ; il reste 72,000 fr.; il m'en revient le quart disponible aux termes de la loi du 4 germinal, en vigueur au temps de ma donation. . . . . 18,000 fr.

Le quatrième dit : il a été donné sous les législations précédentes

106,000 fr.

De l'autre part. . . . . 106,000 fr.

106,000 fr. ; il reste encore 54,000 fr. : il m'en revient la moitié disponible aux termes du Code civil, en vigueur au temps de la donation . . . . . 27,000 fr.

Total des quatre donations . 133,000 fr.

Reste pour l'enfant héritier . 27,000 fr.

A peine le sixième des biens qui est 26,666 fr.

Pareille conséquence doit être rejetée comme contraire à l'esprit de la loi ; le principe sur lequel elle est fondée ne peut manquer d'être erroné.

DISSERTATION

SUR L'ÉPOQUE

A LAQUELLE LES LOIS COMMENCENT A DEVENIR OBLIGATOIRES.

196. L'ÉPOQUE à laquelle les lois devienent obligatoires est déterminée par l'article 1er du Code : il porte § 1. « Les lois sont *exécutoires* » dans tout le territoire français, en vertu de la » promulgation qui en est faite par le Premier » Consul. »

Le mot *exécutoire* se trouve employé ici dans une signification nouvelle. Dès que la loi est formée, elle est succeptible d'être mise à exécution ; et c'est pourquoi le Code lui donne, du moment de la promulgation, la qualité d'*exécutoire*. Néanmoins, à cette époque, les citoyens ne sont pas encore tenus de s'y conformer : elle ne sera *obligatoire* pour eux qu'à une époque plus éloignée, lorsqu'ils seront réputés la connaître.

Avant le Code, l'expression *loi exécutoire*

était synonime de *loi obligatoire*. La loi, rendue et revêtue de sa dernière formalité par la promulgation du Premier Consul, n'était pas dite *exécutoire* avant sa publication locale, qui la rendait *obligatoire* dans chaque département où elle était publiée. Le même mot n'était pas employé pour signifier que la loi était susceptible de recevoir son exécution, avant l'époque à laquelle les citoyens étaient tenus de s'y conformer.

On distinguait avant le Code, la *promulgation* du chef du gouvernement, qui était la dernière formalité requise pour opérer la perfection de la loi qui serait ensuite publiée, et la *publication* nécessaire pour la faire connaître au peuple qui devait s'y conformer. Mais, lors du Code, on a pensé qu'il fallait attribuer à la *promulgation* les effets de la *publication*, en sorte que la loi *promulguée* fût dès-lors censée publiée, et susceptible d'être connue des citoyens qui doivent s'y conformer ; et comme autrefois on disait que les lois étaient exécutoires après la publication, on a dit dans le même sens que les lois sont *exécutoires* en vertu de la promulgation du chef du gouvernement.

197. Quoique la loi promulguée et publiée tout à la fois, soit, par la publication qu'opère la promulgation, à portée d'être connue, elle ne peut néanmoins être véritablement connue qu'au bout d'un certain temps ; il ne serait pas juste qu'avant ce temps on fût tenu de s'y conformer. Aussi le § 2 de l'article 1er, dit-il : « Elles (les « lois) seront exécutées dans chaque partie de la

» république, du moment où la promulgation en » pourra être connue.» Ainsi quoique les lois soient exécutoires en vertu de la promulgation, néanmoins elles doivent être exécutées, et sont obligatoires, non pas du moment de la promulgation, mais du moment où la promulgation pourra en être connue.

Mais, comme ce moment ne peut pas être connu d'une manière assez certaine, il faut que la loi deviène *obligatoire* du moment où sa promulgation sera réputée connue. C'est la fixation de ce dernier moment, qui fait l'objet du § 3 du même article. On y lit : « La promulga- » tion faite par le Premier Consul (maintenant » l'Empereur), sera réputée connue dans le dé- » partement où siégera le gouvernement, un jour » après celui de la promulgation ; et dans chacun » des autres départements après l'expiration du » même délai, augmentée d'autant de jours qu'il » y aura de fois dix myriamètres (environ vingt » lieues) entre la ville où la promulgation en » aura été faite, et le chef-lieu de chaque dé- » partement. »

Le Code distingue le département où la loi doit être le plus tôt connue, d'avec les autres départements dans lesquels elle ne peut être connue que plus tard : dans le premier, elle est réputée connue un jour après sa promulgation ; dans les autres, après l'expiration du même délai d'un jour augmentée d'autant de jours qu'il y a de fois dix myriamètres au chef-lieu de chaque département.

Quel est ce département où la loi doit être

le plus tôt connue? Le premier membre de la phrase indique celui *où siégera le gouvernement*; le second membre indique le département *où la promulgation aura été faite*, puisqu'il compte les distances du lieu même où se fait la promulgation. Ainsi le lieu *où siégera le gouvernement*, et le lieu *où la promulgation aura été faite*, sont considérés comme exprimant le même lieu; ensorte que le gouvernement siége là où se fait la promulgation, et que la promulgation se fait là où siége le gouvernement.

Cette conclusion de l'article premier du Code est conforme à la constitution, maintenant que toute l'autorité du gouvernement réside en la personne unique de l'empereur. Elle l'était également sous le gouvernement consulaire. Quoique le gouvernement, pris en général, fût composé de trois consuls, néanmoins le premier consul agissait seul dans la promulgation des lois. Ainsi, en fait de promulgation, il composait à lui seul le gouvernement; et il était exact de dire que le gouvernement siégeait là où se trouvait la personne du premier consul, et qu'ainsi la promulgation des lois se faisait toujours là où siégeait pour lors le gouvernement.

De tout ce qui vient d'être dit, il résulte que la loi est obligatoire, 1°. dans le département qui contient le lieu où se fait la promulgation, un jour après sa promulgation; 2°. et dans les autres départements, après l'expiration d'un même délai, augmenté d'autant de fois dix myriamètres du lieu où se fait la promulgation au chef-lieu de chaque département.

198. La loi est-elle obligatoire dans le département où se fait la promulgation, le lendemain ou seulement le surlendemain de la promulgation ?

L'intention du Code est qu'il existe un délai entre la promulgation, et l'époque à laquelle la loi promulguée sera censée connue : il juge que pendant ce délai les citoyens ont pu s'en instruire ; et qu'ainsi, le délai expiré, ils sont tenus de s'y conformer. Le Code fixe ce délai à un jour, pour le département dans l'étendue duquel se fait la promulgation : il ne dit pas que la loi est réputée connue *le jour d'après* celui de la promulgation ; mais qu'elle sera réputée connue *un jour après celui de la promulgation*. On a donc, pour s'instruire de la loi, le jour d'après celui de la promulgation, la loi n'est réputée connue qu'à la fin de ce jour. Ainsi elle n'est obligatoire que le lendemain dudit jour, c'est-à-dire, le surlendemain de la promulgation, le second jour après celui de la promulgation : la loi promulguée le 2 n'est pas obligatoire le 3, dans le département où s'est fait la promulgation ; elle n'y est obligatoire que le 4.

C'est d'ailleurs la règle que les délais d'un seul jour sont de 24 heures complètes, à moins qu'il n'en soit réglé autrement. Le délai pour rendre la loi obligatoire, étant d'un jour, est par là même de 24 heures. Ces 24 heures ne peuvent commencer au moment même de la promulgation, parce que l'acte de la promulgation n'est pas daté de l'heure ; le délai ne peut commencer qu'à la dernière heure du jour : le jour suivant compose le délai de 24 heures, et l'obligation d'exécuter la loi ne subsiste que le lendemain, qui est le surlendemain de celui de la promulgation. Si la loi était obligatoire le lendemain de la promulgation, le vœu du Code ne serait pas rempli. Point de délai d'un jour accordé pour en acquérir la connaissance, et en certaines occasions, absence de tout délai : la promulgation, dont l'heure n'est pas réglée, peut être faite à onze heures trois quarts du soir ; le quart d'heure d'après, ou même l'instant d'après, la loi serait obligatoire.

199. Pour déterminer le délai après lequel la loi devient obligatoire dans tel département, il faut avoir égard au nombre de dixaines de myriamètres qui existe entre son chef-lieu et le lieu où s'est fait la promulgation : autant de dixaines de myriamètres, autant de jours à ajouter au délai d'un jour franc déterminé pour le département dans l'étendue duquel s'est faite la promulgation. Si la distance est d'une dixaine de myriamètres, le délai sera de deux jours francs ; et la loi sera obligatoire, le troisième d'après celui de la publication. Si la distance est de 2, 3 ou 4 dixaines de myriamètres, le délai sera de 3, 4 ou 5 jours francs, et la loi sera obligatoire le 4, 5 ou 6e jours après celui de la promulgation. Soit une loi promulguée à Paris le 8 du mois, il s'agit de déterminer quel jour elle devient obligatoire dans le département de Maine et Loire. Angers en est le chef-lieu ; il est à trois dixaines de myriamètres de Paris. Au jour franc pour le dépar-

tement de Paris, il faut en ajouter trois autres, en tout quatre jours francs, et la loi sera obligatoire dans ce département le 13, qui est le cinquième jour après celui de la promulgation.

200. Il existe très-peu de départements dont le chef-lieu se trouve à un nombre précis de dixaines de myriamètres du lieu où s'est faite la promulgation; ce qui donne lieu à la question de savoir si, pour fixer dans ces départements l'époque à laquelle la loi devient obligatoire, il faut considérer comme complète la dixaine de myriamètres qui est commencée.

Le délai après lequel la loi devient *obligatoire* pour les citoyens du département dans l'étendue duquel se fait la promulgation, est déterminé : le délai après lequel la loi devient obligatoire dans les autres départements, est le premier délai, augmenté à raison des distances. Ainsi elle n'est obligatoire, dans tous les autres départements, même dans les départements limitrophes, qu'à une époque plus éloignée. L'augmentation du délai ne peut pas être une portion de jour, elle est nécessairement un jour entier. Ainsi quand le chef-lieu des départements limitrophes se trouve éloigné du lieu de la promulgation d'une distance inférieure à une dixaine de myriamètres, l'augmentation du délai est au moins d'un jour, et la dixaine de myriamètres commencée est considérée comme complète.

Supposons une loi promulguée à Paris le 13 du mois : elle est obligatoire dans le département de la Seine le 15. Versailles et Melun, chefs-lieux des départements de Seine et Oise, Seine et Marne, sont éloignés de Paris d'une distance inférieure à une dixaine de myriamètres (savoir Versailles de deux myriamètres un kilo., et Melun quatre myriamètres six kilo.) : la loi ne sera obligatoire dans ces départements que le 16, en ajoutant au délai de Paris un jour de plus, comme si la dixaine de myriamètres était complète.

Il doit en être de même dans les cas, où la distance excédant une dixaine de myriamètres se trouve au-dessous de la dixaine suivante. Le Code a voulu que la plus grande étendue à laquelle serait présumée parvenir en vingt-quatre heures la nouvelle que telle loi a été promulguée, fût une distance de dix myriamètres : ainsi toutes les fois que la distance excède un nombre de dixaines, le délai doit être plus grand que si la distance était en nombre fixe de dixaines de myriamètres ; et comme l'augmentation est nécessairement d'un jour entier, la dixaine commencée est considérée comme complète.

Soit une loi promulguée à Paris, le 8 du mois, il faut déterminer quel jour elle sera obligatoire dans le département des Hautes-Pyrénées. Tarbes en est le chef-lieu, sa distance de Paris est 81 mir. 5 kil., ou 8 dixaines de miriamètres. et un excédent de 1 myr. 5 kil. : il faudra considérer comme complète la neuvième dixaine de myriamètres qui est commencée ; c'est neuf jours a ajouter au jour franc, qui est le délai pour le département de la Seine. Il faudra neuf jours francs pour recevoir la nouvelle que la loi a été promulguée, un jour pour en acquérir la connaissance; en tout dix jours; en conséquence, la loi ne sera obligatoire dans le département des Hautes-Pyrénées que le 19; c'est-à-dire le onzième jour après celui de la promulgation.

201. Pour terminer les contestations relatives aux distances, le gouvernement s'est occupé d'en faire dresser un tableau qui pût servir de base pour fixer l'époque à laquelle la loi devient obligatoire dans chaque département.

Il n'était pas possible de dresser le tableau de la distance de chaque chef-lieu de département à tous les lieux où la promulgation pourrait avoir lieu, parce qu'il n'y a point de lieu fixé par la constitution où elle doive avoir lieu: on s'est en conséquence borné à dresser le tableau des distances de chaque chef-lieu de département à la ville de Paris, où le chef du gouvernement réside le plus souvent, et où la plus grande partie des lois sont promulguées.

Ce tableau forme une règle précise et absolue pour l'époque, à laquelle deviènent obligatoires dans chaque département les lois promulguées à Paris.

Quant aux lois promulguées ailleurs, il ne peut faire une règle précise; il peut seulement aider à la déterminer. Aussi est-il annoncé par l'arrêté du gouvernement du 25 thermidor an 11, qui en ordonne l'insertion au Bulletin des lois, comme destiné à « servir d'indicateur, et de régulateur » du jour où la promulgation de chaque loi est

» réputée connue dans chaque département » — Nous croyons devoir l'insérer ici avec une première colonne, servant à indiquer, pour les lois promulguées à Paris, le jour après celui de leur date, auquel la loi devient obligatoire dans chaque département.

TABLEAU des distances de Paris à tous les chefs-lieux des départements, évaluées en kilomètres, myriamètres et lieues anciennes, annexé à l'acte du gouvernement, du 28 thermidor an 11, pour servir de régulateur et d'indicateur du jour où, conformément à l'article 1er. du Code civil, la promulgation de chaque loi est réputée connue dans chacun des départements. (1)

	NOMS des		DISTANCES en			
	DÉPARTEMENTS.	CHEFS-LIEUX.	KIL.	MYR.	lieue anc.	jes. de l.
17	Ain.	Bourg.	432	43 2	86	2
14	Aisne.	Laon.	127	12 7	25	2
15	Allier.	Moulins.	289	28 9	57	4
20	Alpes (Basses).	Digne.	755	75 5	151	»
19	Alpes (Hautes).	Gap	665	66 5	133	»
22	Alpes Maritimes.	Nice.	960	96 »	192	»
19	Ardèche.	Privas.	606	60 6	121	1
15	Ardennes. . . .	Mezières.	234	23 4	46	4
20	Arriége.	Foix.	752	75 2	150	2
14	Aube.	Troyes.	159	15 9	31	4
20	Aude.	Carcassonne. . . .	765	76 5	153	»
19	Aveyron.	Rhodès.	692	69 2	138	2

(1) La première colonne à gauche hors du tableau, indique le nombre à ajouter à la date de la loi promulguée à Paris, pour connaître le jour auquel elle est obligatoire dans chaque département.

A côté du département de l'Ain, par exemple, se trouve le nombre 17. Pour connaître le jour auquel sera obligatoire, dans ce département, une loi promulguée à Paris, il faut ajouter 17 à sa date : la loi du 1er. sera obligatoire le 18; la loi du 7 sera obligatoire le 24.

La loi du 25 sera obligatoire le 42, c'est-à-dire le 12e. du mois suivant, en retranchant les 30 jours du mois pendant lequel la loi a été décrétée.

Il faudra faire une pareille opération, d'après le chiffre à côté de chaque département.

	NOMS des		DISTANCES en			
	DÉPARTEMENTS.	CHEFS-LIEUX.	KIL.	MYR.	lieues anc.	5es de l.
21	Bouches-du-Rhône.	Marseille.	813	81 3	162	3
15	Calvados. . . .	Caën.	263	26 3	52	3
18	Cantal.	Aurillac	539	53 9	107	4
17	Charente. . .	Angoulême . . .	454	45 4	90	4
17	Charente.Infér. . .	Saintes.	484	48 4	96	4
15	Cher.	Bourges.	233	23 3	46	3
17	Corrèze.	Tulle.	461	46 1	92	1
16	Côte-d'Or. . . .	Dijon.	305	30 5	61	»
17	Côtes-du-Nord. . .	Saint-Brieux. . .	446	44 6	89	1
17	Creuze.	Guéret.	428	42 8	85	3
21	Doire (la). . . .	Ivrée.	821	82 1	164	1
17	Dordogne. . . .	Périgueux. . . .	472	47 2	94	2
16	Doubs.	Besançon. . . .	396	39 6	79	1
18	Drôme.	Valence.	560	56 »	112	»
16	Dyle.	Bruxelles. . . .	305	30 5	61	»
16	Escaut.	Gand.	333	33 3	66	3
14	Eure.	Evreux.	104	10 4	20	4
13	Eure-et-Loire. . .	Chartres.	92	9 2	18	2
19	Finistère.	Quimper.	623	62 3	124	3
16	Forêts.	Luxembourg. . .	367	36 7	73	2
20	Gard.	Nismes.	702	70 2	140	2
19	Garonne (Haute).	Toulouse. . . .	669	66 9	133	4
20	Gers.	Auch.	743	74 3	148	3
18	Gironde.	Bordeaux. . . .	573	57 3	114	3
21	Golo.	Bastia.	873	87 3	174	3
20	Hérault.	Montpellier. . . .	752	75 2	150	2
16	Ille-et-Vilaine. . .	Rennes.	346	34 6	68	1
15	Indre.	Château-Roux. . .	259	25 9	51	4
15	Indre-et-Loire. . .	Tours.	242	24 2	48	2
18	Isère.	Grenoble. . . .	568	56 8	113	3
15	Jemmappes. . . .	Mons.	244	24 4	48	4
17	Jura.	Lons-le-Saulnier. .	411	41 1	82	1
20	Landes.	Mont-de-Marsan. .	702	70 2	140	2
18	Léman.	Genève.	514	51 4	102	4
21	Liamone.	Ajaccio.	873	87 3	174	3
14	Loir-et-Cher. . .	Blois.	181	18 1	36	1

	NOMS des		DISTANCES en				
	DÉPARTEMENTS.	CHEFS-LIEUX.	KIL.	MYR.		lieues anc.	5es de l.
17	Loire.	Montbrison.	443	44	3	88	3
18	Loire (Haute).	Le Puy.	505	50	5	101	»
16	Loire-Inférieure.	Nantes.	389	38	9	77	4
14	Loiret.	Orléans.	143	14	3	28	3
18	Lot.	Cahors.	558	55	8	111	3
20	Lot-et-Garonne.	Agen.	714	71	4	142	4
18	Lozère.	Mende.	566	56	6	113	1
16	Lys.	Bruges.	383	38	3	76	3
15	Maine-et-Loire.	Angers.	300	30	»	60	»
16	Manche.	Saint-Lô.	326	32	6	65	1
21	Marengo.	Alexandrie.	852	85	2	170	2
14	Marne.	Châlons.	164	16	4	32	4
15	Marne (Haute).	Chaumont.	247	24	7	49	2
15	Mayenne.	Laval.	281	28	1	56	1
16	Meurthe.	Nancy.	334	33	4	66	4
15	Meuse.	Bar-sur-Ornain.	251	25	1	50	1
17	Meuse-Inférieure.	Maëstricht.	448	44	8	89	3
18	Mont-Blanc.	Chambéry.	565	56	5	113	»
18	Mont-Tonnerre.	Mayence.	548	54	8	109	3
17	Morbihan.	Vannes.	500	50	»	100	»
16	Moselle.	Metz.	308	30	8	61	3
16	Nèthes. (Deux)	Anvers.	355	35	5	71	»
15	Nièvre.	Nevers.	236	23	6	47	1
15	Nord.	Lille.	236	23	6	47	1
13	Oise.	Beauvais.	88	8	8	17	3
14	Orne.	Alençon.	191	19	1	38	1
17	Ourthe.	Liége.	411	41	1	82	1
14	Pas-de-Calais.	Arras.	193	19	3	38	3
20	Pô.	Turin.	763	76	3	152	3
16	Puy-de-Dôme.	Clermont.	384	38	4	76	4
20	Pyrénées (Basses).	Pau.	781	78	1	156	1
21	Pyrénées (Hautes).	Tarbes.	815	81	5	163	»
21	Pyrénées Orient.	Perpignan.	888	88	8	177	3
17	Rhin (Bas).	Strasbourg.	464	46	4	92	4
17	Rhin (Haut).	Colmar.	481	48	1	96	1
18	Rhin-et-Moselle.	Coblentz.	597	59	7	119	2

	NOMS des		DISTANCES en			
	DÉPARTEMENTS.	CHEFS-LIEUX.	KIL.	MYR.	lieues anc.	5es de l
17	Rhône.	Lyon.	466	46 6	93	1
17	Roër.	Aix-la-Chapelle. .	457	45 7	91	2
16	Sambre-et-Meuse.	Namur.	345	34 5	69	»
16	Saône (Haute). .	Vesoul.	354	35 4	70	4
16	Saône-et-Loire. .	Mâcon.	399	39 9	79	4
17	Sarre.	Trèves.	410	41 »	82	»
15	Sarthe.	Le Mans.	211	21 1	42	1
12	Seine.	Paris.	. . .	. .	. .	.
14	Seine-Inférieure.	Rouen.	137	13 7	27	2
13	Seine-et-Marne. .	Melun.	46	4 6	9	1
13	Seine-et-Oise. . .	Versailles. . . .	21	2 1	4	1
17	Sèvres (Deux). .	Niort.	416	41 6	83	1
21	Sesia.	Verceil.	836	83 6	167	1
14	Somme.	Amiens.	128	12 8	25	3
21	Stura.	Coni.	843	84 3	168	3
21	Tanaro.	Asti.	816	81 6	163	1
19	Tarn.	Alby.	657	65 7	131	2
21	Var.	Draguignan. . . .	890	89 »	178	»
20	Vaucluse. . . .	Avignon.	707	70 7	141	2
17	Vendée	Fontenay. . . .	447	44 7	89	2
16	Vienne.	Poitiers.	343	34 3	68	3
16	Vienne (Haute). .	Limoges.	380	38 »	76	»
16	Vosges.	Épinal.	381	38 1	76	1
14	Yonne.	Auxerre.	168	16 8	33	3

201. Lorsque la promulgation se fait ailleurs qu'à Paris, comment compter la distance du lieu de la promulgation au chef-lieu de chaque département? Faut-il compter la distance directe, ou la distance, en passant par la commune de Paris, qui est le centre de la correspondance du gouvernement et des ministres avec les départements?

La véritable distance d'un lieu de la France à un autre est la distance directe, le chemin à parcourir, en prenant la route la plus droite; elle n'est pas la distance qui existe entre ces deux endroits, en passant par Paris. Cette route est souvent la plus commode et la plus expéditive pour le voyageur, quoique la plus longue: mais on ne peut la considérer comme donnant la distance réelle des deux endroits, comme donnant la distance voulue par l'article premier du Code.

En vain, dira-t-on que la distance dont parle la loi, doit être règlée sur la route qui en répand la connaissance dans les départements; que la ville de Paris est le centre de presque toutes les communications d'un lieu de la république à un autre; que d'ailleurs la loi promulguée dans le lieu où se trouve le chef du gouvernement (maintenant l'empereur), est envoyée au ministre de la justice, imprimée à Paris, sous sa direction, que le Bulletin part de ses bureaux à Paris, pour être envoyé dans les départements; et qu'ainsi c'est la route par Paris qui doit être considérée en ce cas pour déterminer la distance du lieu de la promulgation à chaque chef-lieu du département.

Il est aisé de répondre que la connaissance présumée de la loi est indépendante de l'envoi du ministre de la justice, qui est un moyen surabondant de faire connaître la loi, sans en procurer la connaissance *légale*. Les législateurs du Code ont voulu rendre la connaissance *légale* indépendante de l'envoi du ministre de la justice, et de toutes formalités à remplir par les fonctionnaires publics, pour en propager la connaissance. C'est dans cette intention qu'elle est réglée par la seule distance des lieux ; qu'elle dépend uniquement d'un délai plus ou moins long, suivant cette distance, à partir du jour de la promulgation, qui tient lieu de publication pour la république entière. Le Code n'a pas spécifié que cette distance serait celle résultante de la route à parcourir en passant par Paris ; on ne peut ajouter cette disposition : il faut s'en tenir à la distance directe qui est la distance naturelle entre deux endroits quelconques.

202. Plusieurs lois ont été promulguées à Saint-Cloud, département de Seine et Oise (1) ; pareilles lois ont été obligatoires dans ce département le second jour après celui de leur promulgation : elles n'ont été obligatoires dans le département de la Seine que le troisième jour après celui de leur promulgation.

Quant aux autres départements, il y en a très-peu, à l'égard desquels la distance directe de leur chef-lieu aux communes de Paris ou de Saint-Cloud, puisse appartenir à des dixaines de myriamètres différentes, à cause du peu de distance de Paris à Saint-Cloud, qui n'est que d'un myriamètre. Ainsi, à quelques exceptions près, le tableau ci-dessus peut servir de règle pour les lois promulguées à Saint-Cloud.

(1) De ce nombre est la loi du 13 floréal an 11 sur les donations et testaments, faisant le titre 2 du livre 3 du Code civil, et fixant la portion disponible, matière du présent Traité.

ARTICLES
DU CODE CIVIL
Concernant la portion de biens disponible.

CHAPITRE II.
De la portion de biens disponible et de la réduction.

SECTION Ire.
De la portion de biens disponible.

ARTICLE 913.
(18 du projet) (1).

Disponible en cas d'enfants légitimes.

LES libéralités, soit par acte entre vifs, soit par testament, ne pourront excéder,

La *moitié* des biens du disposant, s'il ne laisse à son décès qu'un enfant légitime;

Le *tiers* s'il laisse deux enfants;

Le *quart* s'il en laisse trois ou un plus grand nombre.

Traité.	*n°.*	22, 28, 36, 37, 40, 42, 90, 97.
	pag.	18, 20, 25, 25, 28, 33, 93, 98.
Extr. .	*n°.*	6 et suiv., 31, 45, 63.
	pag.	258 et suiv., 321, 345, 356.

(1) Le projet dont il s'agit, est celui présenté à la discussion du conseil d'Etat. Dans les renvois au bas des articles, on a disposé au-dessous l'un de l'autre la page et le numéro où il est question de l'article. Ainsi il est question de l'article 913, au traité n°. 22, p. 18; n°. 28, p. 20; dans les extraits, n°. 31, p. 321; n°. 45, p. 345; et ainsi de suite, pour cet article et les autres.

Art. 914.

Disponible en cas de petits-enfants.

Sont compris dans l'article précédent sous le nom d'*enfants*, les descendants en quelque degré que ce soit : néanmoins ils ne sont comptés que pour l'enfant qu'ils représentent dans la succession du disposant.

Traité. . { *n°.* 38, 39. *pag.* 25, 26.

Extr. . . { *n°.* *pag.*

Art. 915.

(18 du projet).

Disponible en cas d'ascendants.

Les libéralités par actes entre vifs ou par testament ne pourront excéder la *moitié*, si à défaut d'enfant le défunt laisse un ou plusieurs ascendants dans chacune des deux lignes paternelle et maternelle ; et les *trois quarts*, s'il ne laisse d'ascendants que dans une ligne.

Les biens ainsi réservés au profit des ascendants, seront par eux recueillis dans l'ordre où la loi les appèle à succéder ; ils auront seuls droit à cette réserve dans tous les cas où un partage en concurrence avec des collatéraux ne leur donnerait pas la quotité de biens à laquelle elle est fixée.

Traité. . { *n°*. 13, 22, 45, 47, 48, 50, 51. *pag*. 9, 18, 35, 36, 36, 37, 39.

Extr. . . { *n°*. 15, 25, 32, 46, 64. *pag*. 283, 312, 325, 345, 357.

ART. 916.

(18 du projet).

Disponible en cas de collatéraux.

A défaut d'ascendants et de descendants, les libéralités par actes entre vifs ou testamentaires pourront épuiser la totalité des biens.

Traité. . { *n°*. 22, 46. *pag*. 18, 35.

Extr. . . { *n°*. 24, 33, 47, 61, 65. *pag*. 312, 327, 346, 354, 357.

ART. 917.

(19 du projet.)

Disposition gratuite d'usufruit ou de rente viagère.

Si la disposition par acte entre vifs ou par testament est d'un usufruit ou d'une rente viagère, dont la valeur excède la quotité disponible, les héritiers au profit desquels la loi fait une réserve, auront l'option ou d'exécuter cette disposition, ou de faire l'abandon de la propriété de la quotité disponible.

Traité. . { *n°*. 85, 86. *pag*. 81, 81.

Extr. . . { *n°*. 16, 59. *pag*. 284, 353.

ART. 918.

(21 du projet).

Aliénation en faveur de successibles.

La valeur en pleine propriété des biens aliénés, soit à charge de rente viagère, soit à fonds perdu, ou avec réserve d'usufruit à l'un des successibles en ligne directe, sera imputé sur la portion disponible ; et l'excédent, s'il y en a, sera rapporté à la masse.

Cette imputation et ce rapport ne pourront être demandés par ceux des autres successibles en ligne directe qui auraient consenti à ces aliénations, ni dans aucun cas par les successibles en ligne collatérale.

Traité. .	*n°.*	169, 171, 174.
	pag.	179, 181, 183.
Extr. . .	*n°.*	18, 60, 61.
	pag.	287, 353, 354.

ART. 919.

(20 du projet).

Donation au successible hors part.

La quotité disponible pourra être donnée en tout ou en partie, soit par acte entre vifs, soit par testament, aux enfants ou autres successibles du donateur, sans être sujette au rapport par le donataire ou le légataire venant à la succession, pourvu que la disposition ait été faite expressément à titre de préciput ou hors part.

La déclaration que le don ou le legs est à titre de préciput ou hors part, pourra être faite, soit par l'acte qui contiendra la disposition, soit postérieurement dans la forme des dispositions entre vifs ou testamentaires.

Traité. .	*n°.*	128, 148, 166, 167, 168, 168.
	pag.	137, 163, 175, 175, 176, 177.
Extr.. . .	*n°.*	17, 20, 35, 50, 66.
	pag.	284, 291, 333, 349, 359.

SECTION II.

De la réduction des donations et legs.

ART. 920.

(22 du projet).

Réduction au temps de l'ouverture de la succession.

Les dispositions soit entre vifs soit à cause de mort, qui excéderont la quotité disponible, seront réductibles à cette quotité lors de l'ouverture de la succession.

Traité. .	*n°.*	68.
	pag.	61.
Extr. . . .	*n°.*	51.
	pag.	350.

ART. 921.

(24 et 25 du projet).

Par qui la réduction peut-elle être demandée.

La réduction des dispositions entre vifs ne pourra être demandée que par ceux au profit desquels la loi fait la réserve, par leurs héritiers ou ayant-cause : les donataires, les légataires ni les créanciers du défunt ne pourront demander cette réduction ni en profiter.

Tr.. { *n°.* 11, 16, 19, 23, 65.
pag. 9, 13, 17, 19, 52. }

Ext. { *n°.* 20et21, 26, 41, 42, 55, 57, 58, 67.
pag. 291,313,339,339,351,352,352,360. }

ART. 922.

(26 du projet.)

Opération de la réduction.

La réduction se détermine en formant une masse de tous les biens existants au décès du donateur ou testateur. On y réunit fictivement ceux dont il a été disposé par donation entre vifs d'après leur état à l'époque des donations; et leur valeur au temps du décès du donateur : on calcule sur tous ces biens, après en avoir déduit les dettes, quelle est, eu égard à la quotité des héritiers qu'il laisse, la quotité dont il a pu disposer.

Traité. . { *n°.* 73.
pag. 63. }

Extr. . . { *n°.* 35, 36, 37.
pag. 305, 335, 337. }

Art. 923.

(27 et 28 du projet).

Ordre de la réduction.

Il n'y aura jamais lieu a réduire les donations entre vifs qu'après avoir épuisé la valeur de tous les biens compris dans les dispositions testamentaires; et lorsqu'il y aura lieu à cette réduction, elle se fera en commençant par la dernière donation, et ainsi de suite, en remontant des dernières aux plus anciennes.

Traité. . { *n°.* 99, 109. / *pag.* 101, 112.

Extr. . . { *n°.* 22, 39, 52, 68. / *pag.* 305 et 306, 338, 350, 361.

Art. 924.

(29 du projet.)

Retenue du donataire héritier.

Si la donation entre vifs réductible a été faite à l'un des successibles, il pourra retenir sur les biens donnés la valeur de la portion qui lui appartiendrait comme héritier dans les biens non disponibles, s'ils sont de même nature.

Traité. . { *n°.* 162, 164. / *pag.* 171, 272.

Extr. . . { *n°.* 23, 40, 53, 68. / *pag.* 305, 338, 351, 361.

ART. 925.

(28 du projet).

Caducité des dispositions testamentaires.

Lorsque la valeur des donations entre vifs excédera ou égalera la quotité disponible, toutes les dispositions testamentaires seront caduques.

Traité. . { *n°.* 101. *pag.* 102.

Extr. . . { *n°.* 22. *pag.* 308.

ART. 926.

(30 du projet).

Réduction des legs au marc le franc.

Lorsque les dispositions testamentaires excéderont, soit la quotité disponible, soit la portion de cette quotité qui resterait après avoir déduit la valeur des donations entre vifs, la réduction sera faite au marc le franc, sans aucune distinction entre les legs universels et les legs particuliers.

Traité. . { *n°.* 103. *pag.* 104.

Extr. . . { *n°.* 38, 52. *pag.* 337, 340.

ART. 927.

(31 du projet).

Exception à l'article précédent.

Néanmoins dans tous les cas où le testateur aura expressément déclaré qu'il entend que tel legs soit acquitté de préférence aux autres, cette préférence aura lieu, et le legs qui en sera l'objet ne sera réduit qu'autant que la valeur des autres ne remplirait pas la réserve légale.

Traité. . { *n°.* 104. *pag.* 104.

Extr. . . { *n°.* 22, 52. *pag.* 306, 350.

ART. 928.

(32 du projet.)

Fruits de ce qui excède le disponible.

Le donataire restituera les fruits de ce qui excédera la portion disponible à compter du jour du décès du donateur, si la demande en réduction a été faite dans l'année; si non, du jour de la demande.

Traité. . { *n°.* 81. *pag.* 71.

Extr. . . { *n°.* 22. *pag.* 306.

ART. 929.

(33 du projet).

Extinction des hypothèques.

Les immeubles à recouvrer par l'effet de la réduction, le seront sans charge de dettes ou hypothèques créées par le donataire.

Traité. . { *n°.* 29. / *pag.* 21. }

Extr. . . { *n°.* 22, 42. / *pag.* 306, 340. }

ART. 930.

(34 du projet).

Action en révendication contre les tiers.

L'action en réduction ou révendication pourra être exercée par les héritiers contre les tiers détenteurs des immeubles faisant partie des donations, et aliénés par les donataires, de la même manière et dans le même ordre que contre les donataires eux-mêmes, et discussion préalablement faite de leurs biens : cette action devra être exercée suivant l'ordre de dates des aliénations, en commençant par la plus récente.

Traité. . { *n°.* 26, 30, 116, 129. / *pag.* 20, 21, 123, 126. }

Extr. . . { *n°.* 23, 42, 54. / *pag.* 306, 340, 351. }

EXTRAIT

DES SÉANCES

DU CONSEIL D'ÉTAT,

Exposés des motifs, et Discours des Orateurs du Tribunat,

En ce qui concerne la Portion disponible.

Séance du 30 nivôse an 11 de la République.

LE SECOND CONSUL préside la séance.

Le C. BIGOT-PRÉAMENEU fait un rapport sur la disposition du titre *des Donations entre vifs et des Testaments*, relative à la légitime des enfants, à celle des ascendants, et à la réserve au profit des frères et sœurs.

Ce rapport est ainsi conçu :

§ Ier.

1. *De la Légitime des Enfants.*

Quoique le droit de disposer de ses biens ne soit que l'exercice du droit de propriété, auquel il semblerait, au premier coup-d'œil, que la loi ne devrait, en aucun cas, porter atteinte, il est cependant des bornes qui doivent être posées, lorsque les sentiments naturels et l'organisation sociale ne permettent pas à celui qui dispose, de les franchir.

Ainsi, la loi ne contrarie point la volonté raisonnable des pères et mères, et elle se conforme à leur affection présumée, lorsqu'elle assure à leurs descendants une part convenable dans leur patrimoine. S'il arrivait que des circonstances extraordinaires semblassent légitimer quelques dispositions contraires à cet ordre naturel, les autres ne seraient le plus souvent qu'un abus d'autorité. Mais il faut d'ailleurs que la volonté ou le droit de quelques individus cède à la nécessité de maintenir l'ordre social, qui ne peut subsister, s'il y a incertitude dans la transmission d'une partie du patrimoine des pères et mères à leurs enfants.

Ce sont ces transmissions successives qui fixent principalement le rang et l'état des citoyens. Les pères et mères qui ont donné l'existence naturelle, ne doivent pas avoir la liberté de faire arbitrairement perdre, sous un rapport aussi essentiel, l'existence civile; et si le père doit rester libre de conserver l'exercice de son droit de propriété, il doit aussi remplir les devoirs que la paternité lui a imposés envers ses enfants et envers la société.

C'est pour faire connaître aux pères de famille les bornes au-delà desquelles ils seraient présumés abuser de leur droit de propriété, en manquant à leurs devoirs de père et de citoyen, que, dans tous les temps, et chez presque tous les peuples policés, la loi a réservé aux enfants, sous le titre de *légitime*, une certaine quotité des biens de leurs ascendants.

Chez les Romains, le droit du Digeste et du Code avait réduit au quart de la succession la légitime des enfants.

La Novelle 18 (chap. Ier.) augmenta cette légitime, en donnant le tiers des biens aux enfants, s'ils étaient quatre au moins; et la moitié, s'ils étaient cinq ou plus.

Il faut distinguer en France les pays de droit écrit et ceux de coutume.

Dans presque tous les pays de droit écrit, la légitime en ligne directe et descendante est la même que celle établie par la Novelle.

Les pays de coutume étaient, à cet égard, distingués en plusieurs classes.

Les unes, et elles formaient le plus grand nombre, ne réglaient point la quotité de la légitime des enfants;

D'autres adoptaient les règles du droit écrit;

Les autres enfin, et de ce nombre était la coutume de Paris, établissaient spécialement une légitime.

Quant aux coutumes où elle n'était pas fixée, l'usage et la jurisprudence y avaient admis les règles du droit romain ou celles de la coutume de Paris, à l'exception de quelques modifications qu'on trouve dans un petit nombre de ces coutumes.

La coutume de Paris fixe la légitime à la moitié de la part que chaque enfant aurait eue dans la succession de ses père et mère et autres ascendants, s'ils n'eussent disposé par donation entre vifs ou de dernière volonté.

Il fallait choisir entre ces diverses règles, celles qui, en présentant moins d'inégalités entre les légitimaires, seraient fondées sur la combinaison la plus juste du droit de disposer et des devoirs de la paternité.

A Rome, il entrait dans le systême du gouvernement d'un peuple guerrier, que les chefs de famille eussent une autorité absolue, sans même craindre que la nature en fût outragée. Lorsque sa civilisation se perfectionna, et qu'on voulut modifier des mœurs antiques, il eût été impossible de les régler, comme si c'eût été une institution nouvelle. Non-seulement chaque père entendait jouir, sans restriction, de son droit de propriété, mais encore il avait été constitué le législateur de sa famille. *Paterfamilias uti legassit super familiâ pecuniâque suâ, ita jus esto.* Mettre des bornes au droit de disposer, c'était dégrader cette magistrature suprême. Aussi, pendant plus de douze siècles, la légitime des enfants, quel que fût leur nombre, ne fut-elle pas portée au-delà du quart des biens : ce ne fut que sur le déclin de ce grand empire, que les enfants obtinrent à ce titre le tiers des biens, s'ils étaient au nombre de quatre ou au dessous, ce qui était le cas le plus ordinaire ; et la moitié, s'ils étaient en plus grand nombre.

Cette division avait l'inconvénient de donner des résultats incohérents.

S'il y avait quatre enfants, la légitime était du douzième pour chacun, tandis que s'il y en avait cinq, chaque part légitimaire était du dixième : ainsi la part qui doit être plus grande, quand il y a moins d'enfants, se trouvait plus petite. Ce renversement de l'ordre naturel n'était justifié par aucun motif.

On remarquait encore comme inconséquences dans le droit romain, 1°. que le père qui n'avait eu qu'un fils, pût disposer des deux tiers de son bien, si ce fils lui survivait, mais qu'il ne pût disposer que de la moitié, si ce fils étant mort avant lui, avait laissé cinq enfants, qui venaient alors de leur chef à la succession de l'aïeul; 2°. que si, au lieu d'un enfant prédécédé, il y en avait deux morts avant le père, et laissant chacun cinq enfants, les dix petits-enfants n'avaient entre eux, pour légitime, que le tiers dans la succession de leur aïeul, parce qu'alors ils venaient par représentation. Ainsi, dans le premier cas, les cinq petits-enfants avaient une moitié à partager; et dans le second cas, les dix petits-enfants n'avaient qu'un tiers.

La coutume de Paris a mis une balance égale entre le droit de propriété et les devoirs de famille. Les auteurs de cette loi ont pensé que les droits et les devoirs des pères et mères sont également sacrés, qu'ils sont également fondamentaux de l'ordre social, qu'ils forment entre eux un équilibre parfait, et que, si l'un ne doit pas l'emporter sur l'autre, le cours des libéralités doit naturellement s'arrêter, quand la moitié des biens est absorbée.

Le système de la loi parisienne est d'une exécution simple dans tous ses développements, et on y trouve toujours une proportion juste dans le sort des légitimaires, eu égard à leur nombre et à leur degré.

Ainsi, en rappelant les précédentes hypothèses, s'il y a quatre enfants, la légitime de chacun sera d'un huitième; s'il y en a cinq, elle sera d'un dixième; elle sera d'une moitié pour le fils unique; si ce sont cinq petits-enfants nés d'un fils mort avant l'aïeul, ils auront chacun un dixième; ce qui est dans la proportion de ce que le père eût recueilli.

La division des biens en deux parts égales, dont une est réservée pour la légitime des enfants, est une combinaison facile; mais ceux qui l'ont faite, n'ont-ils pas coupé le nœud plutôt qu'ils n'ont résolu le problême?

Le père ne doit point être dépouillé de son droit de propriété; mais ce droit, comme tous les autres, s'exerce suivant les affections. Il n'en est point, dans la nature, de plus constante et de plus générale que celle des pères pour leurs enfants.

L'ordre conforme à la nature est donc celui dans lequel les père et mère ne voudront disposer de leur propriété qu'au profit de leurs enfants. S'ils réclament sur une partie des biens une liberté absolue, c'est encore en faveur de leurs enfants, et pour qu'en réparant les inégalités qui peuvent résulter des talents, des infirmités, des faveurs ou des revers de la fortune, ils puissent rétablir la balance entre leurs enfants, et leur conserver à tous l'existence civile : mais dans le cours ordinaire des évènements, le quart des biens n'est-il pas suffisant pour cette espèce de nivellement entre les enfants, ou pour remplir, avec d'autres que les enfants, des devoirs de reconnaissance ; et cette quotité ne sera-t-elle pas trop considérable, si elle est destinée à une préférence que la raison désavouerait ?

Telle a été l'opinion de la section de législation, en proposant au Conseil de fixer la légitime des enfants aux trois quarts de ce qu'ils recueilleraient, s'il n'y avait pas de donation entre vifs ou de testament.

§ II.

2. *De la Légitime des Ascendants.*

Les Romains reconnaissaient que si les pères doivent une légitime à leurs enfants, c'est un devoir dont les enfants sont également tenus envers leurs pères. *Quemadmodum à patribus liberis, ita à liberis patribus deberi legitimam.*

En France, d'après le systême de la division des biens-fonds en propres et en acquêts, le sort des ascendants n'était pas le même dans les pays de coutume et dans ceux de droit écrit.

Un très-petit nombre de coutumes leur donnaient une légitime : dans d'autres, elle leur avait été accordée par une ancienne jurisprudence, à laquelle a succédé celle qui la refuse entièrement. Elle est fondée sur ce que les enfants eussent été presque entièrement privés de la liberté de disposer, si, étant obligés de conserver à leurs collatéraux les biens propres auxquels les ascendants n'avaient aucune part, ils n'eussent point eu la disposition libre des meubles et acquêts, à la succession desquels les ascendants étaient appelés par la loi.

Dans les pays de droit écrit, et dans quelques coutumes qui s'y conformaient, les ascendants avaient une légitime; elle consistait dans le tiers des biens à partager entre tous les ascendants, s'il y en avait plusieurs.

Elle n'était due qu'aux plus proches : il n'y en avait point pour les aïeuls, quand les père et mère, ou l'un d'eux, survivaient; parce qu'en ligne ascendante, il n'y a point de représentation. La manière d'opérer pour régler la légitime des ascendants, avait fait naître une multitude de questions, que l'on avait cherché à résoudre dans l'ordonnance du mois d'août 1735, dont l'art. LXI porte « que la quotité de la légitime sera réglée, eu » égard au total des biens, s'il y a un testament, et non » sur le pied de la portion qui aurait appartenu aux as- » cendants, s'ils eussent recueilli la succession *ab intestat* » concurremment avec les frères germains du défunt. »

La comparaison du régime de droit écrit avec celui des coutumes, respectivement aux ascendants, ne pouvait laisser aucun doute sur la préférence due au droit écrit.

Le droit coutumier, en donnant les propres aux collatéraux, et en donnant aux descendants la libre disposition des meubles et acquêts, ne prenait point assez en considération les devoirs et les droits qui résultent des rapports intimes entre les pères et mères et leurs enfants.

D'ailleurs l'abolition des propres a changé totalement le système des coutumes.

On ne peut plus statuer d'après la répartition dans laquelle les ascendants étaient appelés aux meubles et acquêts, et ne pouvaient recueillir les biens propres.

C'est donc une nécessité de recourir à la législation, qui n'admettant point cette distinction de biens, n'a eu à considérer, relativement aux ascendants, que leur droit naturel et les devoirs des enfants.

Dans le projet présenté au Conseil, on a cru devoir s'écarter du droit romain en deux points.

Le premier, sur la quotité de biens affectés à la légitime.

Cette quotité, dans le droit romain, était aussi considérable que pour la légitime des enfants. Les ascendants avaient le tiers : c'était aussi la légitime des enfants jusqu'au nombre de quatre.

Si, dans le projet présenté, la légitime des ascendants est de moitié, tandis que celle des enfants est des trois-quarts, il faut se rappeler que cette différence, défavorable aux ascendants, sera presque toujours balancée par la règle admise, et qui leur assure, même sans stipulation, le retour des biens qu'ils ont donnés à leurs enfants.

Et lors même que la légitime des ascendants serait moindre, on ne peut disconvenir que leur sort dépend beaucoup moins de la part qu'ils peuvent recueillir dans la succession de leurs enfants, que l'état des enfants dans la société ne dépend de la part qu'ils obtiènent dans la succession de leurs pères et mères; et sous ce rapport, la légitime des enfants a dû être plus considérable.

Le deuxième point dans lequel le projet qui est présenté diffère du droit romain, est dans la répartition de la légitime entre les ascendants.

Le partage d'une quotité de biens fixe et indépendante du nombre des ascendants, a fait naître des difficultés et des inconséquences du même genre que celles qui ont été observées sur la répartition de la légitime entre les enfants.

C'était le même écueil à éviter; et il a été facile d'employer le même moyen, celui de fixer la légitime des ascendants comme celle des enfants, dans la proportion de ce qui reviendrait à titre d'héritier, s'il n'y avait pas de donation ou de testament.

§ III.

3. *De la réserve au profit des Frères et Sœurs.*

Il reste à faire quelques réflexions sur ce qui concerne les collatéraux.

Il ne faut pas confondre les réserves coutumières et la légitime.

La réserve coutumière s'étendait à tous ceux que la loi

appelait pour succéder ; elle tenait au système de la division des biens en propres et acquêts, système qui lui-même était fondé sur celui de la conservation des mêmes immeubles dans les familles.

La légitime, proprement dite, est celle qui est indépendante de cette ancienne distinction entre les propres et les acquêts.

La légitime a sa cause dans le droit naturel ; la réserve n'est que le droit positif.

Le système de perpétuer les mêmes biens dans les familles, se rattachait aux idées féodales ; mais il tendait encore à un but, qui fut, dans tous les temps, celui des législateurs. On voulait maintenir et multiplier les rapports de famille, propres à entretenir parmi ses membres les sentiments de bienveillance, et cette responsabilité morale qui supplée si efficacement à la surveillance de la loi. Resserrer et multiplier les liens de famille, tel fut et tel sera toujours le ressort le plus utile à toutes les formes de gouvernement, et la plus sûre garantie du bonheur public.

Or, il n'est personne qui révoque en doute que la transmission des biens d'un parent à l'autre ne forme entre eux un lien aussi fort qu'invariable. La vocation à la succession établit une sorte de participation aux biens ; elle influe sur les sentiments d'affection réciproques ; elle amortit les dissensions : les degrés par lesquels on tient à un auteur commun, semblent se rapprocher, lorsque les parents se rapprochent réellement pour partager les biens que ses travaux ont mis dans la famille, et qui en perpétuent la prospérité.

La conservation des mêmes biens dans les familles a pu s'établir et avoir de bons effets, dans les temps où les ventes des immeubles étaient très-rares, et où l'industrie n'avait aucun essor. Mais depuis que la rapidité du mouvement commercial s'appliquait aux biens immobiliers comme aux mobiliers ; depuis que les propriétaires, habitués à dénaturer leurs biens, pouvaient facilement secouer le joug d'une loi qui gênait la faculté de disposer des propres, il est devenu aussi facile que fréquent de s'y soustraire.

La loi est devenue impuissante pour atteindre son but ;

et lorsqu'elle eût dû être le lien des familles, elle les troublait par des procès sans nombre.

On ne peut plus songer à conserver une loi qui, quand elle peut impunément s'éluder par la seule volonté, n'a plus aucune garantie. C'est ainsi que certaines lois dépendent des mœurs et des usages existants au temps où elles s'établissent, et ne sont que transitoires.

C'est encore ainsi qu'il est facile d'expliquer pourquoi tout ce régime de propres et d'acquêts, et de perpétuité des mêmes biens dans les familles, était inconnu aux Romains.

Mais si ce moyen ne peut plus subsister, ce ne doit pas être un motif pour perdre de vue cette idée morale et politique qui tend à maintenir, dans les familles, des rapports ayant sur l'ordre social une aussi grande influence. Et c'est surtout dans un temps où les parents sont obligés, par des causes beaucoup plus nombreuses qu'autrefois, de vivre loin les uns des autres, qu'il faut employer des moyens de rapprochement.

D'un autre côté, ces vues d'ordre public et d'organisation des familles, doivent se concilier avec le droit de propriété, qui donne à chacun la libre disposition de ses biens.

S'il est, à cet égard, un sacrifice à faire au maintien et à l'harmonie de la famille, il ne doit être exigé que pour ceux qui la constituent le plus intimément, pour ceux qui sont présumés avoir vécu sous le même toit, avoir été soumis à l'autorité du même père de famille, tenir de lui un patrimoine qu'il était dans son cœur de voir réparti entre eux, et que, presque toujours, ils doivent à ses économies et à ses travaux.

Déjà le Conseil a, relativement au droit de représentation, regardé chaque famille comme plus intimément composée des ascendants, des descendants, des frères et sœurs, et de ceux qui en descendent.

Chaque individu ne pourra se regarder comme dépouillé d'une partie de sa propriété, lorsque, d'un côté, on ne réservera à des parents aussi proches que des frères et sœurs ou leurs descendants, le quart seulement du patrimoine, et lorsque, d'un autre côté, ce sacrifice étant réciproque, celui qui en souffrirait aujourd'hui en profitera demain.

On a seulement cru devoir mettre une modification à cette réserve légale en ligne collatérale.

La légitime en ligne directe est regardée comme tellement indispensable à l'ordre social, que, pour la remplir, toutes donations entre vifs sont résolubles, toutes sont censées faites sous la condition que cette légitime ne pourra en être altérée.

Le droit des collatéraux à la réserve qui leur est faite, n'a pas paru assez impérieux pour qu'on dût lui sacrifier indéfiniment le principe suivant lequel les donations entre vifs doivent être irrévocables.

Lorsque ces donations sont faites à l'un des successibles, il est juste qu'elles soient réduites, pour remplir la légitime des cohéritiers. Le vœu de la loi est qu'il y ait entre eux, au moins une égalité légitimaire.

Mais lorsque le parent a, par acte entre vifs, mis une partie des biens hors de sa famille, est-il nécessaire, et même convenable, que cet étranger puisse, pour l'intérêt des collatéraux, être dépouillé ?

Il a paru que la réserve en leur faveur serait suffisante, si, d'une part, on ne pouvait disposer par testament, à leur préjudice, de plus des trois quarts ; et si, d'une autre part, ils pouvaient, pour remplir cette réserve, demander la réduction des donations entre vifs faites à leurs cohéritiers.

Tels sont les principes qui ont déterminé la section de législation à présenter au Conseil l'article qui suit :

Article proposé.

« S'il y a des enfants ou descendants des enfants, au » temps du décès, ils auront, à titre de légitime, les » trois quarts de ce qui leur reviendrait par succession, » s'il n'y avait pas de donation entre vifs ou testa- » mentaire.

» A défaut de descendants, s'il y a des ascendants, leur « légitime sera de moitié.

» A défaut de descendants et d'ascendants, s'il y a, » au temps du décès, des frères ou sœurs, ou des des- » cendants d'eux, la loi leur réserve le quart de ce qui » leur reviendrait, s'il n'y avait pas de donation entre

» vifs ou testamentaire; sans, néanmoins, qu'à raison » de cette réserve, les donataires par actes entre vifs, » autres que les successibles, puissent être, en tout ou » en partie, évincés des biens à eux donnés.

» A défaut de parents dans les degrés ci-dessus ex- » primés, les donations ou legs pourront épuiser la to- » talité des biens. »

4. *Discussion sur la quotité qui sera disponible par l'homme qui laisse des enfants.*

Le CONSUL ouvre la discussion sur la question de savoir quelle sera la latitude dans laquelle il sera permis de disposer, lorsqu'il y aura des héritiers en ligne directe.

Le C. MALEVILLE dit que la section resserre trop les limites du pouvoir paternel.

Les peines et les récompenses sont le ressort le plus puissant des actions des hommes; et le législateur ne serait pas sage, qui croirait pouvoir les diriger uniquement par l'amour de leurs devoirs. Il faut donc mettre de grands moyens dans la main des pères, si l'on veut compter sur l'obéissance et la moralité des enfants.

On a dit que le desir de profiter de la portion laissée à la disposition des ascendants rendrait les enfants hypocrites, et les engagerait à mettre dans leur conduite des apparences d'un respect qu'ils n'auraient pas dans le cœur. Ce serait toujours un avantage de ramener au devoir par l'espérance et par la crainte ceux sur qui l'amour du devoir serait impuissant. Eh! que serait la société, si les hommes s'y montraient à découvert, avec tous les vices que l'intérêt les engage à voiler? Bien souvent l'apparence de la vertu a l'effet de la vertu même. Elle fera contracter aux enfants les heureuses habitudes, qui forment les mœurs et assurent la paix des familles.

Ce droit accordé au père de départir ses biens entre ses enfants, suivant leurs besoins et leur mérite, n'est d'ailleurs qu'un faible dédommagement des peines et des sollicitudes attachées à sa condition. Un individu isolé ne souffre que de ses maux personnels. Mais il n'en est pas ainsi d'un père; il est malade de la maladie de ses enfants, tourmenté de leurs chagrins, deshonoré par leur mauvaise conduite. Pourquoi les droits ne seraient-ils pas en proportion avec les devoirs? Pourquoi les peines seraient-elles toutes du côté des pères, et les avantages du côté des enfants?

Enfin la France est presque également partagée en pays coutumiers et en pays de droit écrit. Dans ceux-ci, les pères ont eu toujours au moins la moitié de leurs biens à leur libre disposition; dans les autres, constamment la moitié, et cette dernière législation est sans contredit la meilleure. Mais sommes-nous dans des circonstances qui nous obligent à diminuer ce droit, auquel les Français sont accoutumés depuis tant de siècles? Bien loin d'affaiblir les ressorts de la puissance paternelle, ne serait-ce pas plutôt le cas de l'augmenter?

L'opinant préfère, sur ce sujet, les dispositions de la coutume de Paris à celles du droit romain : elle accordait au père la libre disposition de la moitié de ses biens. Il serait peut-être imprudent de diminuer ce droit, dans des circonstances où il faut bien plutôt augmenter pour les pères les moyens de contenir leurs enfants.

Le C. Berlier dit que la quotité proposée par la section est la même que celle qui avait été adoptée par les rédacteurs du projet de Code civil, et il combat la restriction proposée par le C. *Maleville.*

Si l'on recourt aux vœux émis par les tribunaux d'appel, on en trouve trois, il est vrai, ceux de Limoges, Montpellier et Paris, qui demandent, comme le C. *Maleville*, que la légitime des enfants ne soit fixée qu'à moitié de ce qu'ils auraient eu *ab intestat* : mais la quotité des trois quarts a obtenu l'assentiment de tous les autres tribunaux, à l'exception de celui de Rennes, qui eût préféré le maintien pur et simple de la quotité réglée par la loi du 4 germinal an 8, plus favorable aux légitimaires; et du tribunal de Lyon, qui n'a point fait connaître son vœu, et dont on voit seulement que les commissaires ont été partagés entre trois opinions; savoir, la moitié, les trois quarts, et enfin la quotité réglée par la loi du 4 germinal an 8.

De là il résulte que les anciennes habitudes de la nation ne sont pas une objection en cette matière, puisque ses interprètes naturels ne réclament point, ou du moins ne réclament qu'en très-faible minorité. Il faut donc passer à l'examen du fond de la question.

L'un des hommes dont le nom a figuré avec le plus d'éclat dans les fastes de la révolution, voulait que le père de famille ne pût disposer de rien par testament : cette opinion de *Mirabeau*, émise dans cette célèbre Assemblée constituante, qui a laissé de si grands souvenirs, y fut, il est vrai, combattue; mais ceux même qui parlèrent pour le droit de disposer, reconnurent qu'il devait être modifié, et demandèrent ce que la section propose aujourd'hui. Parmi les excellents discours qui furent prononcés à ce sujet, on peut citer celui du C. *Tronchet*.

Circonscrire et resserrer les inégalités de dispositions entre enfants du même père, ce but était louable et ne l'est pas moins aujourd'hui.

A la vérité, l'autorité paternelle a besoin de quelques moyens pour récompenser et punir : on ne doit pas les lui ôter, mais on ne doit pas les rendre excessifs ; et ici tout ce qui n'est pas essentiellement nécessaire, serait essentiellement mauvais.

Le C. *Berlier* compare ensuite la proposition du C. *Maleville* avec l'état du droit avant la révolution, et il trouve que la condition de l'enfant, faiblement améliorée dans les pays de droit écrit, deviendrait pire en beaucoup d'autres.

La comparant ensuite avec la législation de quelques Etats voisins, il dit qu'en Prusse, par exemple, la légitime de l'enfant peut s'élever quelquefois jusqu'aux deux tiers de la portion *ab intestat*.

Enfin, il observe que l'un des motifs qui pouvaient autrefois autoriser une assez grande latitude dans les dispositions du père de famille, c'est que l'organisation politique de ce temps devait permettre et même favoriser les dispositions par lesquelles, pour perpétuer ou ou augmenter l'éclat de sa maison, le père faisait un héritier privilégié.

Ce motif n'existe plus; et l'on fait bien assez aujourd'hui, en laissant au père la disposition du quart.

Le C. Tronchet dit qu'il ne croit pas avec la section, que la faculté de disposer par testament soit, comme la faculté de disposer entre vifs, une suite du droit de propriété. Ce droit ne s'étend pas au-delà de la vie; il ne peut donc produire le pouvoir de disposer pour un temps où le propriétaire n'existera plus. Ainsi, la faculté de tester n'est qu'un bénéfice de la loi civile, qui, à cet égard, ajoute à la loi naturelle. Cependant le droit civil doit prendre ses bases dans le droit naturel. Ici les Romains ne peuvent être pris pour modèles : ils s'étaient érigés en législateurs suprêmes dans leur famille; leur testament était une loi ; ils exerçaient sur leurs enfants une puissance illimitée. C'était s'écarter de la loi naturelle : elle veut que celui qui a donné la vie à un enfant, lui laisse aussi ses biens. Il semble donc que la totalité du patrimoine paternel devrait passer aux descendants en ligne directe, et que le pouvoir du père devrait être réduit à faire quelques legs rémunératoires d'une valeur modique. Cependant l'intérêt public exige qu'on lui donne un peu plus de latitude, afin qu'il puisse distribuer des récompenses parmi ses enfants même. Mais comme cette disposition du droit positif est une dérogation au droit naturel, qui défère aux enfants les biens du père sans aucune diminution, il importe de la resserrer du moins dans les bornes les plus étroites : ce motif porte nécessairement à fixer la quotité de la légitime à un taux plus élevé que n'avait fait la coutume de Paris.

Le C. Portalis examine en soi le principe sur lequel se fonde le C. *Tronchet*.

D'abord, ce n'est pas dans le droit naturel qu'il faut chercher les règles de la propriété. L'état sauvage ou de nature n'admet pas la propriété ; il n'y a là que des biens mobiliers, que des fruits dont le plus fort s'empare : ainsi, si la propriété est dans la nature, c'est en ce sens que la nature humaine étant susceptible de perfectibilité, elle tend vers l'ordre social, qui seul fonde la propriété. L'effet de cet ordre est d'établir entre les associés une garantie qui oblige chacun à respecter les biens acquis par un autre et la disposition qu'il en fait. C'est ainsi que le droit de disposer naît du droit de propriété. Or, celui qui dispose à cause de mort, dispose pendant sa vie et dans un temps où il est propriétaire.

Mais est-ce le droit naturel ? Est-ce la loi civile qui doit donner ici des règles ?

La loi civile est l'arbitre suprême ; il lui appartient de tout régler. Elle peut donc donner le droit de disposer et le régler ; son pouvoir, à cet égard, n'est limité que par l'obligation de respecter les droits acquis, parce qu'elle ne pourrait passer ces bornes, sans agir contre sa propre nature, qui est de garantir les droits de chacun.

Il n'est donc pas question d'examiner ce qui est le plus conforme au droit naturel, mais ce qui est le plus utile à la société.

Sous ce point de vue, le droit de disposer est, dans la main du père, non, comme on l'a dit, un moyen entièrement pénal, mais aussi un moyen de récompense. Il place les enfants entre l'espérance et la crainte, c'est-à-dire, entre les sentiments par lesquels on conduit les hommes bien plus sûrement que par des raisonnements métaphysiques.

Le droit de disposer est encore un droit d'arbitrage, par lequel le père répartit son bien entre ses enfants, proportionnellement à leurs besoins. Et il faut remarquer que ce droit est avantageux à la société; car le père, en donnant moins aux enfants engagés dans une profession lucrative, réserve une plus forte part à ceux que leurs talents appèlent à des foctions utiles à l'Etat, inutiles à leur fortune.

Là où le père est législateur dans sa famille, la société se trouve déchargée d'une partie de sa sollicitude.

Qu'on ne dise pas que c'est là un droit aristocratique. Il est tellement fondé sur la raison, que c'est dans les classes inférieures que le pouvoir du père est le plus nécessaire. Un laboureur, par exemple, a eu d'abord un fils qui, se trouvant le premier élevé, est devenu le compagnon de ses travaux. Les enfants nés depuis étant moins nécessaires au père, se sont répandus dans les villes et y ont poussé leur fortune. Lorsque ce père mourra, sera-t-il juste que l'aîné partage également le champ amélioré par ses labeurs, avec des frères qui déjà sont plus riches que lui?

Il faut donc donner au père une latitude, non absolue, mais très-grande. Ainsi la raison et l'intérêt de la société s'opposent à ce que la légitime des enfants soit portée aux trois quarts des biens.

Le Consul Cambacérès dit qu'on est d'accord sur la nécessité d'accorder une légitime aux enfants; on ne se divise que sur la quotité.

C'est avec raison qu'on écarte les dispositions du droit romain en cette matière: elles étaient si peu mesurées sur la nature des choses, que dans certains cas, elles donnaient moins lorsque les enfants étaient en petit nombre, que quand ils étaient plus nombreux.

Toutefois ne pourrait-on pas graduer la latitude de disposer, accordée au père, suivant le plus ou moins d'enfants qu'il laisse; fixer, par exemple, la légitime aux trois quarts s'il y a plus de deux enfants, au tiers s'il n'y en a que deux, à la moitié s'il n'y en a qu'un?

Le C. Tronchet dit qu'il serait difficile de graduer la légitime sur le nombre des enfants, parce qu'il faudrait prévoir toutes les variations dont ce nombre est susceptible, et statuer sur trop de cas particuliers. Il est plus simple de ne pas faire dépendre la quotité de la légitime des circonstances, et de la fixer d'une manière déterminée.

L'opinant passe aux réflexions du C. *Portalis*.

Il pense que si tous les hommes étaient ce qu'ils devraient être, il serait avantageux de rendre le père législateur suprême dans sa famille. Mais une funeste expérience apprend que trop souvent les pères se laissent dominer par une injuste prédilection. Ainsi la prudence conseille de ne s'en rapporter qu'à la loi, et de la rendre arbitre entre les pères et les enfants.

Le Consul Cambacérès dit que son opinion n'est pas de graduer la légitime sur l'état particulier de chaque famille, mais de la graduer suivant les trois cas dont il a parlé.

Séance du 21 pluviôse an 11 de la république.

Le Premier Consul préside la séance.

Le second et le troisième Consuls sont présents.

Le C. Bigot-Préameneu présente le chapitre II, intitulé *de la Portion de biens disponibles et de la Réduction.*

La section première est ainsi conçue :

5. *Rédaction proposée de la Première Section.*

DE LA PORTION DISPONIBLE.

Art. XVIII. S'il y a des enfants ou descendants des enfants au temps du décès, ils auront, à titre légitime, les trois quarts de ce qui leur reviendrait par succession, s'il n'y avait pas de donation entre vifs ou testamentaire.

A défaut de descendants, s'il y a des ascendants, leur légitime sera de moitié.

A défaut de descendants et d'ascendants, s'il y a, au temps du décès, des frères ou sœurs ou des descendants d'eux, la loi leur réserve le quart de ce qui leur reviendrait, s'il n'y avait pas de donation entre vifs ou testamentaire, sans néanmoins qu'à raison de cette réserve, les donataires par actes entre vifs, autres que les successibles, puissent être, en tout ou en partie, évincés des biens à eux donnés.

A défaut de parents dans les degrés ci-dessus exprimés, les donations ou legs pourront épuiser la totalité des biens.

Art. XIX. Si la donation entre vifs ou par testament est d'un usufruit ou d'une rente viagère, les héritiers auront l'option ou d'exécuter la disposition, ou de faire l'abandon de la portion disponible.

Art. XX. La quotité disponible pourra être donnée en tout ou en partie, soit par acte entre vifs soit par testament, aux enfants ou autres successibles du donateur, sans être sujète au rapport par le donataire ou légataire venant à la succession, pourvu que la disposition ait été faite expressément à titre de préciput et hors part.

La déclaration que le don ou le legs est à titre de préciput et hors part, pourra être faite, soit par l'acte qui contiendra la disposition, soit postérieurement, dans la forme des dispositions entre vifs ou testamentaires.

Art. XXI. La valeur en pleine propriété des biens donnés à charge de rente viagère, et de ceux vendus à fonds perdu ou avec réserve d'usufruit à l'un des successibles en ligne directe, sera imputée sur la portion disponible.

6. *Discussion. — Examen du système de la Loi du 4 germinal an 8.*

La première partie de l'article XVIII est soumise à la discussion.

Le CONSUL CAMBACÉRÈS renouvelle la proposition qu'il a faite dans la séance du 14 de ce mois, de graduer la légitime suivant le nombre des enfants, et de la fixer à moitié, s'il n'existe qu'un enfant; aux deux tiers, s'il en existe deux; aux trois quarts, s'il en existe trois et plus.

Le C. BIGOT-PRÉAMENEU dit que la section a d'abord examiné le système de la loi du 4 germinal an 8, et a cru devoir le repousser comme insuffisant. Un père, en effet, n'usera ordinairement de la faculté de disposer, qu'en faveur de ses enfants, et pour réparer les inégalités qu'aurait pu mettre entre eux la nature ou la fortune. La loi du 4 germinal ne lui donnait pas à cet égard assez de latitude, puisque, s'il avait cinq enfants, il ne pouvait disposer que d'un sixième, quotité souvent trop faible pour rétablir l'égalité dans la famille. La section a cru devoir proposer de fixer la portion disponible au quart des biens.

Le C. TRONCHET dit qu'il n'y a pas de question sur la nécessité de donner une légitime aux enfants : on est d'accord sur cette nécessité.

La discussion ne peut donc plus tomber que sur la quotité de la légitime.

La section a proposé de la fixer aux trois quarts.

On s'est partagé ensuite entre deux systèmes ; celui des coutumes, qui fixe la légitime à une quotité déterminée, et celui du droit romain, qui la règle d'après le nombre des enfants.

Ce dernier système a même été présenté de deux manières : d'un côté, on a proposé la graduation établie par les lois romaines ; de l'autre, une graduation différente.

Mais on a totalement oublié le système de la loi du 4 germinal an 8, qui fixe la légitime d'après le nombre des enfants, mais d'une manière différente du droit romain.

Il semble qu'il aurait fallu de grands motifs pour abandonner une loi si récente, ouvrage du Conseil même.

L'opinant propose de s'y arrêter en ce qui concerne les enfants seulement.

Il en rappèlera donc les dispositions ; il en examinera ensuite les bases et les effets ; il en comparera les effets avec ceux qui résultent de tous les divers systèmes proposés.

De cette comparaison résultera la solution de la question de savoir auquel de ces divers systèmes on doit donner la préférence.

La loi du 4 germinal an 8, porte :

Art. Ier. « Toutes libéralités qui seront faites soit par » actes entre vifs, soit par actes de dernière volonté, » dans les formes légales, seront valables, lorsqu'elles » n'excéderont pas le quart des biens du disposant, s'il » laisse à son décès *moins de quatre enfants ;* le cinquième, » *s'il laisse quatre enfants ;* le sixième, *s'il en laisse* » *cinq ;* et ainsi de suite, *en comptant toujours*, pour » déterminer la portion disponible, *le nombre des en-* » *fants, plus un.*

Art. V. » Les libéralités autorisées par la présente loi » pourront être faites au profit des enfants ou autres » successibles du disposant, sans qu'ils soient sujets à » rapport. »

Principes et Bases de cette Loi.

On ne peut pas être divisé sur le motif qui nécessite une loi et l'objet qu'elle doit avoir ; on ne peut l'être que sur le mode par lequel on doit atteindre au but.

Il ne faudrait point de loi répressive de la liberté de disposer au préjudice de ses propres enfants, ni de loi qui permette de pareilles dispositions, si tous les hommes étaient ce qu'ils devraient être.

Mais l'expérience de tous les siècles nous apprend que des passions, des faiblesses, des préventions produites par les troubles intérieurs de l'union conjugale, des préférences aveugles et fondées sur de purs caprices ou provoquées par la séduction, étouffent trop souvent dans le cœur des pères, la voix et l'impulsion primitive de la nature.

Les passions qui agitent le temps orageux de la jeunesse, les faiblesses de cet âge, dont les séductions étrangères ne savent que trop profiter, détournent souvent les enfants de ce respect que la loi divine commande, que les seules lumières de la raison, la reconnaissance, cet instinct de la nature, inspirent et gravent dans tous les cœurs.

En un mot, il ne faudrait point de loi, si l'expérience de tous les siècles ne nous montrait pas des fils ingrats, et des pères injustes, non-seulement dans la distribution de leur affection entre leurs enfants ; et ce qui est plus rare, mais non pas sans exemple, des pères chez qui des affections étrangères étouffent l'amour paternel. Si tous ces accidents, inséparables de la condition humaine, n'existaient pas, il ne serait pas nécessaire de fixer par une loi les limites de la libéralité et de la bienfaisance des pères ; la loi pourrait les laisser les arbitres souverains de leur famille.

Une loi n'est nécessaire que pour arrêter les écarts de la raison, 1°. dans la distribution intérieure que les pères pourraient faire de leur patrimoine entre leurs enfants ; 2°. dans la profusion même avec laquelle ils pourraient se livrer à des affections étrangères.

Donner aux pères la faculté de récompenser ou de punir avec discrétion ; celle de réparer entre leurs enfants les inégalités de la nature ou les injustices aveugles de la fortune;

Leur accorder en outre la faculté d'exercer des actes de bienfaisance et de reconnaissance envers des étrangers;

Voilà les deux grands objets que la loi doit se proposer lorsqu'elle entreprend de fixer la légitime indisponible qu'elle réserve aux enfants.

En envisageant la loi sous ce double point de vue, voici les bases sur lesquelles se sont appuyés les auteurs de la loi de germinal.

Ils ont pensé que c'était accorder aux pères tout ce que la raison et le vœu de la nature pouvaient tolérer, de leur permettre d'assimiler un étranger à ses propres enfants, et donner à un enfant une double part de celle qui resterait à chacun des autres.

C'est ce principe qu'ils ont écrit dans la loi même, par cette expression qui termine l'article premier: *en comptant toujours, pour déterminer la portion disponible, le nombre des enfants, plus un;* et c'est cette règle qu'ils ont voulu exécuter par cette échelle, qui, commençant du quart, va toujours en dégradant proportionnellement et également au cinquième, au sixième, au septième, et toujours ainsi de suite, suivant le nombre des enfants. Cette échelle suffirait à l'égard des dispositions faites au profit des étrangers.

Elle eût été insuffisante à l'égard des enfants, si la portion d'enfant disponible, donnée à l'un d'eux, n'avait pas pu être retenue par lui, en sus de sa part égale dans le surplus indisponible: c'est ce qui a conduit à la disposition de l'article V, qui est indivisible dans le système de la première.

Peut-être existe-t-il dans cette loi une petite irrégularité, en ce que l'échelle ne commence qu'au nombre de trois enfants, et qu'elle ne se trouve plus dans une proportion égale lorsqu'il n'y a que deux ou même qu'un enfant, puisque le quart, dans ces deux cas, n'est pas la portion d'un enfant, plus un; et peut-être il aurait fallu commencer l'échelle par la moitié, le tiers, le quart, etc.

Cette petite irrégularité serait facile à réformer. Il suffit d'avoir bien fait connaître la base fondamentale de cette loi, et l'effet qui en résulterait.

C'est en comparant cet effet avec celui que produirait tout autre système, que l'on pourra mieux juger auquel on doit donner la préférence.

7. *Droit Romain.*

Trois époques. 1°. Liberté absolue. C'était l'abus de la puissance paternelle;

2°. Réserve du quart seulement. C'était encore un pouvoir excessif résultant de la même source, et produit par la vanité de n'avoir qu'un héritier;

3°. Réserve calculée d'après le nombre des enfants. Echelle trop irrégulière, dont tout le monde a reconnu les inconvénients.

8. *Droit coutumier, et spécialement Coutume de Paris.*

Ici, base différente du droit romain. Ce n'est plus le nombre des enfants : c'est une quotité du patrimoine; la moitié rendue indisponible.

Cette quotité, quand il n'y avait qu'un enfant, ne faisait qu'égaler l'étranger à l'enfant; et c'était peut-être beaucoup de mettre l'affection étrangère au niveau du vœu de la nature.

Mais cette quotité paraissait bien plus intolérable, quand on multipliait le nombre des enfants. A deux, elle ne faisait, à la vérité, que doubler la part de l'enfant; mais elle mettait l'étranger au-dessus des enfants, moitié contre un quart. L'inconvénient devenait bien plus grand, si un père laissait beaucoup d'enfants, trois, quatre, cinq, six.

A trois enfants, l'étranger avait six douzièmes, quand il ne restait à chaque enfant que deux douzièmes.

L'enfant avantagé n'avait cependant encore que double part, six douzièmes contre trois douzièmes; car il faut bien remarquer que l'enfant donataire ne pouvait conserver son don qu'en renonçant à la succession; et dans le système de cette proportion, on ne pouvait pas permettre le cumul.

Mais combien cette quotité disponible ne deviendra-t-elle pas exorbitante, si l'on porte le nombre des enfants jusqu'à six, huit, et même davantage?

A six, un seul enfant peut avoir six douzièmes, tandis que ses frères ont moins d'un sixième.

A huit, un seul enfant a six douzièmes, tandis que ses frères n'ont chacun que trois quarante-huitièmes : c'est l'abus de la vanité, qui ne veut qu'un héritier, un seul enfant dans l'opulence, les autres dans l'indigence.

Tels étaient les inconvénients de la quotité adoptée pour droit commun coutumier.

9. *Loi du 17 nivôse an 2.*

Le C. *Tronchet* ne parlera pas de cette loi, qui réduisait la quotité disponible au profit d'un étranger, au sixième, et qui ne permettait aucune espèce de disposition entre enfants. C'était l'abus de l'imagination échauffée par une théorie brillante de métaphysique, la destruction de toute autorité paternelle, une égalité injuste, qui interdisait tout secours pour l'enfant disgracié de la nature, ou frappé par l'inconstance de la fortune.

10. *Projet actuel.*

Ici, le quart disponible indistinctement joint à la permission accordée à l'enfant de le recevoir hors part, en partageant encore dans les trois quarts réservés.

Le C. *Tronchet* considère l'effet de la loi, d'abord, vis-à-vis de l'étranger.

La proportion est tolérable, quand on ne supposera qu'un, deux ou trois enfants; ce sera ou le quart contre les trois quarts, ou trois douzièmes contre quatre douzièmes et demi, ou l'étranger égalé à chaque enfant.

Mais il n'en sera plus de même, si l'on suppose quatre ou six enfants; alors l'étranger aura trois douzièmes contre deux douzièmes et un quart, ou trois douzièmes contre un douzième.

Et l'excès deviendra bien plus grand, si l'on suppose, ce qui n'est pas rare, huit, dix, douze enfants.

L'opinant passe ensuite à l'effet de la loi à l'égard des dispositions entre enfants, en ne la séparant pas de la disposition qui permet l'avantage hors part.

Ici, de même que dans le cas précédent, la disposition devient tolérable quand on ne suppose que deux ou trois enfants. Celui qui est avantagé, n'a que la double portion, ou à-peu-près.

Mais l'inégalité devient plus forte, si l'on suppose quatre, six enfants ou davantage, puisque, dès qu'il y a quatre enfants, celui qui est avantagé a quatre fois autant que chacun de ses frères, quatre douzièmes et demi contre un douzième et demi.

Ainsi, dans ce système, il ne serait plus possible d'admettre le cumul de la portion disponible avec le partage du surplus; et il faudrait en revenir à permettre seulement au père de donner une part d'enfant pour préciput, en comptant un enfant de plus.

11. *Conclusion.*

Ceci ramène naturellement au système de la loi de germinal, non-seulement comme le plus équitable, mais encore comme le plus simple, le plus facile dans son exécution, et le moins compliqué dans ses dispositions.

12. *Objections.*

Le C. *Tronchet* a toujours supposé la totalité de la portion disponible donnée soit à un étranger seul, soit à un seul enfant.

Mais cette portion peut être distribuée entre plusieurs personnes étrangères, ou entre plusieurs des enfants; et alors il est évident qu'il y a une disproportion moins grande, entre ce que gagne le donataire et ce qui reste à chaque enfant réduit à sa légitime. La disposition permise au père ne serait plus un avantage ou un secours véritable accordé à un enfant, lorsque le père aurait un certain nombre d'enfants, cinq par exemple, entre lesquels deux ou trois mériteraient un secours.

Le C. *Tronchet* répond d'abord que la véritable mesure de l'avantage que peuvent recevoir des étrangers ou des enfants, n'est pas la proportion de ce qu'ils reçoivent, mais que cette mesure doit être combinée dans la double raison de la quotité du patrimoine et des portions qui restent aux enfants, eu égard à leur nombre et au partage de ce qui reste. Trois douzièmes retranchés sur une masse de 6,000 francs partageable en cinq portions, sont aussi considérables pour cette masse que le même retranchement sur une masse de 60,000 francs, également partageable entre cinq enfants.

Le C. *Tronchet* répond, en second lieu, qu'il suffit que la loi ne défende pas de donner toute la portion disponible à un seul, pour que le père puisse le faire, et pour qu'il y ait lieu de craindre qu'il ne le fasse.

Mais il faut, dit-on, présumer assez bien de la piété paternelle, pour croire qu'il ne réunira pas tout l'effet de ses libéralités sur une seule tête.

Il ne faudrait point de loi, si l'on pouvait se contenter de cette prétendue garantie de la piété paternelle. Elle n'est nécessaire, la loi civile, que parce qu'une expérience de mille ans a prouvé chez nous, comme chez les Romains, que le législateur ne pouvait pas se reposer sur la seule loi de la nature.

13. *Légitime des enfants. Sa quotité.*

Le C. Maleville dit que non-seulement il ne pense pas qu'il faille préférer la loi du 4 germinal an 8 au projet en discussion, mais qu'il croit même que ce projet ne donne pas aux ascendants une assez grande latitude de disposer; et il persiste à croire, comme il l'a déjà soutenu dans l'une des séances précédentes, que la légitime des descendants doit être fixée à la moitié de ce qui leur serait échu, si leur ascendant fût décédé *ab intestat*.

Si la loi de germinal an 8 fut accueillie par la nation, ce n'est pas qu'elle remplît entièrement ses espérances; mais c'est parce qu'elle présentait un acheminement à un meilleur ordre de choses, et qu'elle réparait une partie des maux produits par la fameuse loi du 17 nivôse an 2.

Ce n'est pas une bonne méthode pour déterminer la quotité de la légitime, que de la comparer sans cesse avec celle des biens dont il serait possible que l'ascendant disposât en faveur d'un étranger. Quel est donc le père dénaturé qui, abusant de la latitude que la loi lui laisserait dans un objet bien différent, oserait porter la moitié de sa fortune sur la tête d'un étranger? Sans doute il faut laisser aux ascendants les moyens de reconnaître des services, et d'exercer des actes modérés de bienfaisance; et ces moyens doivent aussi entrer en ligne de compte, pour fixer la quotité disponible : mais la loi ne suppose pas des monstres; elle ne statue pas sur des événements aussi extraordinaires.

La légitime des enfants doit être fixée à la moitié des biens de leur père; d'abord parce que c'est à une moitié au plus qu'elle a été réglée, depuis des siècles, dans tous les pays soumis aujourd'hui au Gouvernement français; car il ne faut pas tenir compte des temps révolutionnaires, où l'on avait rêvé l'égalité parfaite en toutes choses.

Mais c'est déjà une grande raison pour ne pas changer témérairement, et sans les plus puissants motifs, cette antique institution; *non facilè recedendum est ab eo jure quod diù æquum visum est. Montesquieu* insiste fortement sur cette maxime; il dit que si, sous prétexte d'un plus grand bien, on change les anciennes lois, les inconvénients arrivent en foule par des issues qu'on n'avait pas prévues. Mais quelles seraient les raisons qui pourraient déterminer à augmenter la quotité de la légitime?

Les anciens législateurs ont eu trois motifs pour fixer cette légitime à la moitié : le premier est de fixer une part égale au droit de propriété et à la piété filiale; le second, de mettre les pères en état de compenser, entre leurs enfants, les désavantages qui résulteraient entre eux de la nature ou de la fortune; le troisième, de placer dans leurs mains des peines et des récompenses pour maintenir dans les familles la subordination et la tranquillité d'où dépend le repos de l'Etat.

Les deux premiers motifs sont toujours existants; et le troisième a acquis, depuis la révolution, un bien plus grand degré de force par l'accroissement de l'insubordination et de la dépravation des mœurs de la jeunesse. Qu'on vérifie dans les greffes des tribunaux criminels l'âge des condamnés, et l'on trouvera qu'ils sont presque tous au-dessous de trente ans.

Les pères sont la providence des familles, comme le Gouvernement est la providence de l'Etat : il serait impossible à celui-ci de maintenir l'ordre, s'il n'était efficacement secouru par les premiers; il userait ses ressorts en déployant sans cesse sa puissance; et le meilleur de tous les gouvernements est celui qui, sachant arriver à son but par les causes secondes, paraît gouverner le moins.

L'erreur de ceux qui voudraient établir par les lois l'égalité entre les enfants, vient de ce qu'ils pensent que, par le droit naturel, le bien des pères appartient à leurs enfants ; d'où ils concluent que ceux-ci doivent les partager également.

Mais on a cent fois prouvé que cette opinion est fausse. *Montesquieu* dit encore très-bien que, par le droit naturel, les pères sont obligés de nourrir et de protéger leurs enfants jusqu'à ce que ceux-ci soient en âge d'y pourvoir eux-mêmes, mais non de les instituer héritiers; les successions dépendent en entier de la loi civile.

C'est la tendresse naturelle, et non la loi naturelle, qui appèle les enfants à la succession de leur père; et cette tendresse doit être égale pour tous, lorsque la reconnaissance et les besoins sont aussi égaux : mais de quelle espèce serait la loi qui obligerait aux mêmes libéralités envers deux enfants, dont l'un outragerait son père, et l'autre le secourrait dans ses infirmités ; dont l'un serait disgracié de la nature, et l'autre serait devenu opulent par son industrie? Ce n'est pas alors la loi naturelle qui les appèle à un partage égal; et il faudrait au contraire forcer la nature pour en obtenir un pareil résultat.

Enfin les divers usages des peuples ne viènent point du hasard ou du caprice; ils ont leur fondement dans la diversité de leur position.

Dans une grande ville, dans un pays commerçant où l'argent abonde et où les richesses sont principalement en mobilier, il y a moins d'inconvénient à ce que la portion disponible soit plus restreinte, parce que, même à l'égard des propriétés foncières, l'un des copartageants trouvera facilement du numéraire pour garder une terre en son entier et payer aux autres leurs parts : aussi à Paris, à Bordeaux même, au centre du droit romain, et quoique la légitime ne fût que de moitié, l'usage général était-il de partager également.

Mais dans les départements méditerranés et sans commerce, où le numéraire est rare et les richesses mobiliaires presque nulles, où les hérédités sont absolument composées de propriétés foncières, chaque ouverture de succession amènera un partage réel, et subdivisera les héritages de manière à ne pouvoir plus composer une ferme, une métairie : ce serait la ruine de la culture et la destruction des familles; aussi, dans ces pays, l'usage à peu près général est-il de faire un héritier.

Ainsi chaque province s'est faite aux institutions les plus conformes à ses intérêts; et ce serait la plus mauvaise de toutes les politiques, que de chercher à les contrarier : il faut porter une loi qui puisse convenir à toutes les habitudes; et certainement l'ancienne quotité de la légitime est celle qui s'accommode le mieux à tous les usages. Il convient aux goûts et à la position des uns de faire un partage égal; la loi n'y porte point d'obstacle: mais pourquoi voulez-vous empêcher les autres de faire autrement, si l'intérêt de leur famille l'exige ? Ce serait une tyrannie à laquelle le législateur ne peut pas se prêter.

Le C. Boulay admet le système de la loi du 4 germinal, toutefois avec la modification que la portion disponible du père sera du quart dans tous les cas: ce qui généraliserait l'échelle.

Cette disposition est d'autant plus convenable, que la légitime ne pouvant être frappée de substitution, le père aurait du moins le moyen de conserver une partie de sa fortune à ses petits-enfants.

Le C. Portalis dit que si la loi laisse au père la disposition d'une partie de ses biens, c'est pour le mettre en état de punir, de récompenser, de réparer les inégalités entre ses enfants, et de satisfaire aux obligations que la reconnaissance ou d'autres motifs peuvent lui imposer envers les étrangers. Lui seul est capable de remplir ces devoirs; car la loi ne peut régir que la masse des citoyens, et non l'intérieur des familles. Or elle ne doit s'occuper que de ce qu'elle peut bien règler par elle-même : donc, ne pouvant ici établir une règle générale, il est utile qu'elle s'en rapporte au père. Il y a plus d'enfants ingrats qu'il n'y a de pères injustes. L'âge des passions fait oublier trop souvent à ces derniers leurs devoirs; et d'ailleurs l'expérience prouve que l'affection est bien plus vive dans les ascendants pour les descendants, que dans les descendants pour les ascendants.

L'opinant rappèle ce qu'il a dit sur ce sujet dans la séance du 7 pluviôse. Il conclut à ce qu'on laisse au père une très-grande latitude.

Le C. Berlier dit que la proposition du Consul *Cambacérès* lui semble susceptible d'être adoptée moyennant un amendement.

La disponibilité de moitié quand il n'y a qu'un enfant, est bien forte ; mais l'application en sera sans doute bien rare : il faudra qu'un enfant ait bien démérité, pour que les affections de la nature ne l'emportent pas sur les affections étrangères.

Ce qui est à redouter, c'est la préférence d'enfant à enfant, parce qu'elle est plus dans l'ordre des habitudes; et quoique la disponibilité du tiers, quand il y a deux enfants, puisse, si elle est intégralement exercée au profit de l'un d'eux, assigner à celui-ci un héritage double de celui de son frère, du moins conviendrait-il que cette proportion du double ne fût jamais excédée entre enfants.

Or c'est ce qui arriverait dans la proposition ultérieure de la disponibilité du quart, appliquée à celui qui a trois enfants ou plus.

Supposons, en effet, un homme dont la fortune s'élève à 120,000 fr., et qui ait six enfants. Si cet homme peut donner 30,000 fr. à l'un de ses enfants, qui prendra en outre 15,000 fr. pour son sixième dans les 90,000 fr. restants, l'enfant avantagé aura 45,000 fr., c'est-à-dire, une portion triple de celle de chacun de ses frères.

Une telle disparité entre les enfants du même père, disparité qui pourrait être beaucoup plus choquante si l'on suppose un plus grand nombre d'enfants, ne doit pas exister.

Cependant l'opinant ne propose pas d'ôter la disponibilité du *quart* au père qui a trois enfants ou un plus grand nombre; mais il voudrait qu'un tel père ne pût jamais en user de manière que l'un de ses enfants se trouvât avoir une portion excédant le double de celle des légitimaires.

C'est en ce sens qu'il faudrait amender la disponibilité du quart, qu'il faut d'ailleurs laisser au père comme pouvant avoir à récompenser plusieurs enfants, ou même des étrangers.

Le C. Galli est de l'avis du C. *Portalis*.

Il rappèle que, d'après un principe généralement adopté, ce qui a été fait, reçu et pratiqué par-tout et en tout temps, doit être respecté. Les lois romaines ont cet avantage : elles ont fixé la légitime d'après des principes pris dans la nature et dans une saine philosophie, et qui, dès-lors, ne doivent point être sujets aux variations du temps et de la mode.

Mais il est nécessaire, dit-on, de prévenir les testaments déraisonnables.

Il y en aura sans doute. Néanmoins, l'opinant, s'appuyant sur son expérience personnelle, assure que pendant quarante-trois ans qu'il a exercé les fonctions de juge, il a vu à peine quelques testaments où un père ait oublié son caractère et ses devoirs, en préférant des étrangers à ses propres enfants.

Cependant, si l'on répugne à suivre littéralement la loi romaine, le C. *Galli* propose de donner au père la disposition de la moitié de ses biens, quel que soit le nombre de ses enfants.

Le C. Ségur dit que l'abus de l'autorité de la part des pères est toujours rare, parce qu'elle blesse la nature et leur cœur. On doit bien plus craindre l'indépendance des enfants : elle relâche les liens sociaux et conduit à l'immoralité. Si l'on veut arrêter le désordre, il importe de recréer la magistrature si simple des pères, et de ne la pas renfermer dans des bornes trop étroites. L'opinant appuie la proposition du Consul *Cambacérès*.

Le Premier Consul dit que plus on se rapprochera des lois romaines dans la fixation de la légitime, et moins on affaiblira le droit que la nature semble avoir confié aux chefs de chaque famille. Le législateur, en disposant sur cette matière, doit avoir essentiellement en vue les fortunes modiques. La trop grande subdivision de celles-ci met nécessairement un terme à leur existence, surtout quand elle entraîne l'aliénation de la maison paternelle, qui en est pour ainsi dire le point central.

Le C. Béranger dit qu'il apperçoit deux résultats contradictoires, mais également vrais : le premier, que la question est importante ; le second, que peu importe la manière dont on la décidera, parce que, dans tous les systèmes, les inconvénients et les avantages se balancent.

Il est nécessaire de décider, parce qu'il faut donner

aux familles une règle à laquelle on veut qu'elles s'accoutument.

Mais quand on veut trouver une règle, on rencontre de grands embarras. Par exemple, il est juste d'établir l'égalité entre les enfants; mais on sent que pour y parvenir, il faut calculer la situation, le sexe, l'âge, les talents et le caractère de chacun d'eux; et alors on est porté à constituer le père arbitre entre ses enfants.

D'un autre côté, si l'on considère que les pères sont sujets aux passions, et surtout à l'orgueil, on craint pour le sort des enfants, et on sent qu'il est nécessaire de fixer la quotité de la légitime, et de ne laisser à la disposition du père qu'une partie de ses biens.

On a dit que si la légitime était considérable, les petites fortunes seraient anéanties. Il ne semble cependant pas que le système contraire pût les conserver; car il faudra toujours diviser le patrimoine pour remplir de leur légitime les enfants qui y seraient réduits. Dès-lors la vente de la propriété entière paraîtrait plus utile. Ainsi cette considération n'est pas assez puissante pour porter à étendre la faculté de disposer.

Le maintien de l'autorité paternelle est un motif plus déterminant.

On pourrait laisser au père la disposition de la moitié des biens lorsqu'il a peu d'enfants; et la faire descendre jusqu'au quart, mais graduellement, et d'après une échelle.

Le C. Berlier observe que l'expérience fournit une puissante réponse aux considérations tirées de l'intérêt des villageois. Les testaments sont heureusement très-peu connus parmi eux; l'égalité préside aux partages que font leurs enfants; et s'il n'entre pas dans leurs vues de faire valoir la petite ferme en société, l'un d'eux la prend, moyennant une rente qu'il fait aux autres. Tout prend ainsi naturellement son niveau, et s'arrange par la force des choses, et beaucoup mieux qu'en ouvrant ou indiquant aux pères de famille considérés dans cette classe, une voie peu compatible avec la simplicité de leurs mœurs et le bonheur de leur famille.

Le C. Boulay dit que, chargé par le Gouvernement de présenter la loi du 4 germinal an 8, il a eu occasion de s'assurer que la loi du 17 nivôse an 2 n'a jamais été suivie dans les pays de petite culture : là, l'héritage a continué de demeurer à l'aîné qui l'avait cultivé et amélioré. Il s'est chargé de nourrir son père. Les autres enfants ont eu un pécule.

Si l'aîné n'a pas la certitude morale de succéder à l'héritage, il se dispensera de toutes les peines qu'il lui en coûte pour l'améliorer.

Le C. Réal répond qu'il connaît aussi beaucoup de départements de grande culture où la loi du 17 nivôse a reçu son exécution.

Il ne redoute point une loi dont le résultat produirait une certaine division dans les propriétés ; elle diminue de nombre la classe des prolétaires ; elle augmente le nombre des propriétaires. Il en appèle à l'expérience : c'est dans les pays de petite culture qu'on trouve une population nombreuse ; c'est donc là que se trouvent aisance et prospérité.

Il applique à la question actuelle les réflexions qu'il a faites au sujet des substitutions. Sans doute qu'en favorisant ainsi le rétablissement en grande partie du droit d'aînesse, on pourvoit à la conservation du nom de la maison ; mais loin de conserver la famille, cette théorie la détruit, en chassant de l'héritage paternel la plus grande partie des membres qui composent cette famille, en établissant entre les enfants d'un même père des motifs bien fondés de jalousie et de haine.

C'est ce qui arrivait en Normandie, en Gascogne, où les cadets, dépouillés par la coutume, végétaient dans les privations et la misère, à côté d'un aîné qui nageait dans l'abondance et le superflu.

On parle de l'ancienneté de cet ordre de choses. Mais d'abord nos institutions ont changé ; et ce qui convenait lorsqu'il y avait des privilèges et un tiers-état, ne peut convenir sous le régime de l'égalité. Mais si cet ordre de choses est ancien, il faut avouer que les réclamations qui en demandent l'abrogation, sont aussi très-anciennes. Il n'est point un philosophe, un philantrope qui n'ait écrit contre cet abus, pas un publiciste qui ne l'ait condamné ; et des réclamations unanimes, consignées dans tous les cahiers, ont fait prononcer son anéantissement.

Le C. Regnaud (de Saint-Jean d'Angely) dit que l'égalité absolue, rejetée par l'Assemblée constituante, quoique *Mirabeau* en fût le défenseur, rejetée encore depuis par l'assentiment général qu'a obtenu la loi du 4 germinal an 8, est si peu dans nos mœurs, que presque toujours le père donne à l'aîné de ses enfants le manoir paternel, et aux autres leur part en argent. Pour faire exécuter le partage, le père ajoute une clause par laquelle il prive ceux de ses enfants qui ne s'y soumettraient pas, de toute la portion des biens dont la loi l'autorise à disposer.

Le C. Maleville dit que la loi doit être conçue de manière qu'elle convienne à tous, qu'elle ne blesse aucun intérêt, qu'enfin elle s'exécute. La loi qui remplirait le mieux ces conditions, serait celle qui donnerait au père la libre disposition de la moitié de ses biens, parce que, sans l'obliger à les partager inégalement entre ses enfants, à faire même aucune disposition, si l'égalité de leurs besoins et de leur mérite l'en dispense, elle lui conserve seulement un droit nécessaire au maintien de son autorité, et aussi ancien que l'empire même. Le priver de ce droit, ce serait l'inviter, en quelque sorte, à se faire autrement justice ainsi qu'à sa famille; et l'on verrait les contrats de vente simulés, et les obligations frauduleuses prendre la place des anciens testaments.

Pour faire restreindre ce droit, on a opposé le peu de confiance que méritent les pères : on était frappé, sans doute, des mauvais exemples que pourrait présenter à cet égard la capitale; et c'est peut-être un malheur que les lois soient toujours portées dans d'immenses cités, dont la corruption donnerait en effet une triste idée de la nature humaine. Lorsqu'on veut faire une loi, c'est sur les départements qu'il faut tourner ses regards. Là un mauvais père est un phénomène dont l'apparition afflige rarement les ames sensibles.

Le C. Jollivet dit que jusqu'ici on n'a consulté que l'intérêt des enfants; mais qu'il ne faut pas perdre de vue, quand on règle la disponibilité des pères, que beaucoup de mariages sont arrêtés sous la condition des avantages faits aux époux, et qu'ils deviendraient impossibles, si le père n'avait une grande latitude.

La graduation aurait d'ailleurs l'inconvénient de donner au père intérêt à n'avoir qu'un petit nombre d'enfants.

Le C. Bigot-Préameneu dit qu'on doit se décider ici par deux sortes d'intérêts, celui de l'Etat, celui de la famille.

L'intérêt public est dans la bonne organisation de chaque famille ; car il en résulte la bonne organisation de l'Etat.

A l'égard des familles, elles ne se conservent que par une bonne organisation.

Or, le droit d'aînesse ne servait ni l'intérêt de l'Etat, ni l'intérêt des familles ; il n'existait que pour l'avantage d'un seul : on ne propose pas de le rétablir.

Mais la division égale des biens produit un autre inconvénient ; elle détruit les petites fortunes. Un petit héritage, coupé en parcelles pour être partagé entre plusieurs, n'existe plus pour personne. La famille ne profite pas de cette division ; car, qu'est pour chacun la modique portion qu'il reçoit ? Si l'héritage demeure entier, il reste un centre commun à la famille.

L'opinant appuie la proposition du Consul *Cambacérès*.

Le Consul Cambacérès résume les diverses propositions. Il donne la préférence à celle qui gradue la légitime de manière que, quand il y a trois enfants ou un plus grand nombre, elle soit réglée aux trois quarts. Il estime qu'on ne doit point s'inquiéter de l'usage que le père peut faire de la portion de biens dont la disposition lui reste, et qu'il ne faut pas laisser au père une demi-volonté.

Le Premier Consul demande s'il ne serait pas préférable de graduer la légitime sur la quotité de la succession, plutôt que sur le nombre des enfants.

On pourrait, par exemple, accorder au père la disposition de la moitié de ses biens, lorsqu'ils s'élèveraient à 100,000 francs ; au-delà, il ne pourrait disposer que d'une part d'enfant.

Ce système semble laisser la latitude au père, en même temps qu'il tend à conserver les petites fortunes, et à empêcher qu'il ne s'en forme de trop considérables.

Le C. Bérenger dit que peu de fortunes s'élèvent à 100,000 fr. ; que, d'ailleurs, l'importance de cette somme varie suivant les temps et suivant les pays.

Le C. TRONCHET dit que le plus grand inconvénient de ce système serait qu'il obligerait à faire une expertise dispendieuse et souvent incertaine.

L'opinant, revenant à la proposition du Consul *Cambacérès*, observe qu'elle laisse subsister la question de savoir si l'enfant pourra prendre, hors part, les avantages que lui fera le père.

Le C. BIGOT-PRÉAMENEU répond que cette question se rattache à l'article XX, qui n'est pas encore soumis à la discussion. Elle n'a pas de connexité avec celle dont s'occupe le Conseil ; car il s'agit de fixer la quotité des biens dont le père pourra disposer, même au profit d'étrangers.

La proposition faite par la section est adoptée avec l'amendement proposé par le Consul *Cambacérès*.

Séance du 28 pluviôse an 11 de la République.

14. *Réserve au profit des frères, discutée, d'abord adoptée.*

Le Premier Consul préside la séance.

Le second et le troisième Consuls sont présents.

On reprend la discussion de la section Ire. du chapitre II du titre *des Donations entre vifs et des Testaments.*

La seconde partie de l'article XVIII est adoptée.

La troisième partie du même article est discutée.

Le C. Bigot-Préameneu dit que cette partie de l'article présente la question de savoir si la loi établira une réserve au profit des frères et sœurs et de leurs descendants.

Chez les Romains, les parents de cette ligne et de ce degré n'avaient droit de se plaindre de la disposition du testateur, que lorsqu'il avait appelé à sa succession une personne honteuse.

Hors ce cas, ils ne pouvaient prétendre à aucune partie de ses biens.

En France, le système des propres leur donnait une réserve. Ce système avait été imaginé pour conserver les mêmes biens dans les familles : il pouvait produire cet effet dans des temps où le commerce des immeubles était moins fréquent, et où chacun était plus attaché au patrimoine de ses pères. Aujourd'hui que les mœurs ont changé sous ce rapport, il ne peut plus produire les mêmes résultats. Mais à ce moyen, devenu inefficace, il paraît convenable d'en substituer un autre qui, mieux assorti à nos mœurs actuelles, serve à maintenir les familles. C'est dans cet esprit que la section propose la troisième partie de l'article XVIII.

Si elle y donne plus de force qu'en ligne directe aux dispositions entre vifs, c'est que des collatéraux ne lui ont pas paru mériter la même faveur que des enfants.

Le C. Regnaud (de Saint-Jean-d'Angely) observe qu'en obligeant les successibles à rapporter les donations qu'ils ont reçues, la section favorise moins les parents que les étrangers, puisque ces derniers conservent irrévocablement la chose donnée. Il semble donc que le rapport ne devrait être admis en aucun cas.

Le C. Bigot-Préameneu répond que l'établissement d'une légitime en collatérale, n'est pas favorable au point d'enlever à un étranger la chose donnée et dont il a dû se croire propriétaire incommutable; mais qu'en directe la légitime est d'absolue nécessité, et que dès-lors on ne peut pas créer, d'un côté, une légitime, et permettre, de l'autre, au testateur d'éluder la loi en faisant des donations aux successibles.

Le C. Tronchet voudrait qu'il fût accordé une légitime aux frères et aux sœurs. Ce n'est pas que les devoirs qui existent entre les pères et les enfants, existent également entre les frères, et qu'en ligne collatérale, les parents se doivent des aliments comme en ligne directe. Mais la nature ayant établi des liens très-étroits entre les parents de ce degré, ce serait l'outrager que de les priver de tout en faveur d'étrangers. Cependant la légitime doit être modique.

Ces motifs, qui peuvent déterminer à donner une légitime aux frères, ne s'étendent pas jusqu'à leurs descendants. L'oncle doit sans doute protéger ses neveux, mais ce n'est que dans le cas où les neveux se rendent dignes de son appui. Il est à craindre qu'ils n'oublient leurs devoirs, si la loi leur assure irrévocablement une portion des biens de leur oncle. Ils les rempliront au contraire, s'ils sont obligés d'acheter les bienfaits de l'oncle par leur attachement et par leur respect.

L'opinant examine si l'extension que la section a donnée aux dispositions de la coutume de Paris, doit être adoptée.

Dans les pays coutumiers, dit-il, on n'admettait point le cumul de légataires et d'héritiers : on pensait que celui qui réclamait le bénéfice de la loi, ne devait pas se prévaloir de la volonté de l'homme; mais dans la coutume de Paris, la prohibition était restreinte aux legs.

La section a été plus loin; elle l'a étendue aux donations entre vifs. Cependant, il semble que l'héritier n'a pas lieu de se plaindre, puisque le défunt pouvait donner entre vifs tout son bien à un étranger.

Le mot *successible* ne laisse point de difficultés dans le cas dont a parlé le Consul *Cambacérès*.

L'article, en effet, n'exige de rapport que par le successible. Or, ce titre ne convient point à celui qui est exclu par son père. L'ancien droit, à la vérité, faisait une exception à ce principe pour la ligne directe, parce que, dans cette ligne, il voulait l'égalité parfaite, même entre les branches; mais jamais cette exception n'a été étendue à la ligne collatérale.

Le C. PORTALIS attaque le principe de l'article. L'opinant n'admet aucune légitime en collatérale; elle est due en ligne directe, à cause de l'obligation imposée au père de pourvoir à l'établissement de ses enfants: or cette obligation n'existe pas entre les frères.

Il y a plus. En collatérale, il est permis de disposer indéfiniment entre vifs au profit d'étrangers. Cependant, lorsque, d'un côté, cette faculté qui peut dépouiller une famille entière, est admise, on la fait cesser quand il s'agit de récompenser celui des frères qui, par sa situation, ses sentiments ou sa conduite, mérite d'être préféré aux autres. Si la disposition qui permet de préférer des étrangers aux frères, ne choque pas les principes, comment seraient-ils blessés par la préférence donnée à un frère sur les autres?

C'est, dit-on, parce qu'il faut établir l'égalité entre les successibles.

Etrange manière de les égaliser, que de permettre de les dépouiller également! On ôte au citoyen le droit d'être juste dans sa famille, pour ne lui laisser que celui de s'y rendre odieux.

On fait valoir les liens que la nature a formés entre les frères; ils sont nés d'un même père; ils ont partagé l'hérédité paternelle.

Ce ne sont pas là des motifs de gêner la disposition d'un testateur. Si son patrimoine vient du père commun, ses frères ont eu leur part et n'ont plus rien à y prétendre.

S'il l'a acquis par son industrie, comment lui en refuser la libre disposition? Ce droit est une suite nécessaire de sa propriété.

Les liens de famille! Ils se resserrent, ils se perpétuent par les égards réciproques de ceux qu'ils unissent, par le doux commerce de bienfaits et par l'intérêt mutuel qu'ont tous les membres de la famille de se ménager. L'intérêt, comme la crainte, est le commencement de la sagesse.

Le C. Bigot-Préameneu répond d'abord au C. *Tronchet*, que la réserve au profit des neveux est limitée à ceux qui existent à l'époque du décès; ce qui ne conduit pas ordinairement à une longue suite de générations. D'ailleurs, la question est préjugée par la disposition du titre *des Successions*, qui admet les neveux à la représentation, sur le fondement que la mort de leur père ne doit pas leur porter préjudice.

L'opinant répond au C. *Portalis*, que le testateur ayant la libre disposition des trois quarts de ses biens, a une assez grande latitude pour récompenser l'affection d'un frère et les conduire tous à leurs devoirs par la vue de l'intérêt. Mais il est de la sagesse du législateur de prévoir le cas où un parent dénaturé voudrait désorganiser sa famille, et ravir au plus grand nombre de ses parents, en faveur d'un seul, la petite portion de bien nécessaire à leur existence.

Il est impossible d'imposer aux étrangers l'obligation de rapporter les donations qu'ils ont reçues, puisqu'ils ne prènent rien dans la succession, et que leur fortune peut se trouver réduite à un état tel, que la restitution à laquelle ils se trouveraient obligés, consommerait leur propre patrimoine, et tournerait ainsi contre eux le bienfait qu'ils ont reçu.

Les collatéraux, au contraire, se trouvent dans la même position que les héritiers en ligne directe; et l'on ne voit pas de motif pour établir une différence entre les uns et les autres à l'égard du rapport des donations.

Le C. Tronchet dit qu'il faut décider d'abord s'il y aura une légitime pour les frères; qu'ensuite on pourra décider s'il y en aura une pour les neveux.

Le C. Muraire dit que c'est dénaturer les idées que d'établir une légitime en collatérale. Toute légitime, en effet, est une dette.

Or, les enfants doivent pourvoir aux besoins de leurs pères, les pères aux besoins de leurs enfants; mais la même obligation n'existe pas à l'égard des frères.

Il ne reste donc plus, pour appuyer ce système, que la considération morale de resserrer les liens de famille. Mais les bienfaits émanés de la volonté de l'homme opéreront toujours cet effet, bien plus sûrement que les bienfaits émanés de la volonté de la loi. Ce motif ne suffit donc pas pour introduire dans le droit une innovation aussi considérable que celle qui est proposée.

Enfin, le C. *Portalis* a fait une réflexion qui doit être décisive : car, si le patrimoine vient d'un père commun, c'est augmenter la légitime des enfants que de leur en réserver encore une partie dans la succession de leurs frères; si le patrimoine a été acquis par l'industrie du propriétaire, il est juste de ne le point forcer dans sa disposition.

Le C. Gally pense qu'il conviendrait de s'en tenir aux dispositions de la loi romaine, qui, depuis un temps immémorial, régissent tous les pays civilisés : elles n'admettent de légitime qu'en ligne directe.

Le Premier Consul répond que si les lois romaines régissaient autrefois une partie de la France, l'autre était régie par le droit coutumier, qui admettait une réserve au profit des collatéraux, par l'effet du système des propres.

La réserve du quart, qu'on propose, remplacerait ce système et conduirait au même résultat, en conservant les biens dans la famille.

Le C. Troncher observe qu'on pouvait disposer entre vifs de la totalité de ses propres, et que d'ailleurs il était facile de les dénaturer.

Le C. Treilhard ajoute que les propres étaient réservés, non à l'héritier le plus proche du défunt, mais à l'héritier de la ligne du propre; en sorte que les propres pouvaient passer et passaient souvent à un parent très-éloigné, au préjudice d'un neveu.

Le C. Maleville dit que ne point accorder la légitime aux frères, ce serait passer trop brusquement d'un ordre de choses où la presque totalité des biens était réservée aux parents, à un autre où la loi n'établirait aucune réserve en leur faveur.

A l'égard de ce qu'on a dit de l'efficacité de la liberté indéfinie de disposer pour maintenir les liens de famille, comme c'est surtout entre les pères et leurs enfants qu'il est utile de resserrer ces liens, il en résulterait qu'il faudrait aussi établir, en ligne directe, cette faculté illimitée de disposer; ce dont il n'y a pas d'apparence que personne convienne.

Le C. Muraire objecte qu'en ligne directe la légitime est une dette.

Le C. Thibaudeau dit qu'il ne faut pas conclure de ce qu'on pouvait disposer de ses propres par donation entre vifs, qu'on ne doive pas établir de légitime en collatérale, dans les limites proposées. La donation entre vifs expropriant à l'instant le donateur, ces sortes d'actes n'étaient pas si communs, que les propres ne restassent le plus souvent dans les successions *ab intestat*. Maintenant que la distinction des propres n'existe plus, il arriverait très fréquemment que les héritiers collatéraux du premier degré se trouveraient privés de tous les biens par testament, et les habitudes d'une grande partie de la France repoussent un système dont l'effet serait de relâcher des liens de famille qu'il importe au contraire de maintenir dans toute leur force.

Le C. Cretet dit que derrière le droit positif, qui n'impose point l'obligation de donner des aliments en ligne collatérale, il voit la nature qui établit entre les frères une affection à laquelle le législateur doit avoir égard. Le droit romain ne doit pas faire autorité, lorsqu'il méconnaît les liens que forme le sang entre les enfants issus d'un même père.

Toujours la morale fera un devoir au frère de ne point abandonner son frère indigent. Si elle le force à remplir ce devoir pendant sa vie, pourquoi ne l'étendrait-elle pas au-delà de sa mort?

Le C. Treilhard dit que ni le droit coutumier, ni le droit écrit, n'ont jamais donné de légitime aux frères. La réserve des propres était un système absolument différent de celui de la légitime : le plus grand nombre des familles n'avait pas de propres, et la réserve était fort inutile dans ce cas. Le testateur pouvait alors disposer de toute sa fortune au préjudice de ses frères. Les réserves coutumières avaient pour objet de conserver les biens dans les lignes, et non pas de les transmettre aux plus proches parents.

Le Premier Consul dit que le droit romain n'accordait une légitime aux frères et aux sœurs que dans le seul cas où le testateur avait appelé à sa succession une personne honteuse.

Le C. Treilhard dit que si la réserve n'avait lieu que dans ce cas, elle serait infiniment rare, mais qu'il s'agit de savoir si elle aura lieu dans toutes les hypothèses.

Le C. Bigot-Préameneu dit que si le droit romain ne donnait la préférence aux frères que sur les personnes honteuses, la jurisprudence la leur accordait sur des légataires beaucoup plus favorables, puisque les parlements réduisaient les legs universels faits au profit des hôpitaux. Cette réduction avait lieu indépendamment de la loi qui déclarait les gens de main-morte incapables de recevoir.

Le C. Emmery dit que, dans quelques pays, tout testament où les frères n'avaient point été nommés, était annullé. On supposait que si le testateur eût pensé à eux, il eût changé ses dispositions. Il suffisait au surplus qu'il leur eût laissé la somme la plus modique, pourvu que leur nom se trouvât rappelé.

Le C. Bérenger défend l'opinion du C. *Portalis* contre les objections par lesquelles elle a été combattue.

On a observé d'abord qu'elle blesse l'affinité que le sang établit entre les enfants d'un même père.

Cette affinité a été respectée dans les successions *ab intestat*, où elle sert a déterminer l'ordre de la vocation. Dans les successions testamentaires, elle ne peut devenir une règle absolue ; car les procédés et la conduite peuvent changer les affections naturelles.

Or, serait-il juste qu'un frère qui, par le mépris des sentiments naturels, se serait rendu étranger à son frère, fût préféré a un étranger qui, par son attachement et ses services, s'est rendu le frère du testateur ?

On ne peut tirer aucun argument du système des propres. Le retour par ligne qu'il établissait, prouve qu'il n'était pas mesuré sur les degrés de l'affection, mais qu'il était fondé sur l'intention de conserver les biens dans les familles; mais du moins pouvait-on s'y soustraire en dénaturant ses biens, quand on ne voulait obéir qu'à son cœur. Ici la réserve serait forcée; car même les donations entre vifs faites à des collatéraux, seraient soumises au rapport.

Quant aux coutumes dont a parlé le C. *Emmery*, elles n'obligeaient pas à conserver aucune portion de ses biens à ses frères, puisqu'il suffisait de rappeler leur nom pour pouvoir disposer indéfiniment.

Le CONSEIL adopte en principe que la loi établira une réserve en faveur des frères;

Qu'il n'y aura point de réserve pour les neveux venant de leur chef, hors le cas où ils concourraient par représentation avec les frères.

Les mots *autres que les successibles*, sont retranchés de l'article.

15. *Légitime des Ascendants.*

Le C. MALEVILLE revient sur la disposition relative aux ascendants, qui lui semble présenter de l'obscurité dans sa rédaction. En la considérant isolément, on croirait que la légitime des ascendants sera toujours de la moitié fixe des biens; mais en la rapprochant de la première partie de l'article, il paraît qu'elle ne sera que de la moitié de ce qu'ils auraient eu, si la succession n'avait pas été diminuée par les donations entre vifs ou testamentaires, et alors il peut arriver qu'elle soit moins forte que la légitime des frères; car si un défunt laisse ses père et mère, et un frère, chacun des père et mère ne prendra qu'un huitième de ses biens, tandis que le frère en prendra le quart.

L'opinant pense que la légitime des ascendants doit être fixée au tiers dans tous les cas : telle est la disposition expresse de l'article LXI de l'ordonnance de 1735.

Le C. TRONCHET dit que cet inconvénient tient à la nature des choses. Une quotité proportionnelle est essentiellement sujète à varier suivant les circonstances; mais la rédaction de l'article semble présenter une autre difficulté. Ces mots *à défaut de descendants et d'ascendants*, semblent exclure le concours entre les frères et les ascendants, et cependant il est des cas où ce concours existe.

Le C. Bigot-Préameneu dit que la difficulté est levée par d'autres dispositions, mais qu'il est en effet utile de la faire cesser par la rédaction de l'article.

La quatrième partie de l'article est soumise à la discussion et adoptée.

16. *Legs d'un usufruit qui excède l'usufruit du disponible.*

L'article XIX est discuté.

Le C. Tronchet dit que l'objet de cet article est de prévenir une difficulté qui s'est souvent présentée.

La légitime doit être laissée en entier. Il pourrait arriver cependant qu'un testateur, en réservant la totalité de ses biens à ses enfants, les eût chargés d'une rente viagère ou d'un usufruit qui en réduirait le produit au-dessous des trois quarts. On a demandé si le légitimaire pourrait se plaindre; et quelques-uns ont pensé qu'il était récompensé de la diminution de sa jouissance par la propriété de la portion disponible. Mais il a été décidé, conformément au sentiment de *Ricard*, que le testateur avait fait ce qu'il ne pouvait pas, et qu'il n'avait pas fait ce qu'il pouvait. Or, n'étant pas permis aux juges de suppléer la volonté du testateur, on réduisait ordinairement l'usufruit ou la rente au revenu de la portion disponible. La section a cru devoir proposer une règle fort simple, qui prévient ces sortes de procès.

Le C. Treilhard ajoute que ni l'héritier ni le légataire ne peuvent se plaindre. Le premier a un moyen de s'affranchir de la rente; le second acquiert une propriété en remplacement d'un simple usufruit.

L'article est adopté sauf rédaction.

17. *Donation au successible.*

L'article XX est discuté.

Le C. Tronchet dit que la légitime doit demeurer entière; qu'elle ne le serait plus cependant, si le donataire était admis à un partage égal des biens qui restent, sans être obligé au rapport.

On objecte que l'héritier institué faisait part dans la

légitime. C'est une erreur : l'héritier institué faisait nombre pour déterminer la quotité de la légitime ; mais il ne prenait aucune part dans la quotité réservée aux légitimaires.

On ne mettra les deux dispositions en harmonie, qu'en décidant que la légitime ne peut être diminuée par la disposition du père.

L'article aurait, en outre, un autre inconvénient ; il pourrait donner à l'enfant favorisé des avantages immenses sur ses frères. Qu'on suppose, par exemple, un patrimoine de 100,000 francs diminué par une donation de 25,000 francs faite à l'un des enfants. S'il existe six partageants, parmi lesquels soit le donataire, et qu'il prène sa part sans rapporter, il recueillera 37,500 fr., tandis que la part de ses frères ne sera que de 12,500 fr.

Plus il y aura de partageants, et plus la disproportion s'accroîtra.

Il paraîtrait donc nécessaire de fixer une quotité au-delà de laquelle la donation faite à un seul des enfants serait réductible au profit de ses frères. On pourrait ajouter à l'article, « sans néanmoins que la donation du » quart faite à l'un des enfants puisse excéder le tiers » ou la moitié de la portion légitimaire. »

Le C. Bigot-Préameneu dit que la contradiction dont a parlé le C. *Tronchet* n'est pas réelle, puisque, d'après les dispositions adoptées dans les séances précédentes, la légitime ne peut être entamée. Si, par l'effet d'une donation, l'un des enfants se trouve plus avantagé que ses frères, qui d'ailleurs ont retiré leur légitime, c'est une suite inévitable de la faculté de disposer qu'on est convenu d'accorder au père.

La seconde question a également été traitée ; et l'on a dit que lorsque le patrimoine est considérable, l'enfant réduit à sa légitime se trouvait dans un état d'opulence tel, que la donation qui double la part de son frère, doit lui devenir indifférente ; que si le patrimoine est modique, on ne peut le diviser sans l'anéantir pour tous. Cependant cette question n'a pas été décidée.

Le C. Treilhard dit que la législation adoptée par le Conseil repose sur des bases différentes de celles admises par les anciennens coutumes. Les coutumes voulaient l'égalité parfaite entre les enfants venant à succession : le Conseil, en accordant une portion disponible au père, et en lui permettant d'en avantager un de ses enfants au préjudice des autres, permet entre eux l'inégalité.

Le C. MURAIRE pense qu'on ne peut donner des limites à la libéralité du père.

La loi a fait la part des enfants et a pourvu à leur sort; elle donne au père la libre disposition d'une partie de ses biens : il serait bizarre de lui permettre d'en user au profit d'étrangers, et d'en borner la latitude lorsqu'il en use au profit de ses enfants. Ainsi, parce qu'on serait l'enfant du donateur, on serait de pire condition que si on ne lui était pas uni par les liens du sang.

De quoi s'effraye-t-on?

De l'extrême inégalité qui peut en résulter entre les héritiers.

Mais d'abord elle sera rare.

Ensuite on ne la préviendrait pas par la loi; car le père saura, par des voies indirectes, échapper aux entraves que la loi lui aura données.

Le C. BÉRANGER dit qu'il serait contradictoire de donner au père la disposition libre et indéfinie d'une partie de ses biens, et de la limiter ensuite par l'odieuse condition de ne pas en user en faveur de ses enfants.

On a déjà cité dans la discussion les cas où les autres enfants ont formé des établissements avantageux, et où celui qui est resté près de son père n'a pu se procurer de fortune, parce qu'au lieu d'employer son industrie pour lui-même, il l'a employée sans réserve à conserver, à améliorer l'héritage paternel. Est-il juste que les autres qui n'ont pas de besoins, viènent partager également avec lui cet héritage qui doit le faire subsister, et profiter de ses labeurs, de ses sacrifices, de son dévouement?

On a donné aux enfants une légitime raisonnable. C'est avoir fait pour eux tout ce que l'équité exige. Qu'on laisse au delà le père user aussi de la part que la loi lui a faite; qu'il puisse être aussi juste envers son fils qu'envers un étranger dont il pourrait récompenser les services.

Le C. TRONCHET dit qu'entre un étranger et un enfant il y a cette différence, que la libéralité du testateur ne peut jamais donner au premier que le quart de ses biens, au lieu que si l'enfant a le droit de cumuler la donation et sa légitime, sa part peut devenir exorbitante.

L'article XX est cependant nécessaire, pourvu qu'on le modifie; car si, pour conserver une donation, il fallait renoncer à l'hérédité, le donataire pourrait ne pas se trouver rempli de sa légitime.

Le CONSUL CAMBACÉRÈS dit qu'il n'y a pas de doute que, dans la législation proposée, un enfant ne puisse être extrêmement avantagé.

Mais ce n'est pas là qu'est la question. D'autres considérations ont déterminé le Conseil.

On a pensé que s'il est juste que les enfants ayent un droit, même plus élevé qu'autrefois, dans la succession de leur père, il est juste aussi qu'en vertu de sa propriété, le père ait la libre disposition d'une partie de ses biens, surtout pour réparer les inégalités naturelles ou accidentelles qui existent entre ses enfants, et les contenir par la crainte des peines et l'espoir des récompenses.

Ces motifs avaient déterminé le C. *Tronchet* lui-même à proposer le système de la loi du 4 germinal.

Ce serait ruiner la disposition accordée au père et les effets salutaires qu'on en espère, que de la resserrer dans des limites; ce serait se contredire. Il serait préférable d'élever la légitime, de diminuer la portion disponible, en ajoutant de nouveaux degrés à l'échelle de graduation. Au moins les dispositions de la loi seraient en harmonie. Mais comment établir que le père a le droit de disposer d'une partie de ses biens, et cependant réserver presque en entier cette portion aux enfants, en n'en laissant, pour ainsi dire, que l'usufruit au père?

L'article est adopté.

18. *Aliénation à fonds perdu au profit des enfants.*

L'article XXI est discuté.

Le C. BIGOT-PRÉAMENEU dit que cet article tend à enlever au père un des moyens d'éluder les prohibitions de la loi.

Le C. MALEVILLE dit qu'il serait plus simple de défendre au père de vendre son bien à fonds perdu à ses enfants. Si cette vente demeure permise, comme elle peut, dans une infinité de cas, être sincère et sans fraude, il en résultera que, pour avoir donné seulement la préférence à son fils sur un étranger, le père se trouvera privé de la faculté de disposer, et qu'on imputera sur sa part disponible, comme donné, ce qui a réellement été vendu ; ce qui serait très-injuste.

Le C. PORTALIS dit que l'article ne préviendra pas les procès, comme on paraît l'espérer. La réalité du payement fera nécessairement éclore des contestations.

Il vaudrait mieux s'en tenir au droit commun.

Le C. THIBAUDEAU dit que l'article étouffera les procès. Le fils ne traitera pas avec son père, lorsqu'il sera averti par la loi, que le contrat sera nul, s'il excède la portion disponible.

Le C. PORTALIS répond qu'alors l'article conduit le père à traiter avec des étrangers.

On veut éviter les procès. Mais fera-t-on au fils l'injustice de ne pas lui rendre ce qu'il aura réellement payé ? Il ne doit pas perdre ce qu'il a donné, chaque année, au-delà du produit des biens : or, pour décider s'il est en perte, il faut le même examen que s'il s'agissait de décider sur le fonds.

Jusqu'ici on ne s'est attaché dans ces sortes de contrats qu'à vérifier s'ils étaient de bonne foi ou frauduleux, et les tribunaux s'y trompaient rarement.

Le CONSUL CAMBACÉRÈS dit que ces sortes de contrats étant ordinairement des avantages déguisés, il faut du moins, si l'article est rejeté, réserver aux enfants la faculté de prouver la simulation.

Le C. BERLIER propose d'excepter de la disposition de l'article, le cas où les cohéritiers du donataire ont donné leur consentement au contrat.

L'article est adopté avec cet amendement.

Séance du 5 ventôse an 11 de la République.

19. Rédaction proposée de la seconde section.

Le Premier Consul préside la séance.

Le second et le troisième Consuls sont présents.

Le C. Bigot-Préameneu présente la Section II du chapitre II du titre *des Donations entre vifs et des Testaments.*

Elle est ainsi conçue :

Section II.

De la réduction des Donations et Legs.

Art. XXII. Les dispositions, soit entre vifs, soit à cause de mort, qui excèderont la quotité disponible, seront réductibles à cette quotité, sauf l'exception portée au 3°. § de l'art. XVIII.

Art. XXIII. La donation entre vifs conserve tout son effet pendant la vie du donateur.

Art. XXIV. Lorsque dans l'une ou dans l'autre ligne paternelle ou maternelle, il se trouvera plusieurs héritiers, dont les uns auront et les autres n'auront pas le droit de demander la réduction, elle ne s'opérera qu'à l'égard de ceux au profit desquels la loi a restreint la faculté de disposer.

Dans tous les cas, la réduction sera dans les proportions établies par l'article XVIII, en raison de la légitime, ou de la réserve de chaque successible.

Art. XXV. Les créanciers, les donataires et légataires du défunt, ne pourront demander la réduction.

Art. XXVI. La réduction se détermine en formant une masse de tous les biens existants au décès du donateur ou testateur : on y réunit fictivement ceux dont

19

il a été disposé par donations entre vifs, d'après leur état à l'époque des donations, et leur valeur au temps du décès du donateur; on calcule sur tous ces biens après en avoir déduit les dettes, quelle est, eu égard à la qualité des héritiers qu'il laisse, la quotité dont il a pu disposer.

Art. XXVII. Il n'y aura jamais lieu a réduire les donations entre vifs, qu'après avoir épuisé les donations à cause de mort.

Art. XXVIII. Lorsqu'il sera reconnu que la valeur des donations entre vifs excède ou égale la quotité disponible, toutes les donations à cause de mort seront caduques.

Si la valeur des donations entre vifs excède la quotité disponible, elles seront réduites en commençant par la dernière, et ainsi de suite, en remontant des dernières aux plus anciennes, à l'exception de celles qui, dans le cas de la réserve aux frères ou sœurs, ou aux descendants d'eux, auraient été faites à d'autres qu'aux successibles.

Art. XXIX. Si la donation réductible a été faite à l'un des successibles, il pourra retenir sur les biens donnés, la valeur de la portion qui lui appartiendrait, comme héritier, dans les biens non disponibles.

Art. XXX. Dans le cas où les legs particuliers excéderaient soit la quotité disponible, soit la portion de cette quotité qui resterait après la déduction de la valeur des donations entre vifs, les legs seront réduits entre les légataires particuliers au marc le franc.

Néanmoins, si, dans les cas ci-dessus, il y a un légataire à titre universel, il prélèvera le quart de la masse libre, et n'aura droit au surplus qu'après le payement intégral de tous les legs particuliers.

Art. XXXI. Dans tous les cas où le donateur aura expressément déclaré qu'il entend que tel legs soit acquité de préférence aux autres, cette préférence aura lieu, même au préjudice du quart réservé par l'article précédent au légataire à titre universel.

Art. XXXII. Le donataire restituera les fruits de ce qui excédera la portion disponible, à compter du jour du décès du donateur, si la demande de réduction a été faite dans l'année, sinon du jour de la demande.

Art. XXXIII. Les immeubles qui rentreront dans la succession par l'effet de la réduction, y reviendront sans charge de dettes ou hypothèques créées par le donataire.

Art. XXXIV. L'action en réduction ou revendication pourra être exercée par les héritiers contre les tiers détenteurs des immeubles faisant partie de la donation et aliénés par le donataire, de la même manière et dans le même ordre que contre le donataire lui-même, et discussion préalablement faite de ses biens. Cette action doit être exercée suivant l'ordre de dates des aliénations, en commençant par la plus récente.

20. *Discussion.*

L'article XXII est adopté.

L'article XXIII est discuté.

Le C. Bigot-Préameneu dit que l'objet de cet article est de règler les effets de la réductibilité, en décidant que la réduction de la donation ne peut être demandée pendant la vie du donateur, ni le donataire obligé de rapporter les fruits.

Le C. Treilhard propose de supprimer l'article, en ajoutant à l'article précédent, que la donation n'est réductible qu'à l'ouverture de la succession.

Cette proposition est adoptée.

L'article XXIV est discuté.

Le Consul Lebrun demande la suppression de cet article ; l'article XXII le rend inutile. Il suffit, en effet, d'avoir décidé que la réduction se ferait en proportion des droits de chacun.

L'article est retranché comme inutile.

21. *Les Créanciers ont-ils action sur les biens que la réduction rend au légitimaire. Affirmative d'abord adoptée.*

L'article XXV est discuté.

Le C. Maleville pense que cet article est inutile, puisqu'il résulte des articles précédents que la réduction n'a lieu qu'au profit et sur la demande des légitimaires.

Le C. Treilhard pense qu'il est utile d'ôter aux créanciers, aux légataires et aux donataires du défunt, tout prétexte de croire qu'ils peuvent demander la réduction.

Le C. Bigot-Préameneu ajoute que les motifs qui ont porté à exclure *formellement* les créanciers du droit de demander le rapport, doivent décider à proscrire d'une manière non moins solennelle les prétentions qu'ils pourraient avoir de demander la réduction.

En principe général, les créanciers peuvent exercer tous les droits que le défunt a transmis à ses héritiers; ils en concluraient qu'ils peuvent aussi demander la réduction et le rapport, s'ils ne trouvaient pas dans la loi une exception formelle au principe général, exception elle-même fondée sur un autre principe non moins constant.

Le Premier Consul dit qu'il lui reste des doutes sur la justice de cette exception.

La légitime ne doit être fournie que sur les biens de la succession, et les biens ne peuvent être que ce qui reste après le payement des dettes.

Le C. Treilhard dit qu'à la vérité les biens du défunt ne consistent que dans ce qui reste, les dettes payées, et que les héritiers n'ont droit qu'aux biens qui composent la succession, prélèvement fait des dettes; mais que le bien aliéné par une donation entre vifs n'est plus dans la succession. Les créanciers hypothécaires antérieurs à la donation, et qui ont rempli les formalités nécessaires pour conserver leurs droits, peuvent répéter leur créance sur les biens donnés, non comme les trouvant dans la succession, mais parce qu'ils sont grevés d'une hypothèque à leur profit. Au contraire, les créanciers postérieurs à la donation, ou qui étant antérieurs, ne sont cependant que chirographaires, n'ont aucun droit sur les biens donnés; car, d'un côté, ces biens ne sont pas hypothécairement affectés à leur créance; de l'autre, la réductibilité de la donation n'est pas établie en leur faveur; elle n'existe que pour les enfants, et ne peut profiter qu'à ceux pour l'intérêt desquels elle existe. Il est si peu dans l'intention de la loi d'en faire profiter les créanciers, que s'il n'y avait d'enfant que le donataire, ou que la donation fût faite à un étranger, les créanciers ne pourraient en demander la réduction.

Le Premier Consul demande comment on règle, dans ce cas, la légitime. Par exemple, un père qui avait un patrimoine de 100,000 francs, a fait à l'un de ses enfants une donation de 50,000 francs, et laisse 25,000 francs de dettes, comment opère-t-on pour fixer la légitime?

Le C. Treilhard répond qu'on ajoute les 25,000 fr. qui demeurent libres après le payement des dettes, aux 50,000 fr. donnés, et que la légitime est fixée à raison raison d'un actif de 75,000 fr.

Le Premier Consul suppose que le défunt ait laissé plus de dettes que de biens. Ses enfants reprènent leur légitime, sur une donation antérieurement faite à l'un de leurs frères; il semble juste que ce qu'ils retirent par ce moyen soit passible des dettes du père, car la légitime ne peut se prendre que sur les biens de la succession; or il n'y a de biens qu'après le payement des dettes.

Le Consul Cambacérés dit que les créanciers du donateur n'ont aucun droit à exercer sur les biens donnés, attendu que ces biens ont été mis hors des mains de leur débiteur; l'exception faite en faveur des enfants, pour leur assurer une légitime, n'appartient qu'à eux seuls et ne change point l'état des créanciers.

Le C. Réal dit qu'à la vérité l'action en demande de légitime n'a été introduite qu'en faveur des enfants; mais l'enfant qui exerce cette action, fait nécessairement acte d'héritier : dès-lors il est tenu de payer toutes les dettes; ainsi les biens qu'il n'aura demandés, qu'il n'aura obtenus qu'en conséquence du droit de légitime, deviendront médiatement le gage des créanciers de la succession, et tomberont dans leur main.

Que si l'on dit que l'enfant, pour exercer cette action, se contentera de prendre la qualité d'héritier bénéficiaire, on ne fera que reculer la difficulté sans la résoudre : à la fin des délais accordés à l'héritier bénéficiaire, il faudra que celui-ci prène un parti. Si, effrayé des charges, il renonce, le résultat de l'action qu'il aura exercée retombant dans la succession, appartiendra au créancier. S'il accepte, il devient héritier pur et simple, et doit tout payer.

Le C. Bigot-Préameneu dit que celui qui a donné

entre vifs au-delà de sa portion disponible, est contrevenu à la loi relativement à ses héritiers, non relativement à ses créanciers, qui nonobstant toutes ces dispositions, ont pu conserver leurs droits. Les créanciers antérieurs à la donation qui ne se sont pas mis en règle, ou les créanciers postérieurs ne peuvent donc rien prétendre sur les biens que la réduction rend aux enfants, et dès-lors le donataire ne peut repousser la demande, sous le prétexte que les créanciers seuls profiteraient de la réduction.

Le C. Boulay dit qu'on ouvre la porte aux fraudes, si l'on admet le principe que les créanciers n'ont aucun droit sur les biens qui rentrent dans l'hérédité par l'effet de la réduction des donations.

Le C. Thibaudeau dit que les difficultés dont s'occupe le Conseil ne peuvent se présenter.

En effet, on ne permettra pas au créancier de demander la réduction; alors il n'y aurait plus de donation certaine, puisqu'il suffirait au donateur, pour l'anéantir, de supposer une dette.

Reste le concours des créanciers et des héritiers.

Quand il existera, les créanciers exerceront leurs droits sur les valeurs que la réduction aura replacées dans l'hérédité.

Cependant il est possible que l'héritier et le donataire prènent ensemble des arrangements tels que la réduction ne soit pas demandée : mais cet acte serait susceptible d'être attaqué comme frauduleux.

Le C. Treilhard dit que la question, prise dans ses termes les plus simples, se réduit à savoir si la réduction a lieu au profit des héritiers ou au profit des créanciers.

Si elle est établie en faveur des enfants, elle ne peut profiter qu'à eux ; et elle existe si peu au profit des créanciers, que, s'il n'y a pas de légitimaire, ils ne peuvent exercer de recours contre le donataire.

Le C. Maleville pense aussi que les créanciers chirographaires, ou autres postérieurs à la donation, ne peuvent répéter leur créance sur les biens que la réduction rend aux légitimaires.

S'il en était autrement, il en résulterait qu'un donataire dont la propriété aurait une date fixe et constante avant l'établissement de la dette, se trouverait néanmoins, par le fait, contribuer au paiement d'un créancier qui n'existait pas lorsque la donation lui a été faite, ce qui serait contraire à tous les principes. Aussi la jurisprudence a-t-elle toujours rejeté ce recours des créanciers postérieurs à la donation sur les biens que le légitimaire en fait retrancher.

Le C. Emmery considère la réduction comme un privilège réservé aux légitimaires exclusivement; mais ils ne peuvent en faire usage sans se porter héritiers, et ils ne peuvent revêtir cette qualité sans entrer dans tous les engagements du défunt qu'ils représentent.

Ainsi quand le créancier exerce son recours contre eux, ce n'est pas comme demandant la réduction; il n'en a pas le droit, car le donataire conserverait 50,000 fr. au-delà de la légitime, que le créancier ne pourrait y rien prétendre: c'est comme étant devenu créancier direct du légitimaire, et ayant droit, à ce titre, sur tout ce que le légitimaire recueille dans la succession.

Le C. Treilhard dit que dans ce système, la réduction serait abrogée de fait, toutes les fois qu'il existerait assez de dettes pour absorber la légitime et la portion réductible de la donation; car il faudrait que le légitimaire eût perdu la raison pour la demander.

En laissant aux enfants les biens que la réduction leur donne, on ne fait aucun tort au créancier, puisqu'il n'avait aucun droit à la chose donnée.

Le Premier Consul dit qu'il cesse de soutenir l'intérêt des créanciers, du moment que l'on assure qu'ils ne sont point autorisés à demander la réduction; mais puisque les biens donnés ne font plus partie de ceux du défunt, la légitime n'étant qu'une quote-part de ces derniers, ne pourrait-on pas dire que, dans le cas où les donations entre vifs et le passif de la succession épuisent ces mêmes biens, il n'y a point réellement de légitime?

Le C. Treilhard répond que les dettes portent sur les biens qui se trouvent dans la succession, et non sur les choses qui ne s'y trouvent plus, comme ayant été aliénées par une donation.

Le C. Muraire dit que ce système tendrait à établir une légitime frauduleuse.

Il est certain que, où les dettes l'emportent sur l'actif, il n'y a ni succession, ni légitime. De là résulte que si, dans ce cas, les enfants peuvent obtenir une légitime, par l'effet de la réduction, sans néanmoins payer les dettes, cette légitime est frauduleuse.

Le donataire, il est vrai, n'est pas tenu des dettes postérieures à la donation; mais la succession en est tenue: ainsi les choses que la réduction y fait rentrer, en prenant le caractère de biens héréditaires, deviènent le gage des créanciers, car l'action en réduction est une action héréditaire et une portion de la succession.

On fait valoir la faveur due aux enfants.

Cette faveur, quelque étendue qu'elle soit, ne peut cependant aller jusque là que, lorsqu'il n'y a pas de succession, on en crée une pour les enfants.

Le C. Gally dit que, dans l'hypothèse dont il s'agit, il n'admet pas la distinction qu'on a faite entre les créanciers hypothécaires et les créanciers chirographaires. Il lui serait facile de la détruire; mais il n'est pas besoin de s'y arrêter, si les lois romaines sont une autorité qu'on puisse invoquer. On y trouve l'action *Paulienne* et le titre *De his quæ in fraudem creditorum, etc.*, qui écartent le système que le C. *Muraire* vient de combattre. Ces maximes ont été en tout temps reconnues en France. Le Gouvernement, les jurisconsultes, les magistrats les ont toujours respectées.

Le C. Portalis dit que la distinction qu'on a établie entre les créanciers hypothécaires et les chirographaires est fondée; car la dette de ces derniers est toujours incertaine, et il est facile de les supposer beaucoup plus anciennes qu'elles ne sont.

L'opinant passe à ce que vient de dire le C. *Muraire*.

Il demande contre qui on peut établir une légitime frauduleuse. Il ne s'agit que de créanciers postérieurs à la donation ou chirographaires, qui, peut-être eux-mêmes sont frauduleux: comment donc serait-il possible de les frauder par une donation? Ils l'ont connue, ou ils ne l'ont point connue. Dans le dernier cas, ils ne peuvent imputer qu'à eux-mêmes la perte qu'ils éprouvent; car la donation est un acte public, entouré de formes destinées à la faire connaître. Si, au contraire, ces créanciers ont connu la donation, et ont néanmoins traité, ils ont suivi la foi du débiteur.

D'un autre côté, le droit de demander la réduction est établi en faveur de l'enfant, et non en faveur du créancier. Or, il serait étrange que, par le résultat, il tournât tout entier au profit de ce dernier.

Mais, dit-on, la légitime est une portion de l'hérédité.

Ce principe est incontestable ; et il est également vrai qu'il n'y a point de légitime dans toute succession dont l'actif est absorbé par les dettes. Mais ces principes ne reçoivent leur application que dans les cas ordinaires : ils sont impuissants contre l'exception établie par la loi en faveur des enfants. Dans le droit commun, en effet, le père peut dissiper et disposer librement de ses biens. C'est donc par une exception que, dans le cas où il y a des enfants, la donation qu'il fait au profit de l'un d'eux, est modifiée par la condition de la réductibilité. Or, quelle est la date de ce privilége des enfants ? Il remonte à l'époque même de la donation et s'identifie avec elle.

D'ailleurs, dans le système que l'opinant combat, il faut admettre, ou que le créancier peut forcer les enfants à demander la réduction, ou qu'il ne le peut pas. Si l'on suppose qu'il en a le droit, comment concilier ce droit avec l'impossibilité où se trouve le créancier de l'exercer, quand il n'y a pas de légitimaire ? Si, au contraire, le légitimaire ne peut être forcé de demander la réduction, il peut se refuser à en faire profiter le créancier.

L'action en réduction est un privilége personnel à l'enfant, à la différence de l'action en légitime, qui est une portion de la succession.

Le C. Emmery dit que ce système peut être admis comme droit nouveau, mais qu'il est contraire au droit actuellement en usage. Toujours il a été permis aux créanciers de prendre ce qui leur est dû, sur toute la succession, et même sur la légitime. Or, point de doute que les biens recueillis par l'enfant, à titre de légitime, ne soient une fraction de sa portion héréditaire. L'article XVIII dit, en effet, que la légitime se composera des trois quarts de cette portion. Ainsi, si l'on veut que les biens qui rentrent ne soient pas passibles des dettes, il faut déclarer, avant tout, qu'ils seront considérés comme des aliments.

Le C. BIGOT-PRÉAMENEU dit que la légitime a été regardée comme intéressant l'ordre social : il a donc fallu prendre des moyens propres à la conserver aux enfants. Cependant on ne pouvait, sans blesser dans le père le droit de propriété, lui en interdire la disposition à titre onéreux : dès-lors la loi n'a plus dû s'occuper que des dispositions gratuites. Elle a en conséquence réglé, d'un côté, la portion qui serait réservée aux enfants; de l'autre, la portion disponible du père; et la légitime est devenue une dette naturelle, que le père est tenu d'acquitter avant de faire des actes de libéralité. Le légitimaire la prend, à la vérité, comme héritier; mais lorsque, pour s'en remplir, il est obligé de demander la réduction, il a, sous ce rapport, un caractère particulier, et devient créancier lui-même.

Les créanciers de la succession n'y trouvant plus les biens donnés par le père, il ne peut résulter de ces donations aucun bénéfice en leur faveur.

Le C. BERLIER dit que la question peut s'éclaircir, en ne cumulant pas des objets différents.

La difficulté ne réside pas dans le point de savoir si les créanciers du *défunt* auront l'action en réduction : personne n'a proposé de la leur accorder *directement* contre le donataire.

La difficulté ne consiste pas non plus à savoir si les créanciers du défunt auront action contre l'enfant, afin qu'il exerce son droit contre le donataire; car 1°. cet enfant n'est pas leur débiteur, à moins qu'il n'ait d'ailleurs fait acte d'héritier; 2°. l'exercice d'un droit personnel essentiellement fondé sur la volonté pure de celui à qui il est accordé, ne peut devenir l'effet de la contrainte.

Ainsi, en analysant bien la discussion, l'article XXV peut être adopté, sauf à statuer sur un cas ultérieur indépendant de cet article; savoir, celui où l'enfant ayant usé de son droit de réduction, prétendrait en retenir l'effet, sans être tenu de payer les créanciers de son père.

Là, selon l'opinant, est le point de la difficulté, et sur lequel il ne peut partager l'opinion du C. *Portalis*; car il n'est pas possible de voir seulement l'*enfant* dans l'*individu* qui exerce ce droit, mais bien aussi l'*héritier* au moins légitimaire, et dès-là obligé envers les créanciers.

Inutilement a-t-on dit que l'action en réduction deviendrait par-là illusoire; elle le deviendrait, sans doute, dans la supposition extrême où les dettes du défunt absorberaient toute la portion sujète à réduction; mais ce cas ne sera pas le plus fréquent.

En toute hypothèse, l'enfant fera son calcul. Si l'exercice de son droit doit lui devenir onéreux, il s'en abstiendra : mais s'il en use, il ne doit en recueillir les avantages qu'avec les charges; et il faut ramener la législation à ce point, si elle y est contraire.

Le Consul Cambacérès dit que le système proposé change sans utilité le droit existant. Pour justifier cette assertion, il suffit de connaître ce qui se pratique, lors du retranchement des donations pour la légitime des enfants, et de rappeler les principes de la matière. Un père de famille meurt après avoir disposé de son vivant d'une partie de ses biens par des donations entre vifs; que font les enfants qui lui survivent pour parvenir au règlement de la légitime? Ils procèdent à la composition du patrimoine, dans lequel ils font entrer, non-seulement les biens que le père a laissés en mourant, mais encore ceux qu'il avait précédemment donnés. Si les biens existants suffisent pour remplir les enfants de leur légitime, on les leur expédie, et tout est consommé; s'il y a insuffisance, on retranche ces donations, en commençant par la dernière. Dans le cas où le père ne laisserait aucun bien, la manière d'opérer est toujours la même. On voit que, dans les deux espèces, la donation semble perdre son caractère d'irrévocabilité, puisque les biens qui la composent sont ravis en tout ou en partie au donataire, pour servir à remplir les enfants de leur légitime. Le motif de la loi est que la légitime doit être considérée comme une dette sacrée, qu'il faut toujours acquitter sur ce qui se trouve exister de l'hoirie paternelle, *substantiæ paternæ*, et que les dispositions à titre gratuit qu'un père ou une mère font, contiènent toujours cette condition tacite du retranchement pour la légitime des enfants. Ce qui vient d'être dit, ajoute le Consul, est fondé sur la législation romaine, sur l'autorité des docteurs et sur les dispositions précises de l'ordonnance de 1731, aux articles XXXIV et XXXV : soit avant, soit depuis la publication de cette ordonnance, personne n'a pensé que les donations sujètes au retranchement pour la légitime, fussent affectées au droit des créanciers; ceux-ci n'en ont aucun sur les biens qui sont mis hors de la main de leur débiteur; et il serait étrange de leur donner une action récursoire sur les enfants, puisque ceux-ci n'ont pris aucun engagement envers eux, et que le retranchement des donations qui leur est accordé, est une sorte d'exorbitance du droit commun dont eux seuls doivent profiter.

Le PREMIER CONSUL dit que la loi semble autoriser la fraude, en décidant que, lorsqu'il y a des dettes, les enfants conserveront une portion de la succession, sans néanmoins payer les créanciers.

Le C. MALEVILLE dit que dans le cours de la discussion, on a mal à propos supposé que le légitimaire agissait nécessairement comme héritier. Si c'était en cette qualité, il serait obligé de maintenir la donation, comme tous les autres contrats souscrits par le défunt, au lieu d'être reçu à la faire retrancher.

Le C. RÉAL dit que, s'il est démontré que le légitimaire n'est pas nécessairement héritier, il abandonne l'opinion qu'il a suivie; car elle est uniquement fondée sur ce qu'il pense que l'enfant qui exerce son action, fait acte d'héritier; mais pour compléter sa démonstration, le C. *Maleville* doit prouver que le successible qui renoncerait, pourrait, malgré sa renonciation, exercer son action en légitime.

Le C. MALEVILLE répond que ce n'est là qu'une équivoque. Sans doute le légitimaire qui aurait répudié l'hérédité de son père, ne serait pas reçu à quereller les donations, parce que les donataires lui diraient que, s'il ne l'avait pas répudiée, il aurait pu trouver dans la succession sa légitime; mais il ne s'ensuit pas pour cela que ce soit comme héritier qu'il demande le retranchement de la donation, et que, par une conséquence ultérieure, il soit tenu au payement des dettes contractées depuis; le contraire est évidemment prouvé, puisqu'en cette qualité d'héritier, il serait obligé de maintenir cette donation. C'est comme enfant et non comme héritier; c'est comme n'ayant pu être privé de sa légitime par des dispositions à titre gratuit, qu'il retranche ces donations excessives, et qu'il se met, par l'autorité de la loi, à la place des donataires : mais de même que les donataires ne pouvaient être inquiétés par des créanciers postérieurs, l'enfant qui remplace ces donataires ne peut pas l'être davantage. Pour soutenir le contraire, il faudrait supposer que c'est dans la succession de son père, et par un effet de sa volonté, qu'il prend les biens retranchés, tandis qu'il est constant que ces biens étaient hors de la succession, et que c'est par le bénéfice seul de la loi, et en contrevenant à la volonté de son père qui en avait disposé en faveur d'un autre, que le légitimaire s'en saisit.

Qu'est-ce, au surplus, que cette qualité d'héritier qu'on attache au légitimaire ? On sait bien que l'ordonnance de 1735 a voulu que la légitime fût laissée à titre d'institution : mais ce n'est là qu'un titre d'honneur, et qui n'a, dans le fait, aucune réalité immédiate; et rien de plus certain que cette maxime, *legitima est quota bonorum, non hœreditatis*. Dans les pays où l'institution d'héritier avait lieu, le mot *légitimaire* est toujours employé par opposition à celui d'héritier seul tenu au paiement des dettes.

Le Consul Cambacérés dit que la qualité de légitimaire ne suppose pas nécessairement la qualité d'héritier, puisque les enfants à qui le testateur a ôté cette dernière qualité, en instituant un étranger, ont néanmoins le droit de retenir la *quarte falcidie*.

Le C. Regnaud (de Saint-Jean-d'Angely) dit que si la loi civile autorisait les enfants à retenir une partie des biens du père sans payer ses dettes, elle serait en contradiction avec la loi politique qui, dans le même cas, les prive des droits de citoyen.

Le C. Maleville dit que la Constitution parle des enfants qui profitent des biens de leur père sans payer ses dettes, ce qui ne se trouve pas ici, puisque rien n'est moins *nôtre* que ce dont nous avons disposé en faveur d'autrui.

Le Premier Consul dit qu'il est contre les mœurs qu'un fils opulent ne paye point les dettes de son père.

Le C. Treilhard dit qu'en formant des hypothèses, il est facile d'attaquer la loi la plus sage et de justifier la loi la plus insensée.

Le système que propose la section a été amené par des idées fort simples et qu'il importe de rappeler. On s'est dit : un individu ne contracte point avec un créancier l'engagement de ne plus disposer de ses biens. La fraude n'est point comprise dans le droit que le débiteur se réserve : elle ferait un receleur et non un donataire. Celui qui donne s'exproprie de la même manière que celui qui vend. Or, lorsqu'un débiteur meurt, les créanciers n'ont droit que sur ce qu'ils trouvent dans la succession ; donc ils n'en ont aucun sur ce qui a été donné ou ce qui a été vendu.

Cependant, le défunt laisse des enfants à qui la loi réservait une portion de ses biens et le droit de reprendre le complément sur les biens donnés à leurs frères. Ce n'est point le créancier que la loi a voulu favoriser, c'est l'enfant seul ; car s'il n'existait point, ou s'il n'exerçait point son droit, le créancier n'aurait rien à prétendre. Il ne lui est pas plus permis d'attaquer la donation après la mort du débiteur que pendant sa vie. L'article est donc dans les principes, et concordant avec les disposition adoptées.

Ainsi, sans examiner si le légitimaire est héritier ou créancier, il est sage de décider que l'action en réduction ne profitera qu'à lui seul.

Le C. Boulay observe qu'on s'est appuyé, pour soutenir l'article, sur ce que la donation est irrévocable et étrangère au créancier. Cependant elle ne produit pas une expropriation aussi parfaite que la vente, puisqu'elle est sujète à réduction pour compléter la légitime. Cette circonstance prouve que l'irrévocabilité absolue n'est pas de la nature de la donation, et que son existence est subordonnée à l'état où se trouve la succession.

Le C. Cretet dit qu'il serait permis à un père de mettre dans un acte de donation, une clause qui obligerait le donataire à compléter la légitime des enfants : or, la loi proposée se borne à réparer l'oubli des donateurs.

Le C. Bigot-Préameneu dit que c'est ici un combat entre l'intérêt du légitimaire, l'intérêt du donateur et l'intérêt du créancier.

Le droit reçu décide en faveur du légitimaire, parce qu'il est de l'intérêt de la société, que des enfants ne soient pas entièrement dépouillés par leur père. Si, par innovation, l'intérêt du légitimaire est écarté, et qu'il n'y ait plus de concours qu'entre l'intérêt du donataire et l'intérêt du créancier, le donataire mérite la préférence, et il convient de le décharger de l'obligation de fournir la légitime, car ce n'est qu'au profit des enfants qu'on l'a soumis à la réduction. L'intérêt des créanciers ne devrait pas l'emporter sur le droit de propriété qui appartient au donataire; et il serait injuste de l'obliger, par une rétroactivité odieuse, de se soumettre à payer des dettes qui sont postérieures à la donation.

Le C. Bérenger dit que la question de la réduction est celle dont il importe, en effet, de s'occuper. Sous tous les rapports, la réduction rend la donation révocable. On voudrait cependant qu'elle ne le fût point, afin que la propriété ne fût pas incertaine : mais la propriété est-elle certaine, lorsque le recours de l'enfant peut l'anéantir ? Le cas le plus favorable au système de la réduction, est celui où le donateur entre vifs a excédé sa portion disponible. L'intérêt personnel rendra toujours ce cas fort rare; car, par les libéralités de cette nature, le donateur se dépouille actuellement, et ce sacrifice deviendra un indice que la donation est faite de bonne foi et dans la proportion de la portion disponible.

Il est possible que, depuis la donation, le patrimoine du père ait beaucoup diminué; alors les enfants ne doivent exercer leurs droits que sur les biens qui restent, car si on remontait jusqu'à la donation, la légitime devrait être mesurée sur ce que le père possédait au moment où il a donné.

Le système de la réduction rend la possession du donataire qui use sagement de sa propriété, plus défavorable que celle du donataire qui en abuse. Elle l'invite à dénaturer son bien et à le consumer, car la réduction peut le lui faire perdre, s'il le conserve.

Ce sera surtout par rapport aux donations à cause de mariage, qu'on appercevra combien il est dangereux de ne laisser au donataire qu'une propriété incertaine.

L'opinant ne s'oppose point à ce que l'article XXV soit adopté; mais il voudrait que l'article XXII fût examiné de nouveau.

Le Premier Consul dit que si la donation n'était pas réductible, même dans le cas où le père a excédé sa portion disponible, la disposition qui donne une légitime aux enfants deviendrait illusoire.

Le Conseil décide,

1°. Que l'action en réduction aura lieu contre les enfants donataires;

2°. Que les créanciers de la succession peuvent exercer leur action sur les biens que la réduction rend au légitimaire.

Séance du 12 ventôse an 11 de la République.

22. Suite de la discussion.

On reprend la discussion de la section II du chapitre II du titre *des Donations entre vifs et des Testaments*, relative *à la Réduction des Donations et Legs.*

L'article XXVI est discuté.

Le C. Tronchet dit qu'il est juste, lorsqu'on forme la masse des biens, d'estimer les immeubles suivant la valeur qu'ils ont au temps du décès du donateur, mais que cette règle serait fausse à l'égard des meubles, parce qu'ils ont dû perdre de leur prix; qu'ainsi, si l'on veut que le donataire rende exactement ce qu'il a reçu, il est indispensable d'estimer les meubles d'après la valeur qu'ils avaient à l'époque de la donation. Ce principe a déjà été consacré par le Conseil au titre des *Successions*, par la disposition relative au rapport du mobilier.

Le C. Bigot-Préameneu dit qu'il y a une extrême différence à cet égard entre l'héritier et le donataire. D'abord, le premier rapporte pour rendre les parts égales entre tous les copartageants; le second n'est tenu que de compléter la légitime.

Ensuite, le donataire a eu le droit de disposer, d'user et d'abuser pendant toute la vie du donateur, c'est-à-dire, pendant tout le temps que la donation, ne pouvant être attaquée, lui attribuait les droits d'une propriété incommutable, au lieu que l'héritier a su, dès le principe, que sa donation était sujète à rapport.

Le C. Berlier ajoute que, d'ailleurs, la réduction ne tombe jamais sur les fruits. Or, la jouissance est, à l'égard des choses fongibles, ce que la perception des revenus est à l'égard des choses frugifères.

L'article est adopté.

L'article XXVII est adopté.

L'Article XXVIII est adopté sauf rédaction, et renvoyé à la section pour le rendre concordant avec les amendements admis sur l'art. XXV à la dernière séance.

L'article XXIX est adopté.

L'article XXX est discuté.

Le C. Treilhard demande s'il est nécessaire d'ériger la disposition sur la retenue du quart, en règle absolue. Il est possible que les legs particuliers soient faits pour des causes tellement favorables, que les réduire, ce serait évidemment blesser l'intention du testateur.

Le C. Berlier répond que l'article XXXI donne au testateur le pouvoir de les en affranchir.

Le C. Treilhard dit que quelquefois le testateur oubliera d'exprimer que le legs est fait par préférence, et qu'il en sera surtout ainsi lorsqu'il s'exagérera sa fortune.

Le Consul Cambacérès dit que si l'on donnait la préférence aux légataires particuliers, on interpréterait la volonté du défunt contre la présomption naturelle que le légataire universel est celui qu'il a voulu le plus favoriser.

Le C. Bigot-Préameneu dit que la loi a suffisamment pourvu à ce cas, en avertissant le testateur des suites de son silence.

L'article est adopté.

L'article XXXI est adopté.

L'article XXXII est discuté.

Le Consul Cambacérès pense que, dans tous les cas, les fruits ne doivent être restitués que du jour de la demande. Il est possible, en effet, que le donataire les ait perçus de bonne foi, parce qu'il a ignoré l'époque du décès du donateur.

Le C. Tronchet ajoute que la réduction peut n'être demandée que long-temps après l'ouverture de la succession, et qu'alors un donataire de bonne foi se trouverait ruiné par une restitution trop considérable.

C'est d'ailleurs une règle générale, que la restitution des fruits n'est due que du jour de la demande.

L'article est adopté avec l'amendement du Consul.

Les articles XXXIII et XXXIV sont adoptés.

Le C. Tronchet demande qu'avant de passer au chapitre suivant, la section fasse connaître les motifs qui ont déterminé à retrancher l'article XXII du titre *des Donations* du projet du Code civil.

Les rédacteurs avaient considéré que la réduction est une faveur réservée aux seuls héritiers, et souvent même à quelques-uns d'entre eux seulement. Or, les biens de la succession se partagent entre deux lignes, et par conséquent entre des héritiers de classes différentes, et souvent la réserve légale n'est établie qu'en faveur de l'une de ces classes. En conséquence, les rédacteurs avaient pensé que pour exclure des prétentions contraires à l'esprit de la loi, il convenait d'expliquer que l'action en réduction ne peut être exercée que par celui et au profit de celui pour qui la réserve est établie, et seulement dans la proportion qu'il doit profiter de cette réserve. les développements qu'ils ont donnés à leur article prouvent qu'il est des cas où la difficulté peut se présenter.

Le C. Treilhard dit que la section a cru inutile de donner une explication, qui résulte évidemment des dis-dispositions adoptées sur la prohibition de disposer et sur la réserve.

Le C. Tronchet dit qu'il ne partage point cette opinion, parce qu'il est très-important, dans un Code destiné à établir un droit absolument nouveau, de prévenir les doutes sur l'étendue que le législateur a voulu donner à ses dispositions.

L'article XXII du titre *des Donations* du projet de Code civil est adopté, sauf rédaction.

Il est ainsi conçu :

« Au décès du donateur, la réduction de la donation » soit entre vifs, soit à cause de mort, ne peut être demandée que par ceux des héritiers venant à succession, » au profit desquels la loi a restreint la faculté de disposer, et que proportionnellement à la part qu'ils recueillent dans la succession.

» Ainsi les créanciers, donataires et légitimaires du » défunt ne peuvent demander cette réduction.

» Dans le cas où la loi partage la succession par moitié » entre les deux lignes paternelle et maternelle, la réduction n'a lieu que pour la moitié de la quotité fixée » par la loi, s'il n'y a que l'une des deux lignes dans » laquelle il se trouve des héritiers ayant la qualité à

» laquelle la loi attache le droit de demander la réduction.

» Si dans l'une ou l'autre ligne, ou dans chacune de » ces lignes, il y a plusieurs héritiers dont les uns ayent » et les autres n'ayent pas le droit de demander la ré- » duction, elle n'a lieu qu'au profit de ceux à qui la loi » accorde ce droit; et ceux-ci ne peuvent la demander » que proportionnellement à la part qu'ils prènent dans » la succession. Si, par exemple, il se trouve dans la » même ligne un oncle du défunt et un neveu de ce même » défunt, qui concourent comme étant en égal degré, la ré- » duction ne pourra être demandée que par le neveu; et » sa portion héréditaire n'étant que du quart du total » de la succession, ou de trois douzièmes, il ne pourra » demander la réduction que pour les trois douzièmes de » la quotité à laquelle la donation est réductible au profit » des neveux.

» Dans le cas où suivant les articles . . . . . . du » titre *des Successions*, les frères ou sœurs consanguins » ou utérins concourant avec des frères germains, ne » partagent que dans la portion attribuée à leur ligne, » la réduction de la donation se partage entre eux dans » la proportion de leurs portions héréditaires. »

23. *Rédaction présentée au Tribunat.*

CHAPITRE II.

De la Portion de Biens disponible et de la Réduction.

SECTION Ire.

De la Portion de Biens disponible.

Art. XXI. Les libéralités, soit par actes entre vifs, soit par testament, ne pourront excéder la moitié des biens du disposant, s'il ne laisse à son décès qu'un enfant; le tiers, s'il laisse deux enfants; le quart, s'il en laisse trois ou un plus grand nombre.

Art. XXII. Sont compris dans l'article précédent sous le nom d'*enfants*, les descendants en quelque degré que ce soit : néanmoins ils ne sont comptés que pour l'enfant qu'ils représentent dans la succession du disposant.

Art. XXIII. Les libéralités par actes entre vifs ou par testament ne pourront excéder

La moitié des biens, si le défunt ne laisse pour héritiers que des ascendants dans chacune des lignes paternelle ou maternelle;

La moitié et un huitième des biens, s'il ne laisse pour héritiers que ses père et mère, et des frères et sœurs.

Les trois quarts moins un seizième des biens, s'il ne laisse pour héritiers que son père ou sa mère, et des frères ou sœurs;

Les trois quarts des biens, s'il ne laisse pour héritiers que des frères ou sœurs, ou s'il ne laisse que des ascendants dans une des lignes, et des héritiers collatéraux, autres que des frères ou sœurs dans l'autre ligne.

Art. XXIV. Lorsque, dans le cas où, suivant l'article précédent, la portion disponible sera de la moitié et un huitième des biens, et dans le cas où, suivant le même article, elle sera des trois quarts moins un seizième, les héritiers y dénommés seront en concurrence avec des enfants d'autres frères ou sœurs prédécédés, les dispositions pourront comprendre les mêmes quotités, et en outre ce que les enfants des frères ou sœurs prédécédés auraient à recueillir dans le surplus des biens à rison de leur part héréditaire.

Art. XXV. Dans le cas où le défunt laisserait pour héritiers des frères ou sœurs en concurrence avec des enfants d'autres frères ou sœurs prédécédés, les dispositions pourront aussi comprendre les trois quarts des biens, et en outre ce que les enfants des frères ou sœurs prédécédés auraient à recueillir dans le surplus des biens, à raison de leur part héréditaire.

Art. XXVI. A défaut d'ascendants, de descendants, et de frères ou de sœurs, les libéralités par actes entre vifs ou testamentaires pourront épuiser la totalité des biens.

Art. XXVII. Si la disposition par acte entre vifs ou par testament, est d'un usufruit ou d'une rente viagère dont la valeur excède la quotité disponible, les héritiers au profit desquels la loi fait une réserve, auront l'option ou d'exécuter cette disposition, ou de faire l'abandon de la quotité disponible.

Art. XXVIII. La valeur en pleine propriété des biens aliénés, soit à charge de rente viagère, soit à fonds perdu ou avec réserve d'usufruit, à l'un des successibles en ligne directe, sera imputée sur la portion disponible. Cette imputation ne pourra être demandée par ceux des autres successibles en ligne directe qui auraient consenti à ces aliénations, ni, dans aucun cas par les successibles en ligne collatérale.

Art. XXIX. La quotité disponible pourra être donnée en tout ou en partie, soit par acte entre vifs, soit par testament, aux enfants ou autres successibles du donateur, sans être sujète au rapport par le donataire ou légataire venant à succession, pourvu que la disposition ait été faite expressément à titre de préciput et hors part.

La déclaration que le don ou le legs est à titre de préciput et hors part, pourra être faite, soit par l'acte qui contiendra la disposition, soit postérieurément, dans la forme des dispositions entre vifs ou testamentaires.

Section II.

De la réduction des Donations et Legs.

Art. XXX. Les dispositions, soit entre vifs, soit à cause de mort, qui excéderont la quotité disponible, seront réductibles à cette quotité, lors de l'ouverture de la succession.

Seront exceptées, dans le cas de la réserve faite par la loi au profit des frères et sœurs, les donations entre vifs, lesquelles ne seront pas réductibles.

Art. XXX. La réduction pourra être demandée par ceux au profit desquels la loi fait la réserve, par leurs héritiers ou ayants-cause : elle ne pourra l'être par les donataires ou légataires ni par les créanciers du défunt, sauf à ces créanciers à exercer leurs droits sur les biens recouvrés par l'effet de cette réduction.

Art. XXXII. La réduction se détermine en formant une masse de tous les biens existants au décès du donateur ou testateur : on y réunit fictivement ceux dont il a été disposé par donation entre vifs, d'après leur état à l'époque des donations et leur valeur au temps du décès du donateur ; on calcule sur tous ces biens, après en avoir déduit les dettes, quelle est, eu égard à la qualité des héritiers qu'il laisse, la quotité dont il a pu disposer.

Art. XXXIII. Il n'y aura jamais lieu à réduire les donations entre vifs, qu'après avoir épuisé la valeur de tous les biens compris dans les dispositions testamentaires ; et lorsqu'il y aura lieu à cette réduction, elle se fera en commençant par la dernière donation, et ainsi de suite en remontant des dernières aux plus anciennes.

Art. XXXIV. Si la donation entre vifs réductible a été faite à l'un des successibles, il pourra retenir sur les biens donnés la valeur de la portion qui lui appartiendrait, comme héritier, dans les biens non disponibles.

Art. XXXV. Lorsque la valeur des donations entre vifs excédera ou égalera la quotité disponible, toutes les dispositions testamentaires seront caduques.

Art. XXXVI. Lorsque les dispositions testamentaires excéderont soit la quotité disponible, soit la portion de cette quotité qui resterait après avoir déduit la valeur des donations entre vifs, la réduction sera faite au marc le franc.

Art. XXXVII. Dans tous les cas où le testateur aura expressément déclaré qu'il entend que tel legs soit acquitté de préférence aux autres, cette préférence aura lieu, et le legs qui en sera l'objet ne sera réduit qu'autant que la valeur des autres ne remplirait pas la réserve légale.

Art. XXXVIII. Le donataire restituera les fruits de ce qui excédera la portion disponible, à compter du jour du décès du donateur, si la demande de réduction a été faite dans l'année, sinon du jour de la demande.

Art. XXXIX. Les immeubles qui resteront dans la succession par l'effet de la réduction, y reviendront sans charge de dettes ou hypothèques créées par le donataire.

Art. XL. L'action en réduction ou revendication pourra être exercée par les héritiers contre les tiers détenteurs des immeubles faisant partie de la donation et aliénés par le donataire, de la même manière et dans le même ordre que contre le donataire lui-même, et discussion préalablement faite de ses biens. Cette action devra être exercée suivant l'ordre des dates des aliénations, en commençant par la plus récente.

24. *Changement pour la Réserve des Frères.*

Le C. Bigot-Préameneu rend compte du résultat de la conférence tenue avec le Tribunat sur le titre *des Donations entre vifs et Testaments.*

Après avoir rappelé les motifs qui ont déterminé le Conseil à adopter la disposition de l'article XXIII qui établit une réserve en faveur des frères et sœurs, il annonce que le Tribunat est d'une opinion différente.

Le Tribunat pense que cette disposition restreint trop l'exercice du droit de propriété; qu'en donnant plus de latitude à la faculté de disposer, loin de relâcher les liens de famille, on les resserre au contraire par les égards et les ménagements qui en résultent entre parents. Dans le droit coutumier on avait adopté des principes différents et qui tendaient au même but, celui de conserver l'union entre les frères et sœurs.

Le Conseil retranche la disposition.

25. *Changement pour la Réserve des Ascendants.*

Le C. Bigot-Préameneu ajoute que le Tribunat propose également de décider que dans aucun cas les ascendants ne pourront avoir moins que la quotité qui leur est réservée.

On suppose qu'un enfant laisse pour héritiers, des ascendants dans chacune des deux lignes paternelle et maternelle, et des frères ou sœurs, et que ses biens s'élèvent à 100,000 francs, sur lesquels il aurait donné 60,000 francs par actes entre vifs ou testamentaires.

Si le défunt n'avait pas disposé de 60,000, il serait revenu aux ascendants moitié des 100,000 francs; d'un autre côté il n'a pu, à leur égard, disposer que de la moitié de ce qui leur fût revenu, et conséquemment ils devraient prendre 25,000 fr. Cependant si les 40,000 fr. dont le défunt n'a point disposé étaient partagés par moitié entre les ascendants d'une part et les frères ou sœurs de l'autre, les ascendants n'auraient que 20,000 fr. Le Tribunat observe que dans ce cas les ascendants doivent prendre sur les biens non donnés 25,000 fr., et que les frères ou sœurs n'ont droit qu'aux 15,000 fr. restants. Cette observation est juste et présente une explication utile pour l'exécution de la règle établie en faveur des ascendants.

La disposition est adoptée dans les termes suivants:

« Les libéralités par actes entre vifs ou par testament » ne pourront excéder la moitié des biens, si, à défaut » d'enfant, le défunt laisse un ou plusieurs ascendants » dans chacune des lignes paternelle et maternelle ; et » les trois quarts, s'il ne laisse d'ascendants que dans une » ligne.

» Les biens ainsi réservés au profit des ascendants se» ront par eux recueillis dans l'ordre où la loi les appèle » à succéder : ils auront seuls droit à cette réserve, dans » tous les cas où un partage en concurrence avec des » collatéraux ne leur donnerait pas la quotité de biens » à laquelle elle est fixée. »

26. *Changement relatif aux Créanciers du Débiteur.*

Le C. *Bigot-Préameneu* continue et dit que le Tribunat demande le retranchement de la disposition de l'article XXXIV, qui autorise les créanciers du défunt à exercer leurs droits sur les biens recouvrés par l'effet de la réduction de la donation.

Les motifs du Tribunat sont que l'enfant à qui la loi accorde la réduction ne pourrait la faire qu'en payant les dettes du défunt postérieures à la donation ; que l'action en réduction est un droit purement personnel; que ce droit est réclamé par l'individu comme enfant, abstraction faite de la qualité d'héritier qu'il peut prendre ou non ; que s'il en était autrement, il arriverait souvent que l'action en réduction serait illusoire.

D'ailleurs il est indifférent pour les créanciers du défunt postérieurs à la donation que l'enfant exerce son droit de réduction ou non, puisque, s'il ne l'exerce pas, les créanciers n'en ont pas moins leur recours sur les biens donnés. La réduction ne doit donc pas exister pour eux, mais uniquement pour l'enfant.

Le C. Tronchet dit qu'absent de la séance où la disposition que le Tribunat attaque a été adoptée, il s'est trouvé dans l'impossibilité de la combattre. Il croit l'opinion du Tribunat conforme aux principes.

L'article suppose que l'enfant ne retirera sa légitime qu'au profit des créanciers postérieurs à la donation : or, il a été reconnu en principe que toutes les fois qu'il s'agit d'exécuter une disposition prohibitive, il faut considérer pour quelle fin elle existe : si c'est par des motifs d'intérêt public, la prohibition est absolue ; mais si elle n'est relative qu'à un intérêt particulier, ce serait s'écarter du but de la loi que d'en donner le bénéfice à une autre personne qu'à celle en faveur de qui la loi l'a établie. On a rendu deux fois hommage à ce principe, 1°. dans le titre du *Mariage* où, en distinguant entre les formalités celles qui sont introduites par des raisons d'ordre public, de celles qui ont pour objet l'intérêt des pères ou d'autres individus, on n'a permis qu'à ces personnes de faire valoir l'omission des dernières ; 2°. dans le titre *des Successions*, où on a décidé que le rapport profitait aux héritiers seulement et non aux créanciers. Ce serait donc se contredire que d'obliger le légitimaire à donner aux créanciers la portion de biens que la réduction lui rend : la réduction alors serait établie au profit de ces créanciers. Il n'y aurait plus de légitime assurée, si elle pouvait être enlevée par un créancier postérieur sur la chose aliénée avant que sa créance existât. Il doit s'imputer de n'avoir pas connu la conditon de son débiteur, et il avait les moyens de s'en instruire, puisque la donation était publique. Ainsi la peine de son imprudence tomberait sur le légitimaire, auquel cependant la loi n'a accordé une réserve que pour le mettre à l'abri des dissipations de son père, ou plutôt le créancier deviendrait légitimaire.

La proposition du Tribunat est adoptée.

27. *Rédaction définitive du projet.*

Elle est mot pour mot la rédaction de la loi, si ce n'est la cote des articles.

EXTRAIT du Discours prononcé dans la salle du Corps législatif, le 2 floréal an 11, contenant l'exposé des motifs du titre du Code civil *des Donations entre vifs et des Testaments*

28. *Réflexions sur la faculté de disposer à titre gratuit, et spécialement sur la faculté de disposer après sa mort.*

LE titre du Code civil qui a pour objet les donations entre vifs et les testaments, rappèle tout ce qui peut intéresser l'homme le plus vivement, tout ce qui peut captiver ses affections. Vous allez prononcer sur son droit de propriété, sur les bornes de son indépendance dans l'exercice de ce droit. Vous allez poser la principale base de l'autorité des pères et mères sur leurs enfants, et fixer les rapports de fortune qui doivent unir entr'eux tous les autres parents. Vous allez règler quelle est dans les actes de bienfaisance, et dans les témoignages d'amitié ou de reconnaissance, la liberté compatible avec les devoirs de famille.

Il est difficile de convaincre celui qui est habitué à se regarder comme maître absolu de sa fortune, qu'il n'est pas dépouillé d'une partie de son droit de propriété, lorsqu'on veut l'assujétir à des règles, soit sur la quantité des biens dont il entend disposer, soit sur les personnes qui sont l'objet de son affection, soit sur les formes avec lesquelles il manifeste sa volonté.

Ce sentiment d'indépendance dans l'exercice du droit de propriété, acquiert une nouvelle force, à mesure que l'homme avance dans sa carrière.

Lorsque la nature et la loi l'ont établi le chef et le magistrat de sa famille, il ne peut exercer ses droits et ses devoirs, s'il n'a pas les moyens de récompenser les uns, de punir les autres, d'encourager ceux qui se portent au bien, de donner des consolations à ceux qui éprouvent les disgraces de la nature ou les revers de la fortune. Ces moyens sont principalement dans le meilleur emploi de son patrimoine, et dans la distribution que sa justice et sa sagesse lui indiquent.

Celui qui a perdu les auteurs de ses jours, et qui n'a pas le bonheur d'être père, croit encore avoir droit à une plus grande indépendance dans ses dispositions : il n'a de penchant à suivre que celui de ses affections ou de la reconnaissance. Si ses parents ont rompu ou n'ont point entretenu les liens qui les ont unis, il ne croit avoir à remplir, envers eux, aucun devoir.

C'est surtout lorsque l'homme voit approcher le terme de sa vie, qu'il s'occupe le plus du sort de ceux qui doivent, après sa mort, le représenter. C'est alors qu'il prévoit l'époque où il ne pourra plus, en tenant une balance juste, rendre heureux tous les membres de sa famille, et où les bons parents envers lesquels il avait réellement des devoirs à remplir, ne se distingueront plus de ceux qui n'aspiraient qu'à la possession de ses biens.

C'est dans le temps où la Parque fatale commence à être menaçante, que l'homme cherche sa consolation, et le moyen de se résigner, avec moins de peine, à la mort, en faisant, à son gré, la disposition de sa fortune.

Quelques jurisconsultes opposent à ces idées d'indépendance dans l'exercice du droit de propriété, que celui qui dispose pour le temps où il n'existera plus, n'exerce point un droit naturel; qu'il n'y a de propriété que dans la possession qui finit avec la vie; que la transmission des biens, après la mort du possesseur, appartient à la loi civile, dont l'objet est de prévenir le désordre auquel la société serait exposée, si ses biens étaient alors la proie du premier occupant, ou s'il fallait les partager, entre tous les membres de la société, comme une chose devenue commune à tous.

Ces jurisconsultes prétendent que l'ordre primitif et fondamental de la transmission des biens après la mort, est celui des successions *ab intestat*, et que si l'homme a quelque pouvoir de disposer pour le temps où il n'existera plus, c'est un bienfait de la loi; c'est une portion de son devoir qu'elle lui cède, en posant les bornes qu'il ne peut excéder, et les formes auxquelles il est assujéti; que la transmission successive des propriétés n'aurait pu être abandonnée à la volonté de l'homme, volonté qui n'eût pas toujours été manifestée, qui souvent est le jouet des passions, qui, trop variable, n'eût point suffi pour établir l'ordre général que le maintien de la société exige, et que la loi seule peut calculer sur des règles équitables et fixes.

Ce système est combattu par d'autres publicistes, qui le regardent comme pouvant ébranler les fondements de l'ordre social, en altérant les principes sur le droit de propriété. Ils pensent que ce droit consiste essentiellement dans l'usage que chacun peut faire de ce qui lui appartient; que si sa disposition ne doit avoir lieu qu'après sa mort, elle n'en est pas moins faite pendant sa vie, et qu'en lui contestant la liberté de disposer, c'est réduire sa propriété à un simple usufruit.

Au milieu de ces discussions, il est un guide que l'on peut suivre avec sûreté; c'est la voix que la nature a fait entendre à tous les peuples, et qui a dicté presque toutes les législations.

Les liens du sang, qui unissent et qui constituent les familles, sont formés par les sentiments d'affection que la nature a mis dans le cœur des parents les uns pour les autres. L'énergie de ces sentiments augmente en raison de la proximité de parenté, et elle est portée au plus haut degré entre les pères et mères et leurs enfants.

Il n'est aucun législateur sage qui n'ait considéré ces différents degrés d'affection, comme lui présentant le meilleur ordre pour la transmission des biens.

Ainsi la loi civile, pour être parfaite à cet égard, n'a rien à créer, et les législateurs ne s'en sont écartés que quand ils ont sacrifié, à l'intérêt de leur puissance, le plus grand avantage et la meilleure organisation des familles.

Lorsque la loi ne doit suivre que les mouvements mêmes de la nature, lorsque, pour la transmission des biens, c'est le cœur de chaque membre de la famille qu'elle doit consulter, on pourrait regarder comme indifférent, que la transmission des biens se fît par la volonté de l'homme, ou que ce fût par l'autorité de la loi.

Il est cependant, en partant de ces premières idées, un

avantage certain à laisser agir, jusqu'à un certain degré, la volonté de l'homme.

La loi ne saurait avoir pour objet que l'ordre général des familles. Ses regards ne peuvent se fixer sur chacune d'elles, ni pénétrer dans son intérieur pour calculer les ressources, la conduite, les besoins de chacun de ses membres, et pour règler ce qui conviendrait le mieux à sa prospérité.

Ce sont des moyens de conservation que le père de famille peut seul avoir. Sa volonté sera donc mieux adaptée aux besoins et aux avantages particuliers de sa famille.

L'avantage que la loi peut retirer, en laissant agir la volonté de l'homme, est trop précieux pour qu'elle le néglige, et dès lors, elle n'a plus à prévoir que les inconvénients qui pourraient résulter de ce qu'on aurait entièrement livré le sort des familles à cette volonté.

Elle peut n'avoir pas été manifestée, soit par négligence, soit par l'incertitude du dernier moment : elle peut aussi être dégradée par des passions injustes; mais soit que le chef de famille n'ait pas rempli sa mission, soit qu'il ait violé les devoirs et les sentiments naturels, la loi ne devra se mettre à sa place que pour réparer ses omissions ou ses torts.

Si la volonté n'a pas été manifestée, la loi n'a point à établir une règle nouvelle : elle se conforme, dans l'ordre des successions, à ce que font les parents lorsqu'ils suivent les degrés naturels de leur affection. Si ce n'est pas la volonté déclarée de celui qui est mort, c'est sa volonté présumée qui exerce son empire.

Lorsqu'elle est démentie par la raison; lorsqu'au lieu de l'exercice du plus beau droit de la nature, c'est un outrage qui lui est fait; lorsqu'au lieu du sentiment qui porte à conserver, c'est un sentiment de destruction et de désorganisation qui a dicté cette volonté, la loi ne fait encore que la dégager des passions nuisibles pour lui conserver ce qu'elle a de raisonnable. Elle n'anéantit point les libéralités excessives, elle ne fait que les réduire. La volonté reste entière, dans tout ce qu'elle a de compatible avec l'ordre public.

Ainsi les propriétaires les plus jaloux de leur indépendance n'ont rien à regretter : ils ne pevent la regarder comme altérée par la loi civile, soit que cette loi supplée à leur volonté non manifestée, en établissant l'ordre des successions, soit que par des règles sur les donations et les testaments, elle contiène cette volonté dans des bornes raisonnables.

Que la faculté de disposer de ses biens soit un bienfait de la loi, ou que ce soit l'exercice du droit de propriété, rien n'est plus indifférent, pourvu que la loi ne soit pas contraire aux principes qui viènent d'être exposés. S'il en était autrement, si le législateur, dirigé par des vues politiques, avait rejeté le plan tracé par la nature pour la transmission des biens; si la faculté de disposer était resserrée dans des limites trop étroites, il serait dérisoire de soutenir que cette faculté, ainsi réduite, fût encore un bienfait, et que sous l'empire d'une pareille loi, il y eût un libre exercice du droit de propriété.

Mais heureusement le système dans lequel la faculté de disposer a toute l'étendue que comportent les sentiments et les devoirs de famille, est celui qui s'adapte le mieux à toutes les formes de Gouvernements, à moins qu'ils ne soient absolument despotiques.

En effet, lorsque les familles auront un intérêt politique à ce que la distribution des biens reçoive des modifications, d'une part cet intérêt entrera dans les calculs du père de famille, et de l'autre, son ambition ou sa vanité seront contenues par les devoirs que la loi ne lui permettra pas de transgresser. La loi qui donnerait à l'ambition la facilité de sacrifier ces devoirs, serait destructive des familles, et, sous aucun rapport, elle ne pourrait être bonne.

Il faut encore observer que la loi civile, qui s'écarte le moins de la loi naturelle, par cela même qu'elle est susceptible de se plier aux différentes formes de Gouvernements, est aussi celle qui peut le mieux fixer le droit de propriété, et le préserver d'être ébranlé par les révolutions.

Lorsque la faculté de disposer, renfermée dans de justes bornes, présente de si grands avantages, il n'est point surprenant qu'elle se trouve consacrée dans presque toutes les législations. . . .

29. *Dispositions gratuites faites par des Mineurs.*

(*Art.* 904.) Celui qui dispose de sa fortune, doit aussi être parvenu à l'âge où il peut avoir la réflexion et les connaissances propres à le diriger.

La loi ne peut, à cet égard, être établie que sur des présomptions.

Il fallait choisir entre celle qui résulte de l'émancipation, et celle que l'on peut induire d'un nombre fixe d'années.

Plusieurs motifs s'opposaient à ce qu'on prît pour règle l'émancipation.

Les père et mère peuvent émanciper leur enfant lorsqu'il a quinze ans révolus. On leur a donné ce droit, en comptant que leur affection continuerait à guider l'enfant qui n'aurait pas encore, dans un âge aussi tendre, les connaissances suffisantes pour diriger sa conduite : c'est aussi par ce motif que le mineur qui a perdu ses père et mère, ne peut être émancipé avant dix-huit ans.

Cependant la faculté de disposer doit être exercée par un acte de volonté propre, et indépendante des père et mère ou des tuteurs. La volonté ne pouvait pas être présumée raisonnable à l'égard de certains mineurs à quinze ans, à l'égard des autres à dix-huit seulement.

Cette volonté n'eût pas été indépendante, si les mineurs n'avaient pu l'exercer que dans le cas où ils auraient été émancipés, soit par leurs pères ou mères, soit à la demande de leurs parents. La crainte que le mineur ne fît des dispositions contraires à leurs intérêts, eût pu quelquefois être un obstacle à l'émancipation.

D'ailleurs, dans l'état actuel de la civilisation, un mineur a reçu, avant l'âge de seize ans, une instruction suffisante pour être attaché à ses devoirs envers ses parents. La volonté du mineur parvenu à la seizième année, peut avoir acquis une maturité suffisante pour qu'il soit, à cet égard, le maître, non de la totalité de sa fortune, mais seulement de la moitié des biens dont la loi permet au majeur de disposer.

Cependant on a fait une distinction juste entre les donations entre vifs et celles par testament. La présomption que la disposition faite par le mineur, pour le temps où il n'existerait plus, serait raisonnable, ne pouvait s'appliquer aux donations entre vifs, par lesquelles le mineur se dépouillerait irrévocablement de sa propriété. Cela serait contraire au principe, suivant lequel il ne peut faire, même à titre onéreux, l'aliénation de la moindre partie de ses biens. Dans les donations entre vifs, la loi présume que le mineur serait la victime de ses passions. Dans les dispostitions testamentaires, l'approche ou la perspective de la mort ne lui permettra plus de s'occuper que des devoirs de famille ou de reconnaissance. . . .

30. *Motif des bornes apposées à la faculté de disposer à titre gratuit.*

Après avoir établi ces principes préliminaires sur les caractères d'une volonté certaine et raisonnable, sans laquelle on est incapable de disposer, la loi pose les règles qui sont le principal objet de ce titre du Code; règles qui doivent avoir une si grande influence sur les mœurs de la nation et sur le bonheur des familles. Elle fixe quelle sera la portion de biens disponible.

Il est sans doute à présumer que chacun, en suivant son affection, ferait de sa fortune la répartition la plus convenable au bonheur de sa famille et aux droits naturels de ses héritiers les plus proches, et que cette affection serait encore moins sujète à s'égarer dans le cœur de celui qui laisserait une postérité.

Mais lors même que la loi a cette confiance, elle doit prévoir qu'il est des abus inséparables de la faiblesse et des passions humaines, et qu'il est des devoirs dont elle ne peut, en aucun cas, autoriser la violation.

31. *Réserve en faveur des enfants. — Lois anciennes. — Raisons de la Réserve actuelle.*

(*Art.* 913.) Les pères et mères qui ont donné l'existence naturelle ne doivent point avoir la liberté de faire arbitrairement perdre, sous un rapport aussi essentiel, l'existence civile; et, s'ils doivent rester libres dans l'exercice de leur droit de propriété, ils doivent aussi remplir les devoirs que la paternité leur a imposés envers leurs enfants et envers la société.

C'est pour faire connaître aux pères de familles les bornes au-delà desquelles ils seraient présumés abuser de leur droit de propriété, en manquant à leurs devoirs de pères et de citoyens, que, dans tous les temps, et chez presque tous les peuples policés, la loi a réservé aux enfants, sous le titre de légitime, une certaine quotité des biens de leurs ascendants.

Chez les Romains, le droit du Digeste et du Code avait réduit au quart des biens la légitime des enfants.

Elle fut augmentée par la dix-huitième Novelle qui la fixa au tiers, s'il y avait quatre enfants ou moins, et à la moitié, s'ils étaient cinq ou plus.

On distinguait en France les pays de droit écrit et ceux de coutumes.

Dans presque tous les pays de droit écrit, la légitime, en ligne directe et descendante, était la même que celle établie par la Novelle.

Les coutumes étaient, à cet égard, distinguées en plusieurs classes.

Les unes adoptaient ou modifiaient les règles du droit écrit.

D'autres, et de ce nombre était la coutume de Paris, établissaient spécialement une légitime.

Quant aux coutumes où elle n'était pas fixée, l'usage ou la jurisprudence y avaient admis les règles du droit romain ou celles de la coutume de Paris, à l'exception de quelques modifications que l'on trouve dans un petit nombre de ces coutumes.

Celle de Paris a fixé la légitime à la moitié de la part que chaque enfant aurait eue dans la succession de ses père et mère et des autres ascendants, s'ils n'avaient fait aucune disposition entre vifs ou testamentaire.

Pendant la révolution, la loi du 17 nivôse an 2 (art. 16) avait limité au dixième du bien, la faculté de disposer, si on avait des héritiers en ligne directe.

La loi du 4 germinal an 8 a rendu aux pères et mères une partie de leur ancienne liberté : elle a permis les libéralités qui n'excéderaient pas le quart des biens, s'ils laissaient moins de quatre enfants; le cinquième, s'ils en laissaient quatre ; le sixième, s'ils étaient au nombre de cinq, et ainsi de suite.

En faisant le projet de loi qui vous est présenté, on

avait à examiner les avantages et les inconvénients de chacune de ces règles, afin de reconnaître celle qui serait fondée sur la combinaison la plus juste du droit de disposer et des devoirs de la paternité.

A Rome, il entrait dans le système du gouvernement d'un peuple guerrier, que les chefs de famille eussent une autorité absolue, sans craindre que la nature en fût outragée. Lorsque sa civilisation se perfectionna, et que l'on voulut modifier des mœurs antiques, il aurait été impossible de les régler comme si c'eût été une institution nouvelle. Non seulement chaque père entendait jouir sans restriction de son droit de propriété, mais encore il avait été constitué le législateur de sa famille. Mettre des bornes au droit de disposer, c'était dégrader cette magistrature suprême. Aussi pendant plus de douze siècles, la légitime des enfants, quel que fût leur nombre, ne fut-elle pas portée au-delà du quart des biens. Ce ne fut qu'au déclin de ce grand Empire que les enfants obtinrent, à ce titre, le tiers des biens, s'ils étaient au nombre de quatre ou au-dessus, ce qui était le cas le plus ordinaire, et la moitié s'ils étaient en plus grand nombre.

Cette division avait l'inconvénient de donner des résultats incohérents.

S'il y avait quatre enfants, la légitime était d'un douzième pour chacun, tandis que s'il y en avait cinq, chaque part légitimaire était du dixième. Ainsi la part qui doit être plus grande quand il y a moins d'enfants, se trouvait plus petite. Ce renversement de l'ordre naturel n'était justifié par aucun motif.

La coutume de Paris a mis une balance égale entre le droit de propriété et les devoirs de famille. Les auteurs de cette loi ont pensé que les droits et les devoirs des pères et mères sont également sacrés, qu'ils sont également fondamentaux de l'ordre social, qu'ils forment entre eux un équilibre parfait, et que si l'un ne doit pas l'emporter sur l'autre, le cours des libéralités doit s'arrêter quand la moitié des biens est absorbée.

Le système de la loi parisienne est d'une exécution simple. On y trouve toujours une portion juste dans le traitement des enfants, eu égard à leur nombre et à leur droit héréditaire.

Mais elle peut souvent donner des résultats contraires à ceux que l'on se propose.

On veut que chaque enfant ait une quotité de biens suffisante pour qu'il ne perde pas l'état dans lequel l'ont placé les auteurs de ses jours. On ne doit donc pas laisser la liberté de disposer d'une moitié, dans le cas où les enfants se trouveraient, par leur nombre, être réduits à une trop petite portion.

Le meilleur système est celui dans lequel on a égard au nombre des enfants, en même temps qu'on laisse aux pères et mères toute la liberté compatible avec la nécessité d'assurer le sort des enfants.

La législation romaine a eu égard à leur nombre, mais elle est susceptible de rectification dans les proportions qu'elle établit.

Ainsi lorsqu'elle donne au père le droit de disposer des deux tiers, si ses enfants ne sont pas au-dessus du nombre de quatre, elle n'a point fait entrer en considération que la liberté de celui qui n'est obligé de pourvoir qu'un seul enfant, ne doit pas être autant limitée que lorsqu'il en a plusieurs.

La liberté de disposer des deux tiers des biens, lors même que les enfants étaient au nombre de quatre, était trop considérable ; comme celle qui est donnée par la loi du 4 germinal an 8, et qui ne comprend que le quart, s'il y a moins de quatre enfants, et une portion virile seulement, s'il y en a un plus grand nombre, est trop bornée.

La coutume de Paris était fondée sur un principe plus juste, lorsque, balançant le droit de la propriété et les devoirs de la paternité, elle avait établi que, dans aucun cas, il ne serait permis au père de disposer de plus de la moitié de ses biens.

C'était une raison décisive pour partir de ce point, en restreignant ensuite cette liberté dans la proportion qu'exigerait le nombre des enfants.

On n'a pas cru devoir admettre la gradation qui se trouve dans la loi du 4 germinal an 8, et suivant laquelle la faculté donnée au père, et réduite à une portion virile, devient presque nulle lorsqu'il a un grand nombre d'enfants.

Il faut, en effet, considérer que l'ordre conforme à la nature est celui dans lequel les père et mère ne voudront disposer de leur propriété qu'au profit de leurs enfants, et pour réparer les irrégularités naturelles ou accidentelles.

Lorsque le nombre des enfants est considérable, la loi doit réserver à chacun d'eux une quotité suffisante, sans trop diminuer, dans la main du père, les moyens de fournir à des besoins particuliers, qui sont alors plus multipliés.

Ce sont toutes ces considérations qui ont déterminé à adopter la proportion dans laquelle les libéralités, soit par actes entre vifs, soit par testament, ne pourront excéder la moitié des biens, s'il n'y a qu'un enfant légitime; le tiers, s'il en laisse deux; et le quart, s'il en laisse trois ou un plus grand nombre.

32. *Réserve au profit des ascendants.*

(*Art.* 915.) La loi devait-elle faire une réserve au profit des ascendants?

Les Romains reconnaissaient que si les pères doivent une légitime à leurs enfants, c'est un devoir dont les enfants sont également tenus envers leurs pères.

Quemadmodùm à patribus liberis, ita à liberis patribus deberi legitimam.

En France, d'après le système de la division des biens en propres et acquêts, le sort des ascendants n'était pas le même dans les pays de coutume et dans ceux de droit écrit.

Un très-petit nombre de coutumes leur donnait une légitime : dans d'autres, elle leur avait été accordée par une jurisprudence à laquelle avait succédé celle qui la refusait d'une manière absolue.

Les enfants étaient obligés de conserver à leurs collatéraux presque tous les biens propres dont ces ascendants étaient exclus.

Si on n'avait pas laissé à ces enfants la disposition des meubles et des acquêts, à la succession desquels les ascendants étaient appelés par la loi, ils eussent été presque entièrement privés de la liberté de disposer.

Dans les pays de droit écrit, et dans quelques coutumes qui s'y conformaient, les ascendants avaient une légitime. Elle consistait dans le tiers des biens. Le partage de ce tiers se faisait également entr'eux. Il n'y avait point de légitime pour les aïeuls, quand les père et mère, ou l'un d'eux, survivaient, parce qu'en ligne ascendante il n'y a point de représentation.

La comparaison du droit écrit avec celui des coutumes, respectivement aux ascendants, ne pouvait laisser aucun doute sur la préférence due au droit écrit.

Le droit coutumier, en donnant les propres aux collatéraux, et en laissant aux enfants la libre disposition des meubles et acquêts, ne prenait point assez en considération les devoirs et les droits qui résultent des rapports intimes entre les père et mère et leurs enfants.

Les devoirs des enfants ne sont pas, sous le rapport de l'ordre social, aussi étendus que ceux des pères et mères, parce que le sort des ascendants est plus indépendant de la portion des biens qui leur est assurée dans la fortune de leurs descendants, que l'état des enfants ne dépend de la part qu'ils obtiènent dans les biens de leurs pères et mères.

La réserve ne sera, par ce motif, que de moitié des biens au profit des ascendants, et sans égard à leur nombre, lorsqu'il y en aura dans chacune des lignes paternelle ou maternelle.

S'il n'y a d'ascendant que dans l'une des lignes, cette réserve ne sera que du quart.

Déjà on a établi, dans le titre des successions, une règle que l'on doit regarder comme une des bases principales de tout le système de la transmission des biens par mort.

C'est leur division égale entre les deux lignes paternelle et maternelle, lorsque celui qui meurt ne laisse ni postérité, ni frères, ni sœurs. Cette division remplira, sans inconvénient, le vœu généralement exprimé pour la conservation des biens dans les familles.

Le sort des ascendants n'était point assez dépendant d'une réserve légale, pour qu'on pût, en l'établissant, s'écarter d'une règle aussi essentielle; et puisque, suivant cette règle, les biens affectés à la ligne dans laquelle l'ascendant ne se trouve pas, lui sont absolument étrangers, la réserve ne peut pas porter sur la portion à laquelle il ne pourrait avoir aucun droit par succession.

35. *Faculté de disposer en ligne collatérale.*

(*Art.* 916.) Devait-on limiter la faculté de disposer en collatérale, ou ne fallait-il pas au moins établir une réserve en faveur des frères et des sœurs?

Toutes les voix se sont réunies pour que les collatéraux, en général, ne fussent point un obstacle à l'entière liberté de disposer.

Il en avait toujours été ainsi dans les pays de droit écrit.

Dans ceux des coutumes, les biens étaient distingués en propres et acquêts, et la majeure partie des propres était réservée aux collatéraux, sans que l'on pût en disposer gratuitement.

Ce système de la distinction des biens en propres et acquêts, avait principalement pour objet de conserver les mêmes biens dans chaque famille.

On voulait maintenir et multiplier les rapports propres à entretenir, même entre les parents d'un degré éloigné, les sentiments de bienveillance et cette responsabilité morale qui suppléent si efficacement à la surveillance des lois. Resserrer et multiplier les liens des familles, tel fut, et tel sera toujours le ressort le plus utile dans toutes les formes de gouvernement, et la plus sûre garantie du bonheur public. Les auteurs du régime des propres et des réserves pensaient que la transmission des mêmes biens, d'un parent à l'autre, était un moyen de resserrer leurs liens, et que les degrés par lesquels on tenait à un auteur commun, semblaient se rapprocher, lorsque les parents se rapprochaient réellement pour partager les biens que ses travaux avaient le plus souvent mis dans la famille, et qui en perpétuaient la prospérité.

La conservation des mêmes biens dans les familles, sous le nom de propres, a pu s'établir et avoir de bons effets dans le temps où les ventes des immeubles étaient très-rares, et où l'industrie n'avait aucun ressort.

Mais depuis que la rapidité du mouvement commercial s'est appliquée aux biens immobiliers, comme à tous les autres; depuis que les propriétaires, habitués à dénaturer leurs biens, ont pu facilement secouer le joug d'une loi qui les privait de la faculté de disposer des propres, il a été aussi facile que fréquent de s'y soustraire. Elle est devenue impuissante pour atteindre à son but; et lorsqu'elle eût dû être le lien des familles, elle les troublait par des procès sans nombre.

Déjà la loi des propres avait été abolie pendant la révolution; on ne devait plus songer à la rétablir. C'est ainsi que certaines lois dépendent des mœurs et des usages existants au temps où elles s'établissent, et ne sont que transitoires.

C'est encore ainsi qu'il est facile d'expliquer pourquoi tout le régime des propres et acquêts, et de perpétuité des mêmes biens dans les familles, était inconnu aux Romains, et à ceux qui ont conservé leur législation.

L'ordre public et l'intérêt des familles s'accordent pour que chacun soit maintenu dans le droit de propriété, dont résulte la liberté de disposer, à moins qu'il n'y ait des considérations assez puissantes et assez positives pour exiger, à cet égard, un sacrifice.

C'est ce sentiment d'une pleine liberté qui fait prendre à l'industrie tout son essor, et braver tous les périls. Celui-là croit ne travailler que pour soi, et ne voit point de terme à ses jouissances, quand il est assuré que les produits de son travail ne seront transmis qu'à ceux qu'il déclarera être les objets de son affection. L'intérêt général des familles, dans un siècle où l'industrie met en mouvement le plus grand nombre des hommes, est bien différent de l'intérêt de ces familles casanières, au milieu desquelles les coutumes se formèrent il y a plusieurs siècles : il est évident que ce qui maintenant leur importe le plus, est que les moyens de prospérité s'y multiplient; et lorsque, dans le cours naturel des affections, les parents les plus proches seront préférés, ils entendraient mal leurs intérêts, s'ils les regardaient comme étant lésés par cette liberté dont ils doivent profiter.

Mais d'ailleurs, quel moyen pourrait-on trouver de s'opposer à cet exercice du droit de propriété? Il n'est, en ce genre, aucune prohibition qui ne soit susceptible d'être éludée.

Lorsqu'il s'agit d'un droit aussi précieux, et qui est exercé depuis tant de siècles par la plus grande partie de la nation, la loi qui l'abolirait serait au nombre de celles qui ne pourraient longtemps résister à l'opinion publique,

Nul ne se ferait le moindre scrupule de la violer; l'esprit de mensonge et de fraude dans les actes, se propagerait; le règne de la loi cesserait, et la corruption continuerait ses progrès.

On respectera la réserve faite au profit des ascendants et des descendants, parce qu'elle a pour base, non seulement les sentiments présumés, mais encore des devoirs si sacrés, que ce serait une sorte de délit de les enfreindre : ni ces sentiments, ni ces devoirs, ne peuvent être les mêmes pour les collatéraux; il n'y a vis-à-vis d'eux que les devoirs qui sont à la fois ceux du sang et de l'amitié.

La loi de réserve pour les collatéraux n'aurait pour objet que les parents qui se seraient exposés à l'oubli ou à l'animadversion, et par cela même, ils ne sont pas favorables.

Enfin, les habitants des pays de droit écrit opposent aux usages introduits dans les pays de coutumes pendant quelques siècles, une expérience qui remonte à l'antiquité la plus reculée.

Ils citent l'exemple, toujours mémorable, de ce peuple qui, de tous ceux de la terre, est celui qui a le plus étudié et perfectionné la législation civile. Jamais il ne fut question d'y établir une légitime en collatérale.

Enfin, ils donnent pour modèle cette harmonie qui, dans les pays de droit écrit, rend les familles si respectables : là, bien plus fréquemment que dans les pays de coutume, se présente le tableau de ces races patriarchales, dans lesquelles ceux à qui la providence a donné la fortune, n'en jouissent que pour le bonheur de tous ceux qui se rendent dignes, par leurs sentiments, d'être admis dans le sein de la famille.

C'est dans la maison de ce bienfaiteur que le parent infortuné trouve des consolations et des secours; que l'autre y reçoit des encouragements; que l'on y économise des dots pour les filles. Quelle énorme différence entre les avantages que les parents peuvent ainsi, pendant la vie du bienfaiteur, retirer de ses libéralités, entièrement indépendantes de la loi, et le produit d'une modique réserve, dont ils seraient même encore le plus souvent frustrés !

On ne peut espérer, surtout en collatérale, de créer

ou de conserver cet esprit de famille, qui tend à en soutenir tous les membres, à n'en former qu'un corps, à en rapprocher les degrés, qu'en provoquant la bienfaisance des parents entr'eux, pendant qu'ils vivent. Le seul moyen de la provoquer, est de lui laisser son indépendance : il est dans le cœur humain, que le sentiment de bienfaisance s'amortisse aussitôt qu'il s'y joint la moindre idée de contrainte : cette idée ne s'accorde plus avec cette noblesse, avec cette délicatesse et cette pureté de sentiments qui animaient l'homme bienfaisant ; il cesse de l'être, parce qu'il ne croit plus pouvoir l'être ; il n'a plus rien à donner à ceux qui ont le droit d'exiger.

Puisque la France est assez heureuse pour avoir conservé, dans une grande partie de son territoire, cet esprit de famille nécessaire à la prospérité commune, gardons-nous de rejeter un aussi grand moyen de régénération des mœurs : c'est un feu sacré qu'il faut entretenir où il existe, qu'il faut allumer dans les autres pays qui ont un aussi grand besoin de son influence, et qu'il peut seul vivifier.

34. *Faut-il exception en faveur des frères et sœurs ?*

Cependant ne devait-on point faire une exception en faveur des frères et sœurs de celui qui meurt, ne laissant ni ascendants, ni postérité ?

Ne doit-on pas distinguer dans la famille ceux qui la constituent le plus intimement, ceux qui sont présumés avoir vécu sous le même toit, avoir été soumis à l'autorité du même père de famille, tenir de lui un patrimoine qu'il était dans son cœur de voir réparti entr'eux, et que le plus souvent ils doivent à ses économies et à ses travaux ?

Quel serait le frère qui pourrait regarder, comme un sacrifice à sa liberté, la réserve d'une quotité modique, telle que serait un quart de ses biens à ses frères et sœurs, en quelque nombre qu'ils fussent ?

Peut-il y avoir quelque avantage à lui attribuer le droit de transmettre tout son patrimoine à une famille étrangère, en nuisant à la sienne propre, autant qu'il est en son pouvoir, ou de préférer l'un de ses frères ou sœurs à tous les autres, ce qui serait une cause éternelle de discorde entre celui qui aurait la préférence, et ceux qui se regarderaient comme déshérités ?

Si on est forcé de convenir que le Législateur doit employer tous ses efforts pour resserrer les liens de famille, doit-il laisser la liberté à ceux que la nature avait autant rapprochés, de les rompre entièrement ?

Dans plusieurs autres parties du Code civil, les frères et sœurs sont, à cause des rapports intimes qui les unissent, mis dans une classe à part. Dans l'ordre des successsions, on les fait concourir avec les ascendants. Les frères et sœurs auront, pour assurer à leurs neveux et nièces, la portion de biens dont ils peuvent disposer, le même droit que les père et mère à l'égard de leurs petits-enfants.

Enfin, il sera contraire aux usages reçus dans une grande partie de la France, depuis plusieurs siècles, qu'aucune quotité du patrimoine ne soit assurée même aux frères et sœurs.

Quelque puissants que paraissent ces motifs, pour établir une réserve au profit des frères et sœurs, des considérations plus fortes s'y opposent et ont dû prévaloir.

Le guide le plus sûr des Législateurs est l'expérience. L'on n'a jamais admis, ni à Rome, ni en France, dans les pays de droit écrit, de légitime en faveur des frères : le frère ne pouvait se plaindre de la disposition dans laquelle il avait été oublié, que dans un seul cas, celui où une personne mal famée, *turpis persona*, avait été instituée héritière. La réclamation que le frère pouvait alors faire d'une portion des biens, n'était, sous le nom de légitime, qu'une vengeance due à la famille qui avait éprouvé du testateur une aussi grande injure.

Cependant le tableau de l'amitié fraternelle n'a jamais été plus touchant que dans les pays où la liberté de disposer est entière.

Si, comme on l'a prouvé, celui qui ne doit éprouver aucune contrainte dans ses dispositions de dernière volonté, est beaucoup plus porté aux actes de bienfaisance pendant sa vie, c'est surtout entre frères que cette assistance mutuelle est vraisemblable, et qu'elle peut influer sur leur prospérité.

Plus la réserve que l'on croirait pouvoir faire au profit des frères et sœurs serait modique, et moins elle pourrait être d'une utilité réelle; moins on doit la préférer aux grands avantages que l'on peut se promettre d'une pleine liberté de disposer.

Si on imposait, en collatérale, des devoirs rigoureux de famille, ce devrait aussi être au profit des neveux dont les père et mère sont décédés. Ce sont ces neveux qui ont le plus besoin d'appui : c'est à leur égard que les oncles tiènent lieu d'ascendants; c'est aux soins et à l'autorité des oncles qu'est entièrement confié le sort de cette partie de la famille.

On ne pourrait donc pas se borner au seul degré de frères et de sœurs, si on voulait, en collatérale, établir une réserve légale; et cependant ceux mêmes qui ont été d'avis de cette réserve, n'ont pas pensé qu'on pût l'étendre au-delà de ce degré sans porter injustement atteinte au droit de propriété.

Il est, sans doute, dans le cours de la nature, que les frères et sœurs soient unis par les liens intimes qu'ont formés une éducation et une naissance commune; mais l'ordre social, qui exige une réserve en ligne directe, n'est point également intéressé à ce qu'il y en ait au profit des frères et sœurs.

Le père a contracté, non seulement envers ses enfants, mais encore envers la société, l'obligation de leur conserver des moyens d'existence proportionnés à sa fortune; ce devoir se trouve rempli à l'égard des frères ou sœurs, puisque chacun a sa portion des biens des père et mère communs.

Les enfants qui n'ont point de postérité ont, envers ceux qui leur ont donné le jour, des devoirs à remplir, qui ne sauraient être exigés par des frères ou sœurs, les uns envers les autres.

C'est après avoir long-temps balancé tous ces motifs pour et contre la réserve légale au profit des frères et sœurs, qu'il a été décidé de n'en établir qu'en ligne directe, et que toutes les fois que celui qui meurt ne laissera ni ascendants, ni descendants, les libéralités, par actes entre vifs, pourront épuiser la totalité des biens.

35. *Avantage fait au Successible.*

(*Art.* 919.) Après avoir ainsi déterminé la quotité disponible, il fallait règler un point sur lequel il y a eu jusqu'ici diversité de législation; il fallait décider si la quotité disponible pourrait être donnée, en tout ou en partie, soit par actes entre vifs, soit par testament, aux enfants ou autres héritiers de celui qui a disposé, sans que le donataire venant à sa succession fût obligé au rapport.

Chez les Romains, et dans les pays de droit écrit, il n'y a jamais eu de variation à cet égard; toujours on a eu le droit de choisir, entre les héritiers, ceux que l'on voulait avantager, soit par l'institution d'héritiers, soit autrement.

Les coutumes étaient, sur cette matière, très-différentes les unes des autres.

Les unes permettaient à un des enfants d'être, en même temps, donataire, légataire et héritier, et n'assuraient aux autres que leur légitime.

D'autres distinguaient la ligne directe d'avec la collatérale, et la qualité de donataire entre vifs d'avec celle de légataire. Dans ces dernières coutumes, du nombre desquelles se trouve celle de Paris, la même personne ne pouvait être ni donataire, ni légataire, ni héritière en ligne directe : elle pouvait, en collatérale, être donataire et héritière, mais non légataire et héritière.

Dans d'autres, on ne pouvait être donataire et héritier, soit en ligne directe, soit en ligne collatérale.

D'autres portaient la défense absolue d'avantager l'héritier présomptif, et ordonnaient le rapport, tant en directe que collatérale, même en renonçant.

Il n'y avait de système complet d'égalité entre les héritiers, que celui des coutumes qui les obligeaient au rapport des donations, lors même qu'ils renonçaient à la succession, et qui ne permettaient en leur faveur aucun legs.

Dans l'opinion exclusive de la faculté de faire des dispositions au profit des héritiers, on les regarde comme ayant un droit égal, et la loi se met entièrement à la place de la personne qui meurt, non pour contrarier sa volonté présumée, mais pour la remplir de la manière la plus juste.

Cependant, quoique l'intention parût être de suivre la marche de la nature, combien ne s'en écartait-on pas ?

Comment la nature aurait-elle donné des droits égaux à ceux qu'elle traite si diversement ? Où sont les familles dont tous les membres ont eu une part égale à la force physique, à l'intelligence, aux talents ; dont aucun n'a, malgré la meilleure conduite, éprouvé des revers ; dont aucun n'a été exposé à des infirmités ou à d'autres malheurs de tous genres ?

Ce tableau de l'humanité, quelque affligeant qu'il soit, est malheureusement celui qui se réalise le plus souvent ; il faut l'avoir perdu de vue, quand on calcule froidement et arithmétiquement une division égale entre tous ceux qui ont des besoins si différents.

Leur droit naturel est d'obtenir de celui à qui la providence a confié les biens, une part proportionnée aux besoins, et qui établisse entr'eux, autant qu'il est possible, la balance du bonheur. C'est en s'occupant sans cesse de maintenir cette balance, que le chef de famille se livre aux sentiments les plus équitables d'une affection égale envers tous ses héritiers. Mais s'il lui est défendu, par la loi, de venir au secours de l'un, s'il ne peut encourager l'autre, s'il a les mains liées pour soulager les maux dont il est témoin, et pour faire cesser des inégalités affligeantes entre ceux qu'il voudrait rendre également heureux, c'est alors qu'il sent tout le poids de ses chaînes, c'est alors qu'il maudit l'erreur de la loi, qui s'est mise à sa place pour ne remplir aucun de ses devoirs, et qui se trompant sur le vœu de la nature, n'a établi ses présomptions que sur une égalité chimérique ; c'est alors qu'il est affligé de sa nullité dans sa propre famille, où le sort de chacun a été règlé d'avance par l'interdiction prononcée contre lui, où il est dépouillé du principal moyen de faire respecter une autorité dont le seul but est de rétablir ou de maintenir l'ordre, où il n'a ni la puissance de faire le bien, ni celle de prévenir le mal.

Peut-on mettre en comparaison tous ces inconvénients avec celui qui paraît avoir fait le plus d'impression sur l'esprit des personnes qui voudraient interdire le droit de disposer au profit des héritiers présomptifs ? Ils craignent la vanité des chefs de famille, qui, favorisés de la fortune, voudraient la transmettre à celui qu'ils choisiraient, pour les représenter avec distinction, en sacrifiant les autres.

On n'a pas songé que le nombre des riches est infiniment petit, si on le compare à la masse presque générale de ceux qui, vivant avec des facultés très-bornées, sont le plus exposés à toutes les inégalités et à tous les besoins.

On a perdu de vue le père de famille, qui, sous un humble toit, n'a pour patrimoine qu'un sol à peine suffisant pour la nourriture et l'éducation de sa famille. Déjà courbé sous le poids des années, il ne pourrait suffire à un travail devenu trop pénible, s'il n'employait les bras du plus âgé de ses enfants aussitôt qu'ils ont quelque force. Cet enfant laborieux commence dès-lors à être l'appui de sa famille. C'est à la sueur de son front que ses frères devront les premiers secours avec lesquels ils apprendront des professions industrielles, et que ses sœurs devront les petits capitaux, fruit de l'économie, qui leur auront procuré des établissements utiles.

Croira-t-on que ce serait la vanité qui détermine ce père de famille à donner quelque récompense à celui de ses enfants qui s'est sacrifié pour le bonheur de tous, et à conserver dans ses mains, autant que la loi le lui permet, un héritage sur lequel une nouvelle famille ne pourrait s'élever et prospérer, s'il était divisé en trop petites portions?

L'intention de ceux qui ont interdit les dispositions au profit des héritiers, est sans doute estimable, mais il est impossible de méconnaître leur erreur.

Déjà même la loi du 4 germinal an 8 autorisa les libéralités au profit des enfants ou autres successibles du disposant, sans qu'elles soient sujètes à rapport, pourvu qu'elles n'excèdent pas les bornes prescrites.

Cette règle a été maintenue.

36. *Biens auxquels s'applique la faculté de disposer.*

(*Art.* 922.) Pour bien connaître la quotité disponible, et celle qui est réservée aux enfants ou aux ascendants, il était nécessaire, d'une part, de désigner les biens auxquels s'applique la faculté de disposer, et, de l'autre, de régler le mode de réduction qui doit avoir lieu, si les dispositions excèdent la quotité fixée.

La faculté de disposer ne se calcule pas seulement sur les biens qui restent dans la succession après les dettes payées, il faut ajouter à ces biens ceux que la personne décédée a donnés entre vifs. On n'aurait pas mis de bornes fixes aux libéralités de disposer, si on n'avait pas eu égard à toute espèce de dispositions.

Il est sans doute du plus grand intérêt, pour la société, que les propriétés ne restent pas incertaines. C'est de leur stabilité que dépendent et la bonne culture et toutes ses améliorations.

Mais déjà il a été prouvé que la transmission d'une partie des biens aux héritiers en ligne directe, est une des bases de l'ordre social. Les pères et mères et les enfants ont, entr'eux, des devoirs qui doivent être remplis de préférence à de simples libéralités : l'accomplissement de ces devoirs est la condition tacite sous laquelle ces libéralités ont pu être faites ou acceptées ; et dans le cas même où les donations n'auraient pas, lorsqu'elles ont été faites, excédé la quotité disponible, les donataires ne seraient point, par ce motif, préférables à des héritiers directs, s'il s'agit, pour les premiers, d'un pur bénéfice, et pour les autres, d'un patrimoine nécessaire. La diminution survenue dans la fortune du donateur, ne saurait même être présumée l'effet de sa malveillance envers le donataire.

Ce sont ces motifs qui ont fait regarder comme indispensable, de faire comprendre dans la masse des biens sur lesquels se calcule la quotité réservée par la loi, ceux qui auraient été donnés entre vifs.

On doit même y comprendre les biens dont la propriété aurait été transmise aux enfants dans le cas du divorce : il ne peut jamais en résulter pour eux un avantage tel que les autres enfants soient privés de la réserve légale.

Il ne doit être fait aucune déduction à raison du droit des enfants naturels : ce droit n'est point acquis avant la mort, et c'est, sous le titre de créance, une participation à la succession...

37. *Mode de réduction.*

(*Art.* 922.) Les biens sur lesquels les enfants ou les ascendants doivent prendre la portion que la loi leur réserve, étant ainsi déterminés, on avait à règler comment ces héritiers exerceront cette reprise, lorsque les biens, libres de dettes, et déduction faite des dons et des legs, ne suffiront pas pour remplir la quotité réservée.

Il est évident que ce retour sur les legs ou donations n'est admissible que de la part de ceux au profit desquels la loi a restreint la faculté de disposer, proportionnellement au droit qu'ils auraient dans la succession.

(*Art.* 913.) Si maintenant on examine quelles sont, dans le cas d'insuffisance des biens libres de la succession, les dispositions qui doivent être, en premier lieu, annullées ou réduites, pour que la quotité réservée soit remplie, il ne peut y avoir de doute sur ce que la réduction ou l'annullation doit d'abord porter sur les legs.

Les biens légués font partie de la succession; les héritiers, au profit desquels est la réserve, sont saisis par la loi dès l'instant où cette succession est ouverte. Les legs ne doivent être payés qu'après l'acquit des dettes et des charges; la quotité réservée par la loi est au nombre de ces charges.

38. *Réduction des legs.*

(*Art.* 926.) Chaque légataire ayant un même droit aux biens qui lui sont légués, l'égalité veut que cette sorte de contribution soit faite entre eux au marc le franc.

Si néanmoins le testateur avait déclaré qu'il entendait que certains legs fussent acquittés de préférence aux autres, les légataires, ainsi préférés, auraient un droit de plus que les autres, et la volonté du testateur ne serait pas exécutée, si les autres legs n'étaient pas entièrement épuisés pour remplir la réserve légale, avant qu'on pût réduire ou annuller les legs préférés. On exige seulement, pour prévenir toute contestation sur cette volonté du testateur, qu'elle soit déclarée en termes exprès.

38. *Réduction des donations entre vifs.*

(*Art.* 923.) Il restait à prévoir le cas où tous les biens de la succession, libres de dettes, et tous les biens légués, auraient été épuisés sans que la réserve légale fût encore remplie.

Les donations entre vifs doivent-elles alors, comme les legs, être réduites au marc le franc?

On peut dire que, pour fixer la quotité réservée, on fait entrer dans le calcul des biens qui y sont sujets, la valeur de tous ceux qui ont été donnés, sans égard aux diverses époques des donations, parce que chacune d'elles, et toutes ensemble, ont contribué à épuiser le patrimoine.

Mais il est plus conforme aux principes que les donations soient réduites, en commençant par la plus récente, et en remontant successivement aux plus anciennes.

En effet, on n'a pas, dans les premières donations, excédé la mesure prescrite, si les biens donnés postérieurement suffisent pour remplir la réserve légale. Si la réduction portait sur toutes les donations, le donateur aurait un moyen de révoquer en tout, ou par de nouvelles donations, celles qu'il aurait d'abord faites.

D'alleurs, lorsqu'il s'agit d'attaquer des propriétés qui remontent à des temps plus ou moins éloignés, l'ordre public est intéressé à ce que la plus ancienne propriété soit maintenue de préférence. C'est le fondement de cette maxime : *Qui prior est tempore, potior est jure.*

Ces principes, déjà consacrés par l'ordonnance de 1731 (article XXXIV), ont été maintenus.

40. *Retention par l'héritier donataire.*

(*Art.* 924.) On a aussi conservé cette autre disposition de la même loi, suivant laquelle, lorsque la donation entre vifs réductible, a été faite à l'un des héritiers ayant une réserve légale, il peut retenir sur les biens donnés la valeur de la portion qui lui appartiendrait, comme héritier, dans les biens non disponibles, s'ils sont de la même nature.

Dans ce cas, il était possible de maintenir ainsi la propriété de l'héritier donataire, sans causer de préjudice à ses cohéritiers.

41. *Réduction ne peut être demandée par le donataire évincé.*

(*Art.* 921.) La règle suivant laquelle la réduction doit se faire, des donations les plus récentes, serait illusoire, si le donataire évincé pouvait se regarder comme subrogé, contre le donataire antérieur, dans les droits de celui qui l'a évincé.

D'ailleurs la réduction est un privilège personnel, et dès-lors elle ne peut être l'objet d'une subrogation, soit tacite, soit même conventionnelle.

42. ——— *ni par les créanciers.*

(*Art.* 921.) Quant aux créanciers de celui dont la succession s'ouvre, ils n'ont de droit que sur les biens qu'ils y trouvent : ces biens doivent toujours, et nonobstant toute réserve légale, être épuisés pour leur payement; mais ils ne peuvent avoir aucune prétention à des biens dont leur débiteur n'était plus propriétaire. Si les titres de leurs créances sont antérieurs à la donation, ils ont pu conserver leurs droits en remplissant les formalités prescrites.

Si ces titres sont postérieurs, les biens qui dès-lors étaient, par la donation, hors des mains de leur débiteur, n'ont jamais pu être leur gage.

Il paraît contraire aux principes de morale que l'on puisse recueillir, même à titre de réserve, des biens provenant d'une personne dont toutes les dettes ne sont point acquittées; et la conséquence semble être que si le créancier ne peut pas, à cause du droit de propriété du donataire, avoir action contre lui, au moins doit-il exercer ses droits, contre l'héritier, sur les biens recouvrés par l'effet de la réduction.

Si on s'attachait à l'idée que celui qui a le droit de réduction ne doit pas avoir de recours contre les donataires, à moins que les biens, dont ceux-ci auraient été évincés, ne deviènent le gage des créanciers du défunt, il vaudrait autant donner à ces créanciers, contre les donataires, une action directe, que de l'accorder aux héritiers pour que les créanciers en profitent; ou plutôt alors, comme il ne s'agirait réellement que de l'intérêt des créanciers, on ne devrait pas faire intervenir les héritiers pour dépouiller les donataires au profit des créanciers. Ceux-ci d'ailleurs pourraient-ils espérer que les héritiers se porteraient à exercer un pareil recours? Leur délicatesse ne serait-elle pas autant engagée à ne pas détruire le droit de propriété des donataires, qu'à payer les créanciers? Et si les héritiers manquaient de délicatesse, ne leur serait-il pas facile de traiter, à l'insu des créanciers, avec des donataires qui ne chercheraient qu'à se maintenir dans leur propriété?

L'action de l'héritier contre le donataire, et les biens donnés qui sont l'objet de ce recours, sont également étrangers à la succession. Le titre auquel l'héritier exerce ce recours remonte au temps même de la donation. Elle est présumée n'avoir été faite que sous la condition de ce retour à l'héritier, dans le cas où la réserve ne serait pas remplie.

(*Art.* 929, 930.) C'est en conséquence de cette condition primitive de retour, que l'héritier reprend les biens sans charge de dettes ou hypothèques créées par le donataire. C'est, par le même motif, que l'action en réduction ou revendication peut être exercée par l'héritier, contre les tiers détenteurs des immeubles faisant partie de la donation et aliénés par le donataire, de la même manière et dans le même ordre que contre le donataire lui-même.

Il faut donc considérer l'héritier qui évince un donataire entre vifs, comme s'il eût recueilli les biens au temps même de la donation.

S'il fallait admettre, d'une manière absolue, qu'un héritier ne peut recueillir, à titre gratuit, des biens de celui qui a des créanciers, sans en faire l'emploi au payement des dettes, il faudrait dire que toutes donations entre vifs sont susceptibles d'être révoquées par des dettes que le donateur aurait depuis contractées. C'est ce qui n'a été admis dans aucune législation. Il est sans doute à regreter que des idées morales se trouvent ici en opposition avec des principes qu'il serait bien plus dangereux de violer : ce sont ceux sur le droit de propriété non-seulement de l'enfant ou de l'ascendant, mais encore des autres intéressés. En voulant perfectionner la morale sous un rapport, on ferait naître la corruption sous plusieurs autres.

Extrait du rapport fait au Tribunat, au nom de la Section de législation, par Jaubert (de la Gironde), sur le projet de loi du Titre du Code civil, concernant les *Donations et Testaments.*

Séance du 9 floréal an II.

43. *Réflexions sur la faculté de disposer à titre gratuit.*

Tribuns,

La prérogative la plus éminente de la propriété, c'est le droit de la transmettre volontairement et à titre gratuit.

Quel objet pourrait exciter un plus grand intérêt chez tous les citoyens !

Chacun a quelques facultés ou quelques espérances.

Tous souhaitent pouvoir exercer leur bienveillance envers ceux qui sont l'objet de leur affection.

Aucun n'est étranger à cet orgueil attaché à l'empire que les hommes ont voulu s'assurer sur leurs propriétés, en se soumettant pour leurs personnes à la puissance publique.

La matière des dispositions à titre gratuit est celle qui a le plus occupé les législateurs de tous les pays : c'est en effet le droit civil de chaque peuple qui doit régler cette transmission, puisque la propriété réelle finissant avec l'homme, l'exécution de sa volonté ne peut être garantie que par la protection de la société.

Une grande partie de la France avait profité de la théorie des Romains; l'autre partie avait ses coutumes.

Mais, soit en pays de droit écrit, soit en pays de droit coutumier, il y avait une jurisprudence interprétative.

Encore dans le même pays, quelquefois dans le même tribunal, la jurisprudence n'était pas toujours uniforme.

Les trois grandes ordonnances du chancelier d'Aguesseau sur les donations, les testaments et les substitutions, avaient tranché de grandes difficultés ; mais les lumières et le zèle de ce grand homme n'avaient pu remédier qu'à une partie du mal.

Outre les obstacles résultants de la nature du gouvernement, il n'était pas encore permis d'espérer qu'aucune partie de la nation renonçât à ses lois.

Un effort général pouvait seul surmonter tant et de si grands obstacles.

Aujourd'hui la nation n'a qu'une volonté.

Si aucun de nous ne peut oublier le pays dont la confiance lui a préparé l'entrée dans cette enceinte, il sait du moins que ce n'est pas des usages particuliers qu'il est chargé de défendre.

Aussi nous devons vous l'annoncer, citoyens Tribuns, le projet de loi dont votre Section de législation m'a chargé de vous rendre compte, s'il est destiné à devenir le patrimoine commun, ne pourra jamais être considéré comme le triomphe d'une partie de la France sur l'autre.

On peut donner ou recevoir, soit par donation entre vifs, soit par testament, pourvu qu'on n'en soit pas empêché par la loi.

Mais de quoi pourra-t-on disposer?

DE LA PORTION DE BIENS DISPONIBLES.

44. *Raisons pour donner aux pères et mères la faculté de disposer entre leurs enfants.*

Cette tribune a déjà retenti de tout ce que la raison, la nature, la justice et le sentiment, pouvaient inspirer sur cette importante matière.

Vous obtîntes un grand triomphe, citoyens Tribuns, lorsque vous conquîtes la loi du 4 germinal an 8.

Il fut alors solennellement reconnu en principe qu'il devait être permis aux père et mère de disposer d'une partie de leurs biens, même en faveur d'un enfant.

Aurais-je besoin de retracer les motifs principaux?

Si les enfants d'un même père ont tous un égal droit à son affection, l'autorité paternelle doit aussi pouvoir distribuer des récompenses. La différence entre les besoins et les moyens des enfants exige que le père de famille ait un pouvoir suffisant pour rectifier les inégalités de la nature.

Enfin, il faut bien que notre législation prène quelque confiance dans le sentiment, le plus sûr de tous, celui de l'affection paternelle.

Souvenons-nous qu'il n'y avait presque pas de pays en France où un père ne pût avantager un enfant, même dans cette portion de biens qu'on appelait propres.

Des partisans de la coutume de Paris, qui croyaient que le droit écrit avait établi le despotisme dans les familles, parlent avec enthousiasme des antiques usages de leur pays.

Eh bien! à Paris même, le père pouvait réduire les enfants à une légitime; il pouvait disposer de la moitié de toute sa fortune, quel que fût le nombre de ses enfants; et cette moitié, il pouvait la donner à un seul, même la moitié des propres, si c'était par acte entre vifs.

Il n'y avait donc de différence entre la plupart des pays coutumiers et les pays de droit écrit, que dans la quotité disponible.

Presque partout on reconnaissait qu'il était juste de laisser au père les moyens de retenir auprès de lui un enfant pour consoler sa vieillesse.

L'émulation inspirait aux autres enfants des idées d'industrie; tout cela avait son avantage.

Plus les fortunes sont bornées, plus ces considérations sont fortes.

Le laboureur qui n'a que ses outils aratoires, l'artisan des villes qui n'a qu'un mince mobilier, le propriétaire foncier qui n'a de terrain que ce qu'il peut cultiver lui-même; tous ces hommes seraient menacés d'un abandon absolu, si la loi ne leur permettait pas de favoriser un enfant. L'enfant qui recueille la plus grande portion de l'héritage qu'il avait long-temps cultivé pour l'intérêt commun, a souvent bien moins de moyens que celui qui est allé, loin du toit paternel, faire valoir son industrie.

45. *Limites de la faculté de disposer au préjudice des enfants.*

(*Art.* 913.) Il ne peut donc y avoir de difficulté dans cette matière, que sur la quotité disponible; le projet nous a paru saisir un juste milieu.

« Les libéralités, soit par acte entre vifs, soit par testament, ne pourront excéder la moitié des biens du disposant, s'il ne laisse, à son décès, qu'un enfant légitime; le tiers, s'il laisse deux enfants; le quart, s'il en laisse trois ou un plus grand nombre. »

46. *Limites de la faculté de disposer au préjudice des ascendants.*

(*Art.* 915.) A défaut d'enfants, les ascendants qui succéderaient conformément au titre des successions, pourraient-ils être exclus par une disposition?

Il serait bien malheureux celui qui aurait besoin d'être contraint par la loi à laisser aux auteurs de ses jours des témoignages de sa piété filiale.

Mais si un enfant s'était laissé aller à cet excès d'ingratitude, de méconnaitre son obligation naturelle et civile, ou si, ne prévoyant pas l'intervertion du cours ordinaire de la nature, il disposait de tous ses biens, la loi veille pour les ascendants; elle établit pour eux une réserve; elle est du quart pour chaque ligne.

Il faut bien remarquer que le projet ne parle que des ascendants qui auraient succédé dans l'ordre légitime. Si donc il s'agissait de l'aïeul, et qu'il y eût des frères ou sœurs, ou descendants d'eux, dans ce cas l'aïeul ne succédant pas dans l'ordre légitime, il n'y aurait pas non plus de réserve pour l'aïeul; et, dans ce cas encore, tout serait disponible.

47. *Faculté illimitée de disposer au préjudice des collatéraux.*

(*Art.* 916.) Celui qui ne laisse ni descendants ni ascendants aura-t-il la faculté illimitée de disposer de la totalité de ses biens, soit par donation entre vifs, soit par testament?

Nous avons dit que la faculté de transmettre est purement de droit civil.

On pourrait trouver quelque différence entre la transmission par acte entre vifs et la transmission par testament.

Celui qui se dépouille actuellement paraît, sous quelque rapport, user d'un droit plus étendu que celui qui ne dispose que pour un temps où il ne sera plus.

Mais cette nuance est trop légère, et nous aimons mieux convenir que l'homme en société ne peut tenir que de la société le droit de transmettre ses biens à titre gratuit, même par donation entre vifs.

Ce que nous devons examiner, c'est donc de savoir s'il est conforme à la nature de notre gouvernement, à nos mœurs, au caractère national, aux véritables intérêts de l'homme, à l'intérêt des familles, que celui qui n'a ni enfants, ni ascendants, soit le maître absolu de ses dispositions, ou s'il doit être établi une réserve pour les collatéraux.

Or, il a paru à votre section que la faculté illimitée ne blessait pas l'intérêt national. Chez une nation puissante, les grandes masses de propriétés peuvent se trouver sans inconvénient dans une seule main.

L'agriculture elle-même ne peut obtenir ses plus grands développements que des travaux des grands propriétaires.

La liberté illimitée de disposer plaît à l'homme;

Aucun droit n'est mieux approprié à sa dignité;

Aucun ne peut exciter davantage son émulation.

48. *Faut-il limiter la faculté de disposer au préjudice des fréres et sœurs ?*

Les idées s'étaient tellement améliorées sur ce point; les chaînes qui avaient été créées par la loi du 17 nivôse étaient devenues si pesantes, qu'on ne défendait plus le système généralement restrictif ; seulement on réclamait une exception.

C'était en faveur des frères et sœurs.

Le lien qui unit deux frères est si étroit !

Il est si intéressant de ne pas l'affaiblir !

L'esprit de famille est si utile à conserver !

Combien il serait malheureux de voir des étrangers appelés à recueillir tout un patrimoine dont une partie serait si nécessaire pour la subsistance d'un frère indigent !

Encore, pour obtenir cette réserve pour les frères et sœurs, on aurait consenti à les distinguer des neveux, on aurait consenti que la réserve ne pût s'exercer que sur sa succession, et que les donations entre vifs fussent toujours respectées.

Ces idées devaient naturellement trouver un accès puissant auprès des cœurs généreux ;

Mais des considérations d'un ordre majeur ont dû l'emporter.

Et d'abord, en remontant à l'origine du droit de légitime ou de réserve, on est forcé de convenir qu'il n'y a de rapport sacré que des enfants aux ascendants, et des ascendants aux enfants.

Les enfants sont tous de la même famille, respectivement à leur père ; mais chacun des enfants forme ensuite une famille particulière.

Examinons aussi ce qui peut le mieux conserver le lien de famille.

Un droit acquis peut étouffer ou repousser le sentiment.

Dans le système de la liberté illimitée, le devoir sera uni à l'intérêt.

N'est-il pas juste que l'homme soit assuré d'éprouver des égards de la part de ceux qui sont destinés à lui succéder ?

Consultons l'expérience : ceux qui sont assurés d'un droit indépendant de la volonté, se dispensent trop souvent de procédés délicats envers un homme en qui ils voient plutôt un débiteur qu'un bienfaiteur. Que tout soit dû à la bienveillance, et la bienveillance méritera tout.

On a dit que la vieillesse serait environnée, quelquefois séduite ; mais toujours au moins elle sera consolée ; jamais elle ne sera abandonnée.

Eh ! qui de nous peut ignorer que le plus souvent un homme qui n'a pas d'enfants cherche ses héritiers dans sa propre famille ? que dès l'automne de la vie, sans négliger aucun de ses frères et sœurs, il jète les yeux sur les enfants d'un frère ou d'une sœur pour en faire l'honneur et l'appui de sa vieillesse ?

Le desir le plus naturel à l'homme, c'est de se survivre à lui-même, c'est de laisser des traces de son nom, de ses travaux.

Ce n'est pas chez des étrangers qu'il va chercher de tels successeurs ; ou, si cela peut arriver quelquefois, le législateur ne doit pas voir des exceptions rares qui peuvent aussi être légitimes.

La loi n'accordera pas la faculté illimitée de disposer en collatérale pour que les familles soient dépouillées ; ce ne sera ni son but, ni son vœu.

Est-ce donc aussi pour provoquer la spoliation des enfants, que la loi laisse au père une quotité disponible ?

La loi, qui juge le cœur humain, veut que le respect, l'affection et les égards des héritiers présomptifs fassent oublier au parent propriétaire ce qu'il lui est permis de donner à d'autres.

Les partisans de la restriction ne pouvaient pas disconvenir qu'au moins on ne pourrait gêner la disposition entre vifs, qui était libre même pour les propres.

Ils ne pouvaient pas disconvenir non plus que des collatéraux ne pourraient attaquer aucun acte d'aliénation, soit avec réserve d'usufruit, soit à charge de rente viagère.

Ils n'entendaient donc restreindre que la faculté de tester.

Mais alors qu'arriverait-il ? Vous mettriez l'homme aux prises avec lui-même ; il voudrait toujours disposer de ses biens ; vous le forceriez à des transactions indiscrètes, vous l'obligeriez à se réfugier dans des jouissances viagères, ou bien vous lui imposeriez la loi de faire des donations entre vifs dont il pourrait se repentir ; enfin, vous établiriez des procès dans chaque succession.

Laissez, laissez une liberté absolue ; que l'homme qui travaille sache qu'il pourra disposer de sa fortune ; que l'homme qui s'est procuré des moyens soit assuré de trouver des consolations ; que l'homme qui connaît le prix du sentiment, ne craigne pas de n'être approché que par l'intérêt ; que celui qui veut succéder sache le mériter ; laissez un libre cours aux affections. Que de son vivant l'homme puisse faire les transactions qui lui conviènent ; qu'il n'ait pas devant les yeux un héritier nécessaire qui lui reproche sa longue vie ; que l'homme ne soit pas exposé, de son vivant, à faire des actes simulés ou téméraires ; qu'après sa mort, on ne voie pas éclater une lutte scandaleuse entre l'héritier de la loi et l'héritier de la volonté ; en un mot, qu'un testament puisse tout règler. *Dicat testator, et erit lex :* paroles qui nous ont été transmises par les premiers législateurs du peuple-roi, et qui nous rappèlent toute notre dignité.

Voilà, citoyens Tribuns, l'abrégé des motifs qui ont déterminé l'opinion de tous les membres de votre Section de législation en faveur de la liberté illimitée en collatérale, qui est une des bases du projet, et qui vaudra au Gouvernement de nouvelles bénédictions de la part du peuple français.

49. *De la Réduction.*

La limitation n'aura donc lieu que dans le cas où l'auteur de la disposition laisse des descendants ou des ascendants.

La loi établit une réserve pour eux ; tout le reste est disponible.

La quotité disponible peut être laissée, ou à un étranger, ou à un des successibles.

50. *Avantage fait au Successible.*

Les dispositions en faveur d'un successible sont en général sujètes à rapport pour ce qui excède la quotité disponible.

(*Art.* 919.) La disposition est dispensée du rapport lorsqu'elle a été faite expressément à titre de préciput ou hors part.

Si les termes ne sont pas sacramentels, du moins il ne doit exister aucun doute sur la volonté.

Cette volonté doit se lire dans la disposition elle-même.

elle peut se consigner dans un acte postérieur, pourvu qu'il ait aussi la forme d'une disposition.

51. *Excès au moment de l'ouverture de la succession. — Détermination de la Réserve.*

(*Art.* 920.) Il fallait bien prévoir le cas d'excès dans les dispositions, soit parce que l'homme pourrait ne pas se renfermer dans les bornes de la loi, soit parce qu'il peut survenir après la disposition un plus grand nombre d'héritiers nécessaires. L'état des choses ne peut se régler qu'à l'ouverture de la succession; nul n'a le droit de contester la disposition d'un homme vivant.

Un homme a disposé.... Il laisse des descendants ou des ascendants.... On calcule le montant net des biens dont il n'a pas disposé.... On le joint avec la valeur de ceux dont il a disposé.... Si la réserve ne se trouve pas dans la succession, la disposition n'est jamais annullée pour le tout. Il ne sera plus question des anciennes règles sur la prétérition; seulement il y aura lieu à réduction.

52. *Ordre de Réduction.*

(*Art.* 923.) S'il y a des dispositions testamentaires et des dispositions entre vifs, la réduction s'opère d'abord sur les dispositions testamentaires.

(*Art.* 926, 927.) Toutes les dispositions testamentaires se réduisent proportionnellement et sans distinction entre les legs universels et les legs particuliers, à moins que le testateur n'eût indiqué lui-même l'ordre de la réduction. On n'entendra plus parler de falcidie.

(*Art.* 923.) Si les dispositions testamentaires sont épuisées, on opère le retranchement sur les donations entre vifs, en commençant toujours par la dernière, ainsi de suite en remontant; le respect pour les droits acquis le veut ainsi.

53. *Retranchement sur les biens restés ès mains du Donataire.*

Les objets donnés sont encore dans les mains du donataire, ou il les a aliénés.

S'ils sont dans ses mains, il remet en nature l'excédent de la quotité disponible, à moins qu'il ne s'agisse d'un héritier nécessaire, et que la succession contiène des biens de la même nature.

(*Art.* 924.) Dans ce dernier cas, il retient sur les biens donnés la valeur de la portion qui lui revient dans les biens non disponibles.

54. Quid *s'ils ont été aliénés ?*

Le donataire a-t-il aliéné les biens donnés ?

(*Art.* 930.) Les héritiers doivent d'abord discuter ses biens personnels ; mais si ce recours est inutile ou insuffisant, les héritiers peuvent agir contre les tiers détenteurs.

De quoi se plaindraient les tiers ?

N'est-ce pas à eux seuls qu'ils devraient imputer l'événement d'une éviction qu'ils auraient dû prévoir, et à laquelle ils se seraient volontairement exposés ?

55. *Qui peut demander la Réduction ?*

(*Art.* 921.) Il pourrait paraître superflu de décider par qui seulement la réduction pourra être demandée.

Il résulte assez de la nature des choses qu'elle ne pourra jamais l'être que par ceux au profit desquels la loi fait la réserve. Or, elle n'a fait de réserve que pour les enfants légitimes et pour les ascendants.

56. *Le Bâtard le peut-il ?*

Les enfants naturels ne pourraient-ils donc pas aussi réclamer la réduction des donations entre vifs ?

Jamais.

La loi établit la réserve pour les enfants légitimes ; *qui de uno dicit, de altero negat.*

A la vérité, le titre *des successions* veut que le droit de l'enfant naturel sur les biens de ses père et mère décédés soit d'une quote qui varie suivant la qualité des héritiers présomptifs.

Mais ce droit ne se rapporte qu'à la succession.

Les enfants naturels ne peuvent donc l'exercer que sur la succession, *telle qu'elle est*. Or les biens donnés ne sont pas dans la succession.

57. Quid *des Ayants-cause, Donataires, Légataires ?*

(*Art.* 921.) La réduction pourra être réclamée par tous les ayants-cause de ceux au profit desquels la loi a fait la réserve.

Les donataires postérieurs et les légataires ne peuvent troubler des possesseurs qui ont un titre antérieur.

58. Quid *des Créanciers ?*

(*Art.* 921.) Que dire des créanciers postérieurs du défunt ? Seraient-ils admis à réclamer la réduction de leur chef ? Les biens donnés étaient hors du patrimoine de leur débiteur, lorsqu'ils ont contracté avec lui ; ils ne peuvent donc exercer aucune réclamation contre les détenteurs de ces mêmes biens.

Mais si la réduction est exercée par ceux au profit desquels la loi fait la réserve, ces derniers seront-ils tenus de payer les dettes postérieures à la donation ? Non : ils ne viènent pas comme héritiers ; on les considère uniquement comme des codonataires. C'est alors que, par une belle fiction, la loi faisant ce que la nature seule aurait dû inspirer, suppose que, par le même acte, l'auteur de la disposition avait été juste envers tous ceux qui avaient droit à sa tendresse.

Les créanciers n'ont de droit que sur la succession ; ils ne peuvent exercer que les actions de la succession.

L'action directe en réduction est refusée aux créanciers ; mais elle ne leur est refusée que parce qu'elle n'est pas dans la succession : car, si elle était dans la succession, on ne pourrait la leur dénier.

Si les créanciers ne peuvent exercer de leur chef l'action en réduction, ils ne peuvent donc en profiter indirectement. Le droit d'où la réduction dérive ne les concerne en aucune manière ; il tient à une qualité qui n'a rien de commun avec eux ; enfin elle porte sur des biens qui n'ont jamais été leur gage ni leur espérance.

C'est donc avec une grande raison que le projet exclut les créanciers de toute participation directe ou indirecte au retranchement de la donation.

59. *Réduction d'un Usufruit.*

(*Art.* 917.) A l'égard des héritiers en ligne directe, la loi prend les précautions les plus sages pour la conservation de la réserve.

Mais elle ne veut pas que, sous prétexte de la retrouver, les héritiers puissent altérer des dispositions dictées par la bienveillance, ou même par les convenances.

Si donc il s'agit d'une disposition qui porte sur un usufruit ou sur une rente viagère, les héritiers n'auraient pas le droit de la méconnaître, par cela seul qu'ils opteraient de faire l'abandon de la propriété de la quotité disponible.

Un préalable nécessaire, c'est qu'il soit constaté que la libéralité excède la quotité disponible.

60. *Aliénation à fonds perdu au profit du Successible en ligne directe.*

(*Art.* 918.) Il était digne aussi du législateur de prononcer sur le sort des aliénations faites à l'un des successibles en ligne directe, à charge de rente viagère, ou à fonds perdu, ou avec réserve d'usufruit.

Annuller les aliénations, ce serait gêner la liberté naturelle.

Maintenir indistinctement toutes les clauses de ces actes, ce serait compromettre, ruiner même les autres successibles, à l'aide d'un acte qui, au fond, ne serait le plus souvent qu'une véritable donation.

On distinguera deux choses, la transmission de la propriété, et la valeur de cette propriété.

Rien ne peut empêcher que la propriété ne reste à celui qui l'a acquise.

Mais la valeur de la propriété sera imputée sur la quotité disponible, sans égard aux prestations servies ; et l'excédent de la valeur, s'il y en a, sera rapporté à la masse.

Ce parti mitoyen concilie tous les intérêts.

61. Quid *en collatérale ?*

(*Art.* 916.) Les successibles en collatérale ne pouvaient entrer pour rien dans cette prévoyance de la loi ; il n'y a pas de réserve pour eux. Comment pourraient-ils venir attaquer des aliénations qui ne les privent d'aucun droit acquis ? S'il y a un héritier testamentaire, les collatéraux sont entièrement exclus. S'ils sont appelés à la succession légitime par le silence de leurs parents, ils ne sauraient détruire un acte dont ils deviendraient les garants, comme s'ils étaient héritiers testamentaires.

Néanmoins les tribunaux ont tant eu à s'occuper de ces sortes de réclamations, que le projet a cru devoir déclarer que, dans aucun cas, les successibles en ligne collatérale ne pourraient former aucune demande à raison des aliénations faites, soit à la charge de rente viagère, soit à fonds perdus, ou avec réserve d'usufruit.

C'est ainsi que le projet nous trace des règles précises sur la nature des dispositions à titre gratuit, sur les exceptions et les limitations qu'il convient d'apporter à la capacité de disposer et de recevoir, sur la qualité de ceux auxquels il est dû une réserve, sur la quotité des réserves, et sur la théorie des réductions.

Le projet s'occupe ensuite des formes des dispositions.

. . . .

EXTRAIT du Discours prononcé par M. FAVART, l'un des orateurs du Tribunat, sur le titre du Code civil intitulé : *des Donations entre vifs et des Testaments.*

Séance du 13 floréal an 11.

CITOYENS LÉGISLATEURS,

62. *Vues sur l'étendue des dispositions gratuites.*

Nous venons vous apporter le vœu du Tribunat en faveur du projet de loi formant le titre II du livre III du Code civil, relatif *aux donations entre vifs et aux testaments.*

Le pouvoir qui flatte le plus l'homme dans ses derniers moments, et même dans le cours de sa vie, est celui de disposer de ses biens au gré de ses affections. C'est un besoin pour son cœur; c'est un droit inhérent à la propriété.

La loi qui règle l'usage des propriétés ne peut pas, sans une rigueur que la nature désavoue, ravir totalement ce droit au citoyen; mais elle ne peut pas, sans une indiscrétion impolitique, lui laisser une liberté indéfinie.

En voulant corriger les vices de notre ancienne législation à cet égard, on tomba dans des erreurs graves dont on a senti les conséquences. On avait trop enchaîné la volonté de l'homme; on l'avait soumis à des combinaisons trop mesquines.

Le projet de loi que je viens vous présenter a été rédigé dans les vrais principes : également éloigné d'une rigueur excessive et d'une liberté sans bornes, il concilie tous les intérêts, ceux de la société, ceux des familles, ceux enfin de l'amitié et de la reconnaissance.

Vous présenterai-je, citoyens Législateurs, toutes les considérations morales, civiles et politiques qui ont déterminé les dispositions de ce projet de loi? Déjà l'orateur du Gouvernement et le rapporteur du Tribunat ont moissonné ce champ fertile. Après eux, réduit à glaner, et voulant pourtant remplir une tâche dont je sens toute l'importance, j'ai cru que je ne resterais pas au-dessous de ma mission, si je me bornais à une simple analyse de la loi, qui en présentât l'esprit. C'est, à mon avis, un moyen sûr d'éclairer du plus grand jour les raisons qui doivent fixer votre opinion. . . . .

63. *Disponible en cas d'enfants.*

Mais quelle sera la portion de biens disponible?

(*Art.* 913.) Le projet fixe d'abord la quotité de biens dont un père peut disposer. Il semble que la loi pourrait s'en rapporter aux pères dans la disposition de leurs biens. Il est affligeant de penser qu'il soit nécessaire que la loi s'interpose entre eux et leurs enfants, et paraisse vouloir être plus sage que la nature.

Mais quand les mœurs n'ont plus leur pureté primitive; quand plusieurs exemples ont attesté que les pères ne sont pat toujours à l'abri des erreurs et des préférences injustes; quand des exemples plus nombreux ont prouvé l'inconduite et l'ingratitude des enfants, il a bien fallu que la volonté générale mît des bornes à la partialité des uns, et un frein aux écarts des autres. Il a fallu aussi par d'autres motifs permettre aux pères de récompenser des amis, de s'acquitter envers des bienfaitenrs. Heureux quand cette volonté concilie les intérêts de la société et le vœu de la nature!

La loi a atteint ce but: elle distingue la ligne directe de la ligne collatérale.

Dans la première, elle borne la liberté de l'homme.

Dans la seconde, elle la laisse entière.

(*Art.* 913.) Si le père n'a qu'un enfant, il peut disposer de la moitié de ses biens.

S'il en a deux, il ne peut disposer que du tiers.

S'il en laisse trois ou un plus grand nombre, il ne peut disposer que du quart.

64. *Disponible en cas d'ascendants.*

(*Art.* 915.) Si le défunt ne laisse point d'enfants, mais des ascendants des deux lignes paternelle et maternelle, il ne pourra disposer que de moitié de ses biens; il pourra disposer des trois quarts, s'il ne laisse des ascendants que d'une seule ligne.

65. *Faculté indéfinie de disposer au préjudice des collatéraux.*

(*Art.* 916.) La liberté indéfinie de disposer dans la ligne collatérale a éprouvé des difficultés. Ceux qui y résistaient, considéraient les frères comme héritiers naturels d'une portion des biens de leurs frères.

Sans doute les liens qui unissent deux êtres issus du même père, qui ont été élevés ensemble, qui ont été appelés à partager les biens provenants de la même souche, doivent faire naître des affections douces et durables; mais tout cela n'acquiert pas un droit irrévocable. Les frères hériteront de leurs frères, en vertu de la loi, s'il n'y a pas de disposition contraire; et s'il y a des dispositions contraires, c'est parce que des affections plus douces, plus puissantes, l'ont emporté sur l'attachement que le frère avait su inspirer à son frère.

Il peut se rencontrer des frères injustes, ou égarés par des passions orageuses. Mais le législateur peut-il prévenir tous les abus? Le frère injuste, le frère égaré n'aurait-il pas toujours des moyens d'éluder la loi qui gênerait sa liberté?

Que le père soit forcé de laisser une portion de biens à ses enfants, c'est un devoir que la nature lui impose avant la loi.

Que le fils et le petit-fils soient obligés de laisser aussi à leurs ascendants une portion de leurs biens, c'est encore un devoir que la nature et la reconnaissance leur imposent d'accord avec la loi.

Quand ces premiers rapports n'existent plus, ou que l'homme a satisfait à ce qu'ils lui commandaient, la loi doit-elle l'obliger à laisser encore une portion de ses biens à celui même de ses frères dont il aurait à se plaindre?

Si l'amitié existe, le frère ne sera pas dépouillé par son frère.

Si les bienfaits sont sans force sur son cœur, la loi ne peut pas interposer son autorité : elle le peut, elle le doit quand il s'agit d'un fils à l'égard de son père ou d'un père à l'égard de son fils, parce que les bonnes mœurs et la nature seraient également outragées si le fils pouvait être impunément ingrat, et si le père pouvait refuser aux êtres auxquels il a donné le jour, les moyens qu'il peut leur procurer pour vivre avec décence dans la classe où il les a fait naître.

Remarquez en effet, citoyens Législateurs, que la loi a donné au père le droit terrible de punir le fils ingrat, le droit si consolant de récompenser le fils digne de ses bontés. Et pourquoi refuserait-elle au frère le droit de punir le frère dont il a à se plaindre et celui de récompenser le frère dont il a à se louer? le droit encore de répandre ses bienfaits sur un ami que son cœur peut préférer aux collatéraux les plus proches, lorsqu'il a lieu d'en être mécontent?

Son cœur pourra égarer sa main, cela est vrai; mais pour quelques faits isolés qui affligent l'esprit du législateur, le législateur doit-il sacrifier la généralité des faits? Et ne faut-il pas convenir que les grandes erreurs, les écarts qui contristent les mœurs, sont rares, et que le cours général de la vie n'offre que des faits dont les familles n'ont ni à rougir, ni à se plaindre?

Laissons donc la nature à elle-même quand on le peut sans danger, et ne posons à la liberté de l'homme que les bornes dont sa faiblesse a besoin.

L'intérêt brise souvent les liens du sang; que cet intérêt les renoue. Que le frère incapable d'aimer son frère, sente dans son cœur égaré qu'il faut au moins que sa haine n'éclate pas; ses égards commandés par les convenances, deviendront pour lui une habitude, et le mèneront par degré, et pour ainsi dire à son insu, vers l'amitié.

Que celui qui ne sera pas assez heureux pour apprécier un sentiment si doux, pour sentir qu'il doit lui faire des sacrifices, qui sera incapable d'aucune vertu, sente du moins qu'il doit céder à la nécessité, à son propre intérêt.

C'en est assez : car que faut-il à la société? des vertus toujours pures? C'est une chimère d'y prétendre : il lui suffit de vertus morales inspirées par les rapports, commandées par le besoin, et dont le résultat est toujours la concorde et l'union des membres des familles ; vertus qui seules font la force de la société, et seules garantissent les mœurs de l'influence des divisions scandaleuses.

66. *Avantages faits à l'un des enfants.*

(*Art.* 919.) Mais la loi doit-elle permettre aux pères de donner à l'un de leurs enfants la portion disponible ? ne s'établit-il pas une inégalité qui répugne à nos principes ?

Cette égalité qu'on a cru pouvoir établir est encore une chimère. Nous sommes bien convaincus aujourd'hui et nous pouvons convenir de bonne foi qu'il est impossible de la réaliser.

L'inégalité des fortunes est inévitable, et elle est le résultat forcé de la nature de l'homme et de l'établissement des sociétés. Elle existera toujours relativement aux facultés physiques, morales et industrielles ; et cette inégalité entraînera nécessairement celle des fortunes. Enfin, citoyens Législateurs, loin de vous cette théorie fallacieuse qui a pu égarer les esprits pendant quelques moments. Fixez plutôt vos regards sur le bien que peut produire la loi qui rend aux pères le pouvoir de récompenser celui de ses enfants qui aura su le mériter, et de faire espérer à tous cette récompense si douce pour celui qui est assez heureux pour en sentir le prix.

L'expérience qui a été faite de la loi du 4 germinal an 8, contre laquelle quelques personnes se sont élevées avec tant de persévérance, mais toujours sans succès, justifie suffisamment le système adopté par le projet.

Qu'on ne répète pas ici que l'intérêt ne doit pas être offert aux enfants comme un motif qui les porte à rendre à leurs pères les soins, les prévenances dont la nature et la reconnaissance leur font un devoir.

Il est très-beau sans doute de penser que la nature et la reconnaissance doivent parler assez puissamment au cœur du fils ; mais l'expérience nous a malheureusement prouvé que cela n'est pas aussi exact : et si l'intérêt peut ajouter un degré de force à ces deux sentiments, pourquoi le négliger ? Le législateur ne doit-il pas mettre en action tous les ressorts du cœur humain pour faire naître toutes les vertus ? Et quand on en voit l'exercice, faut-il s'inquiéter de la cause ? Quand un chef-d'œuvre frappe vos yeux, vous occupez-vous à découvrir les moyens grossiers par lesquels il est parvenu à cette perfection ? Laissons à l'homme les défauts qui tiènent à sa nature ; le grand art du législateur est de les faire tourner au bien général de la société.

Le projet de loi y tend en permettant aux pères de donner la portion disponible à l'un de ses enfants, pourvu que la disposition ait été faite expressément à titre de préciput ou hors part ; et pour mettre le cachet de la sagesse à cette disposition bienfaisante, il a dit : « la dé- » claration que le don ou legs est à titre de préciput ou » hors part pourra être faite, soit par l'acte qui con- » tiendra la disposition, soit postérieurement dans la » forme des dispositions entre vifs ou testamentaires. »

67. *Qui peut demander la Réduction ?*

(*Art.* 921.) Le projet s'occupe ensuite de la réduction des donations et des legs. Les dispositions qui excéderont les bornes de la loi seront réductibles ; mais cette réduction ne pourra être demandée que par ceux au profit de qui la loi fait la réserve, leurs héritiers, cessionnaires ou créanciers. Les donataires et légataires, ni les créanciers du défunt, ne pourront pas la demander.

On a beaucoup agité la question de savoir si du moins les créanciers du défunt pourraient exercer leurs droits sur les biens recouvrés par cette réduction.

Pour l'affirmative, on disait que les enfants ne pourraient demander la réduction qu'à titre d'héritiers ; que dès lors ils se trouvaient chargés de payer les dettes postérieures à la donation ; que d'ailleurs il était juste qu'un fils ne prît rien dans la succession de son père avant d'avoir payé ses dettes.

D'abord ce n'est pas comme héritiers que les enfants demandent le retranchement ; cela est si vrai, que la portion donnée, qui entamait la réserve légale, était retranchée de la succession. Les enfants la conquièrent sur le donataire ; ils la prênent aussi libre qu'elle l'était dans ses mains : or elle était dans ses mains franche des dettes que le donateur a contractées postérieurement à la donation.

Ensuite la loi peut décider un droit positif, tant qu'il ne nuit pas aux intérêts des tiers. Or, les créanciers qui n'ont pas le droit de demander la réduction, ne peuvent pas se plaindre qu'elle tourne au profit de ceux à qui la loi permet de la demander, puisqu'ils ne seraient pas mieux traités quand la réduction ne serait pas demandée. Ils n'ont jamais eu le droit de poursuivre, sur les biens donnés, le payement de créances postérieures à la donation, car les biens donnés n'y ont jamais été affectés. Ainsi, ne perdant aucun droit par la réduction, ils ne doivent en exercer aucun sur les biens recouvrés par ce moyen.

On est frappé de l'idée qu'un fils ne doit pas jouir de biens qui ont appartenu à son père, et être dispensé de payer ses dettes. On a raison, quand il s'agit de biens sur lesquels les créanciers ont dû compter en contractant avec le père ; mais le scrupule produit par un sentiment très-libéral n'est pas fondé, lorsqu'il s'agit de biens que les créanciers n'ont jamais pu considérer comme un gage, puisqu'ils n'étaient plus la propriété de leur débiteur.

68. *Ordre de Réduction.*

(*Art.* 923.) La manière de procéder à la réduction est conforme aux principes de la plus saine doctrine.

Les donations ne seront réduites qu'après avoir épuisé tous les biens compris dans les dispositions testamentaires.

Si, après avoir épuisé ces biens, la réduction n'est pas complète, on attaquera la dernière donation, et ainsi de suite en remontant à la plus ancienne.

Et lorsque la valeur des donations entre vifs égalera la quotité disponible, toutes les dispositions testamentaires seront caduques.

Mais, dans le cas des dispositions testamentaires, si le testateur a déclaré qu'il veut que tel legs soit acquitté de préférence aux autres, cette préférence aura lieu, et le legs ne sera réduit qu'autant que la valeur des autres ne remplirait pas la réserve légale.

Par là se trouve conservée cette maxime du droit romain, *dicat testator et erit lex ;* par là aussi est conservée une maxime aussi sacrée qui veut que le testament ne prévaille pas sur une donation, parce qu'un acte synallagmatique ne peut pas être anéanti par la volonté de l'un des contractants. . . . .

Fin des Extraits.

TABLE DES MATIÈRES

Contenues dans le Traité.

A.

B.

C.

D.

E.

F

H.

I.

L.

M.

O.

P.

Q.

R.

S.

T.

U.

Fin de la table des matières.

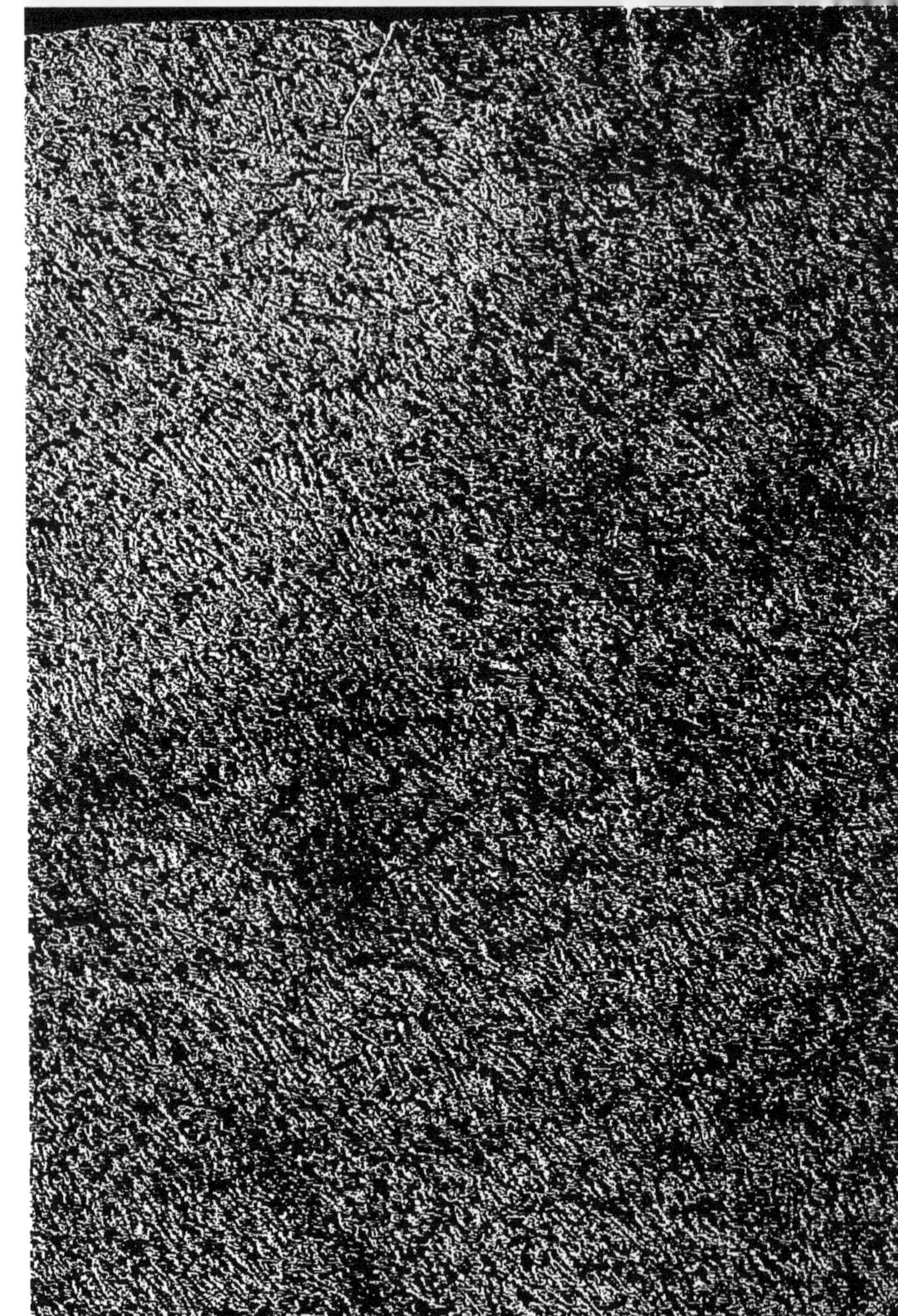

www.ingramcontent.com/pod-product-compliance
Ingram Content Group UK Ltd.
Pitfield, Milton Keynes, MK11 3LW, UK
UKHW020300230726
13925UKWH00001B/146

9 782013 695671